# 公共關係實務

周曉曼 主編
張彬、王玲 副主編

財經錢線

# 前　言

　　本書是針對非公關專業的經管類學生編寫的,主要為培養經管類學生的公共關係素質和公關能力服務。這是一本融「教」「學」「做」為一體、突出實用性和技能性的公共關係實務教材。

　　本書按照「項目引領,任務驅動」的理念,以項目為載體,以技能訓練為主線,以公關職業活動為導向,根據公關工作過程設計學習任務,依據公關職業能力設定編寫目標,通過深入企事業單位調研,確定從事公關工作相關崗位所應具備的各項能力,設定學習項目、學習內容,教材內容貼近崗位需求,目標突出實用性、體例突出邏輯性、層次性,訓練設計突出實踐性,語言簡練、規範、易懂,適合培養應用型人才的需要。

　　本書共編寫九大項目,即公共關係起航、公共關係調研、公共關係策劃、公共關係實施、公共關係評估、公共關係專題活動、組織形象塑造、公共關係禮儀和公共關係危機管理。每個項目下設有項目目標、項目引入、具體學習任務、模擬實訓、拓展閱讀、案例分析和思考練習等環節。本書以實際的案例貫穿各項目,力求將最新公關案例和理論知識有機結合。

　　本書力求實現理論與實踐的結合、教與學的互動,便於學生在模擬實訓過程中提升公關技巧與禮儀修養。本書可供高職高專院校經濟管理類及相關專業學生作為教材使用,也可供其他讀者學習研究時參考。

　　本書由周曉曼任主編,周曉曼和張彬編寫項目1和項目7,翟鳳霞編寫項目2,王玲、劉軍編寫項目6,馬繼華編寫項目3,張冬霞編寫項目4,楊龍編寫項目5,付婷婷編寫項目8,劉天瑞編寫項目9。本書最後由張彬統稿。

　　本書在編寫過程中,參考了大量報刊文獻和相關網站,在此向各位專家學者表示衷心的感謝。本書的出版也得到了西南財經大學出版社的大力支持與幫助,在此一併表示感謝。

　　本書是嘗試之作,編者水平有限,書中如有不當之處,敬請讀者批評指正。

編者

# 目　錄

項目1　公共關係起航 ………………………………………………（1）
　項目目標 ………………………………………………………………（1）
　項目引入 ………………………………………………………………（1）
　學習任務1.1　公共關係概論 …………………………………………（2）
　知識連結 ………………………………………………………………（2）
　　　1.1.1　公共關係的概念與特徵 ……………………………………（2）
　　　1.1.2　公共關係的基本職能與原則 ………………………………（3）
　　　1.1.3　現代公共關係 ………………………………………………（5）
　模擬實訓 ………………………………………………………………（7）
　學習任務1.2　公共關係主體 …………………………………………（8）
　知識連結 ………………………………………………………………（8）
　　　1.2.1　社會組織 ……………………………………………………（8）
　　　1.2.2　公共關係機構 ………………………………………………（10）
　　　1.2.3　公共關係人員 ………………………………………………（14）
　模擬實訓 ………………………………………………………………（16）
　學習任務1.3　公共關係客體 …………………………………………（17）
　知識連結 ………………………………………………………………（17）
　　　1.3.1　公眾的概述 …………………………………………………（17）
　　　1.3.2　公眾的分類 …………………………………………………（19）
　　　1.3.3　公眾的心理 …………………………………………………（22）
　模擬實訓 ………………………………………………………………（23）
　學習任務1.4　公共關係傳播 …………………………………………（24）
　知識連結 ………………………………………………………………（24）
　　　1.4.1　公共關係傳播概述 …………………………………………（24）
　　　1.4.2　公共關係傳播原則、媒介與技巧 …………………………（26）
　　　1.4.3　公共關係傳播障礙 …………………………………………（30）
　　　1.4.4　整合營銷傳播 ………………………………………………（32）
　模擬實訓 ………………………………………………………………（33）
　第二課堂 ………………………………………………………………（33）
　案例分析 ………………………………………………………………（34）

# 目 錄

項目 2　公共關係調查 …………………………………… (36)
　　項目目標 ………………………………………………… (36)
　　項目引入 ………………………………………………… (36)
　　學習任務 2.1　公共關係調查內容 …………………… (37)
　　知識連結 ………………………………………………… (37)
　　　　2.1.1　組織自身情況調查 …………………………… (37)
　　　　2.1.2　相關公眾狀況調查 …………………………… (37)
　　　　2.1.3　社會環境調查 ………………………………… (38)
　　模擬實訓 ………………………………………………… (39)
　　學習任務 2.2　公共關係調查方法 …………………… (39)
　　知識連結 ………………………………………………… (39)
　　　　2.2.1　不同調查對象的方法 ………………………… (39)
　　　　2.2.2　不同資料來源方式的方法 …………………… (40)
　　模擬實訓 ………………………………………………… (42)
　　學習任務 2.3　公共關係調查程序 …………………… (42)
　　知識連結 ………………………………………………… (42)
　　　　2.3.1　調查準備 ……………………………………… (42)
　　　　2.3.2　收集資料 ……………………………………… (43)
　　　　2.3.3　整理分析 ……………………………………… (44)
　　　　2.3.4　撰寫報告 ……………………………………… (44)
　　模擬實訓 ………………………………………………… (45)
　　第二課堂 ………………………………………………… (45)
　　案例分析 ………………………………………………… (47)

項目 3　公共關係策劃 …………………………………… (49)
　　項目目標 ………………………………………………… (49)
　　項目引入 ………………………………………………… (49)
　　學習任務 3.1　公共關係策劃程序 …………………… (50)
　　知識連結 ………………………………………………… (50)
　　　　3.1.1　確定公共關係目標 …………………………… (50)

# 目　錄

　　　3.1.2　明確目標公眾 …………………………………………（50）
　　　3.1.3　提煉活動主題 …………………………………………（51）
　　　3.1.4　選擇新聞媒介 …………………………………………（52）
　　　3.1.5　編製活動預算 …………………………………………（52）
　　　3.1.6　活動人員配置 …………………………………………（53）
　模擬實訓 ………………………………………………………………（53）
　學習任務3.2　公共關係創意策劃 ……………………………………（54）
　知識連結 ………………………………………………………………（54）
　　　3.2.1　創意思維方式 …………………………………………（54）
　　　3.2.2　活動時機的選擇 ………………………………………（55）
　　　3.2.3　活動模式的確定 ………………………………………（55）
　模擬實訓 ………………………………………………………………（61）
　學習任務3.3　公共關係策劃方案 ……………………………………（61）
　知識連結 ………………………………………………………………（61）
　　　3.3.1　公共關係策劃方案要素 ………………………………（61）
　　　3.3.2　公共關係策劃方案格式 ………………………………（62）
　模擬實訓 ………………………………………………………………（63）
　第二課堂 ………………………………………………………………（63）
　案例分析 ………………………………………………………………（65）

項目4　公共關係實施 ……………………………………………………（68）
　項目目標 ………………………………………………………………（68）
　項目引入 ………………………………………………………………（68）
　學習任務4.1　公共關係實施概述 ……………………………………（69）
　知識連結 ………………………………………………………………（69）
　　　4.1.1　公共關係實施的含義及特點 …………………………（69）
　　　4.1.2　公共關係實施的意義及原則 …………………………（69）
　模擬實訓 ………………………………………………………………（70）
　學習任務4.2　公共關係實施方案 ……………………………………（71）
　知識連結 ………………………………………………………………（71）

3

# 目 錄

模擬實訓 ·················································································· (72)

學習任務 4.3　公共關係實施障礙 ······················································ (72)

知識連結 ·················································································· (72)

 4.3.1　公共關係實施主題障礙 ···················································· (72)

 4.3.2　公共關係實施溝通障礙 ···················································· (73)

 4.3.3　公共關係實施環境障礙 ···················································· (74)

模擬實訓 ·················································································· (74)

第二課堂 ·················································································· (74)

案例分析 ·················································································· (75)

## 項目 5　公共關係評估項目 ······························································· (78)

項目目標 ·················································································· (78)

項目引入 ·················································································· (78)

學習任務 5.1　公共關係評估概述 ······················································ (79)

知識連結 ·················································································· (79)

 5.1.1　公共關係評估標準 ··························································· (79)

 5.1.2　公共關係評估內容 ··························································· (80)

模擬實訓 ·················································································· (81)

學習任務 5.2　公共關係評估實施 ······················································ (81)

知識連結 ·················································································· (81)

 5.2.1　公共關係評估方法 ··························································· (81)

 5.2.2　公共關係評估程序 ··························································· (82)

模擬實訓 ·················································································· (82)

學習任務 5.3　公共關係評估報告 ······················································ (83)

知識連結 ·················································································· (83)

 5.3.1　撰寫公共關係評估的原則 ··················································· (83)

 5.3.2　公共關係評估報告的內容 ··················································· (84)

 5.3.3　公共關係評估報告的格式 ··················································· (85)

模擬實訓 ·················································································· (85)

第二課堂 ·················································································· (86)

# 目　錄

　　案例分析 ……………………………………………………（89）

**項目6　公共關係專題活動** ……………………………………（93）
　　項目目標 ……………………………………………………（93）
　　項目引入 ……………………………………………………（93）
　　學習任務6.1　舉辦新聞發布會 ……………………………（94）
　　知識連結 ……………………………………………………（94）
　　　　6.1.1　新聞發布會概述 ………………………………（94）
　　　　6.1.2　新聞發布會的組織和實施 ………………………（95）
　　　　6.1.3　新聞發布會的注意事項 …………………………（96）
　　模擬實訓 ……………………………………………………（96）
　　學習任務6.2　舉辦展覽會 …………………………………（97）
　　知識連結 ……………………………………………………（97）
　　　　6.2.1　展覽會的類型 ……………………………………（97）
　　　　6.2.2　展覽會的組織 ……………………………………（98）
　　模擬實訓 ……………………………………………………（99）
　　學習任務6.3　舉辦贊助活動 ………………………………（99）
　　知識連結 ……………………………………………………（99）
　　　　6.3.1　贊助活動的類型 …………………………………（100）
　　　　6.3.2　贊助活動的組織實施 ……………………………（101）
　　　　6.3.3　贊助應注意的事項 ………………………………（101）
　　模擬實訓 ……………………………………………………（102）
　　學習任務6.4　組織開放參觀活動 …………………………（102）
　　知識連結 ……………………………………………………（102）
　　　　6.4.1　開放參觀的組織實施 ……………………………（103）
　　　　6.4.2　開放參觀應注意的事項 …………………………（103）
　　模擬實訓 ……………………………………………………（104）
　　學習任務6.5　舉辦慶典活動 ………………………………（104）
　　知識連結 ……………………………………………………（104）
　　　　6.5.1　慶典活動的流程 …………………………………（105）

# 目　錄

  6.5.2　慶典活動應注意的事項 …………………………………（106）

 模擬實訓 …………………………………………………………（108）

 第二課堂 …………………………………………………………（108）

 案例分析 …………………………………………………………（109）

## 項目 7　組織形象塑造 …………………………………………（111）

 項目目標 …………………………………………………………（111）

 項目引入 …………………………………………………………（111）

 學習任務 7.1　組織形象概述 …………………………………（112）

 知識連結 …………………………………………………………（112）

  7.1.1　組織形象的含義與特徵 …………………………………（112）

  7.1.2　組織形象的種類 …………………………………………（114）

  7.1.3　組織形象的構成要素 ……………………………………（115）

 模擬實訓 …………………………………………………………（115）

 學習任務 7.2　組織形象塑造 …………………………………（116）

 知識連結 …………………………………………………………（116）

  7.2.1　塑造組織形象的原則 ……………………………………（117）

  7.2.2　塑造組織形象的方法 ……………………………………（118）

 模擬實訓 …………………………………………………………（119）

 學習任務 7.3　CIS 策劃 ………………………………………（120）

 知識連結 …………………………………………………………（120）

  7.3.1　理念識別系統（MIS）……………………………………（121）

  7.3.2　行為識別系統（BIS）……………………………………（122）

  7.3.3　視覺識別系統（VIS）……………………………………（123）

  7.3.4　聽覺識別系統（AIS）……………………………………（125）

 模擬實訓 …………………………………………………………（127）

 第二課堂 …………………………………………………………（127）

 案例分析 …………………………………………………………（130）

# 目 錄

項目8　公共關係禮儀 …………………………………（135）
　　項目目標 ………………………………………………（135）
　　項目引入 ………………………………………………（135）
　　學習任務8.1　公關禮儀概述 …………………………（135）
　　知識連結 ………………………………………………（135）
　　　　8.1.1　公關禮儀概念 ……………………………（135）
　　　　8.1.2　公關禮儀原則 ……………………………（136）
　　　　8.1.3　公關人員的禮儀修養 ……………………（137）
　　模擬實訓 ………………………………………………（137）
　　學習任務8.2　儀容服飾禮儀 …………………………（138）
　　知識連結 ………………………………………………（138）
　　　　8.2.1　個人衛生禮儀 ……………………………（138）
　　　　8.2.2　舉止禮儀 …………………………………（138）
　　　　8.2.3　服飾禮儀 …………………………………（141）
　　模擬實訓 ………………………………………………（143）
　　學習任務8.3　公關見面禮儀 …………………………（143）
　　知識連結 ………………………………………………（143）
　　　　8.3.1　介紹禮儀 …………………………………（144）
　　　　8.3.2　握手禮儀 …………………………………（144）
　　　　8.3.3　名片禮儀 …………………………………（145）
　　模擬實訓 ………………………………………………（146）
　　學習任務8.4　公關交談禮儀 …………………………（147）
　　知識連結 ………………………………………………（147）
　　　　8.4.1　公關聆聽禮儀 ……………………………（147）
　　　　8.4.2　公關說話禮儀 ……………………………（148）
　　模擬實訓 ………………………………………………（149）
　　學習任務8.5　公關宴請禮儀 …………………………（150）
　　知識連結 ………………………………………………（150）
　　　　8.5.1　宴請的種類 ………………………………（150）
　　　　8.5.2　宴請活動的組織 …………………………（150）

7

# 目錄

模擬實訓 …………………………………………（153）
第二課堂 …………………………………………（154）
案例分析 …………………………………………（155）

## 項目9　公共關係危機管理 ……………………（156）

項目目標 …………………………………………（156）
項目引入 …………………………………………（156）
學習任務9.1　公關危機概述 ……………………（156）
知識連結 …………………………………………（156）
  9.1.1　公關危機的含義 ………………………（156）
  9.1.2　公關危機的特點 ………………………（157）
  9.1.3　公關危機的成因 ………………………（158）
  9.1.4　公關危機的種類 ………………………（159）
模擬實訓 …………………………………………（161）
學習任務9.2　公關危機管理 ……………………（161）
知識連結 …………………………………………（161）
  9.2.1　公關危機的預防 ………………………（161）
  9.2.2　公關危機處理的原則 …………………（163）
  9.2.3　公關危機處理的程序 …………………（164）
  9.2.4　公關危機處理的方法 …………………（165）
模擬實訓 …………………………………………（166）
第二課堂 …………………………………………（167）
案例分析 …………………………………………（177）

# 項目 1
# 公共關係起航

## 項目目標

【知識目標】
1. 瞭解公共關係的基本理論
2. 掌握公共關係主體的構成
3. 掌握公眾的分類
4. 掌握公共關係傳播的技巧與方法

【能力目標】
1. 能根據不同組織的特點設計組建公共關係部方案
2. 能分析不同組織的公眾特點
3. 能使傳播活動符合傳播規律

## 項目引入

### 北京奧運會公關

第二十九屆北京奧運會可謂規模空前。且不說大規模的基礎設施建設，本屆奧運會有最大規模的運動員參賽，有最大規模的外國元首來北京觀看比賽，有最大規模的志願者，有最恢宏壯觀的開幕式，有截至目前中國最好的奧運比賽成績，還有更多的奧運會之最。外國媒體對此不乏讚美讚嘆之詞。

但這些最多、最大、最好的背后是中國政府一次最精彩、最成功的公關活動。北京奧運會只不過是個載體，中國政府充分抓住了這個極好的機會，向世界傳達了中國人民和政府的友好、和平、熱情，奧運會開幕式向世人展示了中國五千年輝煌燦爛的文明，體現了中國政府發展經濟、創新科技和改善環境的和諧發展（科學發展觀）的執政之要，向世人宣示了中國走和平、和諧發展道路的決心。我們看到最大數量的媒體，特別是西方媒體湧入到北京，他們最重要的不是要報導北京的體育賽事，而是更多地尋找中國在政治、社會文明等方面的問題，以此作為最好的新聞素材發到國內。

北京奧運會的成功召開，就是對西方媒體最好的回應。而中國花如此大的代價舉辦這屆奧運會，不僅僅是向世人展示自己強大的組織能力和蒸蒸日上的國力——獲得他國的理解，促進中國與世界其他國家的交流，消除中國在西方國家（包括一些東方

國家）思維中的負面影響和對中國崛起的擔憂，樹立中國在國際社會中的良好形象才是中國傾盡全力辦好這屆奧運會的真正意義所在！

當然，北京奧運會也可以視作中國政府公共關係的典範之作。憑藉此次盛會的召開，中國政府通過卓有成效的努力，明確傳遞了和平信息，宣示了「和平崛起」的堅定決心；緩解了公眾消極情緒，增進了社會和諧與團結；推介了中華民族文化，展示了美好國際形象。

（資料來源：王勇. 北京奧運會：中國政府公共關係典範之作［EB/OL］. http://blog. sina. com. cn/s/blog_ 5b25059b0100bwoo. html）

# 學習任務 1.1　公共關係概論

**知識連結**

### 1.1.1　公共關係的概念與特徵

「公共關係」對應的英文單詞為「Public Relations」（縮寫為 PR）。公共關係是一門正在發展中的新興學科，而且涉及不同的學科領域，由此到目前為止還未形成對公共關係的統一定義。據不完全統計，公共關係的定義大概有上千種。隨著對公共關係的研究的深入，中國也逐漸形成了公共關係管理學派、傳播學派、組織形象學派等。不同學派嘗試著從不同的角度去闡述公共關係的本質，雖然都有其合理性，但在對公共關係的定義的表述上眾說紛紜。

通過對眾多公共關係定義的借鑑以及對公共關係特徵的概括，我們認為公共關係是社會組織通過形象塑造、傳播管理、利益協調等方法，提高認知度、美譽度、和諧度，促成社會組織與其相關公眾良好合作並和諧發展的科學和藝術。

分析公共關係的基本特徵有助於我們加深對公共關係概念的理解。公共關係的主要特徵表現為：

1. 以社會公眾為工作對象

公共關係特指一定的組織機構和與其相關的社會公眾之間的相互關係，公眾是組織機構公共關係工作的對象、客體，一切工作均應圍繞公眾而展開，組織必須堅持著眼於自己的公眾才能生存和發展。

2. 以塑造良好形象為最終目標

公共關係的根本目的是為一定的組織機構在社會公眾中塑造、建立和維護良好形象。組織通過各種公共關係活動，有效地提高自身的知名度和美譽度，為組織創造良好的生存與發展環境。

3. 以雙向傳播溝通為基本方式

公共關係以傳播溝通作為基本的工作方法或手段。為了維持組織與公眾之間的良好關係，一方面組織應策劃對外傳播，迅速有效地將組織各方面信息傳播給公眾，使公眾認識、瞭解自己；另一方面又要及時、全面地瞭解、收集信息以調整、改善自我。只有這樣，才能使組織與公眾在交流溝通、共享信息的基礎上增進瞭解和合作。

4. 以真誠互惠為基本原則

真誠是態度言行上的真實與誠懇，互惠是利益回報在質和量上的大致相等。公共關係活動中，社會組織堅持真實地傳播、善意地協調，使公眾獲得需求的滿足、利益的實現，兩者之間保持平等友好的交往，才能真正贏得公眾的信任與好感、支持與合作。

5. 以長遠發展為基本方針

公共關係要著眼於長遠利益，追求組織與公眾之間保持穩定而長久的良好關係狀態，而這不是一朝一夕能夠建立並一勞永逸的；相反，必須依賴長期的、有計劃、有目的、持久不斷的艱苦努力對其維護、調整和發展，它是一項長期的戰略性任務。

### 1.1.2 公共關係的基本職能與原則

公共關係的職能是公共關係在組織中應發揮的作用和應承擔的職責。其實質就是調動一切可以調動的力量，運用各種手段，塑造良好的組織形象，贏得良好的生存環境，促進組織的生存與發展，使組織在激烈的競爭中取勝。但其具體職能可概括為收集信息、諮詢建議、溝通協調、塑造形象和教育引導。

1. 收集信息

管理就是決策，而決策的好壞，首先取決於信息的收集與分析的好壞。在「情報成功就等於競爭勝利」的今天，關注信息管理已成為企業的一大要務。只有及時準確地收集信息，才能使組織瞭解環境、監視環境、反饋輿論、預測趨勢、評估效果，以幫助組織對複雜多變的公眾環境保持高度的敏感性，維持組織與整個社會環境之間的動態平衡。

2. 諮詢建議

公共關係諮詢建議是指公共關係專業人員向決策層和各管理部門提供有關公共關係方面的意見和建議，從而使決策更加民主化、科學化、系統化，促進組織形象更加完美，與公眾的關係更加和諧。其具體內容包括：關於企業奮鬥目標的諮詢、對社會組織及其產品形象的諮詢、對社會組織知名度和美譽度方面的諮詢、關於公眾心理的諮詢和預測。

3. 溝通協調

溝通協調是指組織與其公眾在信息傳遞的基礎上相互認識，並據此調整其中的不合理因素，對內提高組織的向心力、凝聚力，對外爭取公眾的好感與支持，為組織的生存和發展奠定「人和」的基礎。

4. 塑造形象

公共關係中的組織形象是指公眾對社會組織的整體印象和評價，是社會組織的表現和特徵在公眾心目中的反應。良好的組織形象可以使社會組織獲得更好的發展條件和發展空間；可以為社會組織的各種服務和產品創造出優良的營銷環境；可以為社會組織吸引人才、集中人才提供優越的條件；也有助於社會組織尋求可靠的原材料和能源供應客戶，增加投資者的信心，求得穩定而優惠的經銷渠道，增進周圍地區對組織的瞭解。

5. 教育引導

公共關係的教育引導職能主要反應在兩個方面：一是對組織員工素質的培育和提

高。通過公共關係活動，可以培養和提高員工各方面的素質和才能。二是對公眾進行教育和引導。因為客觀地講，公眾不可能永遠正確，而是需要加以引導。這種引導主要體現在公共關係活動對社會互動環境和社會心理環境的優化上。

在樹立組織良好形象的具體運作過程中，策劃和實施公共關係活動時，必須在正確的原則指導下，才能達到預期的目的。

1. 誠實信用原則

公共關係是建立信譽、塑造形象的藝術，但又不是一種純粹的藝術或宣傳的技術，而是以事實為依據的科學。「誠信」是現代公共關係的立業之本、力量之源、行為之衡。

### 案例1-1：農夫山泉「假捐」不能參選「企業公民」

2009年第五屆中國優秀企業公民評選活動啟動。與前屆不同，這年中國社工協會制定了《中國優秀企業公民評估評價標準》，明確將六類企業排除在評選範圍之外。這六類企業是：生產或經營對人或社會有害商品的企業；虧損企業；有嚴重破壞自然環境行為的企業；有違法亂紀行為的企業；有不道德商業行為的企業；有不誠信公益行為的企業，包括諾而不捐、捐贈不到位、承諾的公益項目不履行等。用「六不準」的限制將菸草行業企業、高污染企業和捐款未兌現等企業排除在評選範圍之外。

中國社工協會負責人表示，按照這一標準，菸草行業所有企業、「毒奶粉」事件相關企業、發生「竄貨門」事件的諾基亞以及被指沒有完全兌現「每喝一瓶農夫山泉，你就為水源地的貧困孩子捐出了一分錢」廣告的農夫山泉股份有限公司，這些企業肯定不能參選。

（資料來源：中國公關網）

2. 平等互利原則

在不違反法律和道德的前提下，不能單純追求組織單方面的利益。只有在公眾也同樣受惠的前提下，才可能得到公眾的支持和合作。公共關係必須以公眾為本，一個失去了公眾的組織也就喪失了生存的環境。為了滿足公眾的合理需求，有時可能要求組織對眼前利益作出必要的「犧牲」。從長遠來說，這是對組織生存環境的維護，屬於組織的公共關係投資，是形象建設的要求。

3. 長期努力原則

與公眾建立良好的關係，獲得美好的聲譽，絕非一日之功所能及。公共關係活動是一個長期的、有計劃的、周密的、全面的系統性工程，每一次具體的公關活動都只能看成是通往長遠目標的一個階梯，需要長期不懈的努力。公共關係要著眼於未來，精心地去策劃、規劃，持久地去努力。

4. 不斷創新原則

公共關係活動應適應公眾求新、求異、求變的心理特徵，以創新精神來豐富和發展自身的思想、理論，適應社會發展新趨勢，使自己的策劃保持新意，不斷推出新的思路、新的形式、新的方法、新的手段。

案例 1-2：「賈君鵬你媽媽喊你回家吃飯」

2009 年 7 月 16 日上午，百度貼吧的「魔獸世界吧」裡出現了一個帖子，標題為「賈君鵬你媽媽喊你回家吃飯」，內容只有兩個字母「RT」，意思是「如題」。半天時間，有 40 萬人次點擊、近兩萬條留言。4 天后，這兩個數字分別變成 800 萬和 30 萬，而且還在瘋狂地增長。北京一傳媒公司突然自曝是他們製造了「賈君鵬」，目的是幫助一款游戲保持關注度和人氣。該策劃「總計動用網絡營銷從業人員 800 余人，註冊 ID 2 萬余個，回復 10 萬余則」。這個創意也讓他們賺了「6 位數」。

（資料來源：中國公關網）

5. 全員公關原則

全員公關指社會組織中所有工作人員都參與公共關係活動，上下齊心，合力搞好公關工作。組織形象是通過組織所有人員的集體行為表現出來的，是組織內個人形象的總和，每一個成員與外界發生聯繫時，其個人形象直接體現組織的整體形象和風貌，絕不能認為組織公共關係狀態如何只是公關人員的事。組織最高領導層必須採取有力措施和行動支持公關工作，組織員工必須自覺代表組織向外界傳播、宣傳組織形象，並注意收集有關本組織的信息，提供給公關部門，以自己的實際行動關心、支持、配合公關工作。

小資料：消費者品牌接觸多元化

街頭海報、電視廣告、公司新聞、輿論對公司的評價等，都對消費者起到強化品牌認知的作用，但消費者不會主動關心公關、廣告等傳播形式的區別，也不會有意識地局限於品牌的有計劃、有預算的活動項目。如果是產品的使用者，產品使用中對產品質量的感受，包括銷售人員的態度、服務系統的可靠性，在很大程度上決定了他對品牌的認知。消費者也可以通過多種途徑與企業接觸，如與職工、渠道銷售商、服務人員以及其他非營銷人士等接觸，這些接觸通常比企業自主傳遞的信息和關係更有影響力。

從廣義上來講，公司中的每一個人、每一個環節，都有可能成為品牌接觸點。消費者的品牌接觸點繁多，企業就有更多的環節暴露在監督之下。如媒體曝光的違章生產，就是消費者看到后向媒體舉報的結果。

我們要樹立全員公關的理念，關注產品質量、服務、渠道等客戶可能的品牌接觸點。一般來講，直接面向顧客的員工，企業一般都很重視，但是在不直接接觸顧客的加工廠、生產車間，企業對員工的教育還屬於粗放式的，員工或者沒有食品安全意識，或者手邊就有規範手冊但仍然在違規操作。

（資料來源：危機時代需要「全員公關」。二十一世紀管理培訓網）

### 1.1.3 現代公共關係

雖然在古代社會存在著許多公共關係思想行為和技巧的萌芽，但是作為一種職業的、有科學理論指導的現代意義上的公共關係是 20 世紀初出現的。

現代公共關係起源於美國，在當時已經具備了公共關係產生所需的幾個條件：一

是民主化的社會政治生活，符合「真誠交往，互惠互利」的公共關係原則。二是高度發展的商品經濟。社會分工協作日益深化，人們需要自覺、主動地協調人與人之間、組織與組織之間的相互關係，需要全方位地協調與合作，公共關係應運而生。三是現代傳播技術的發展。傳播技術的發展促進人們大規模地交往和溝通，為公共關係的產生和發展提供了必要的技術保障。

現代公共關係發展主要經過了以下幾個歷史階段：

1. 巴納姆時期——公眾受愚弄時期

費尼斯·巴納姆是美國19世紀中葉風行的「報刊宣傳活動」的發起者，他擅長策劃宣傳活動。當時一份報紙，只需一個便士即可購到，因而報紙的發行量猛增。許多組織充分利用報紙，編造新聞，虛構情節，以迎合讀者心理，引起公眾注意，達到宣傳自身形象的目的。

巴納姆恪守的信條是「凡宣傳皆是好事」。不論別人是恨他還是愛他，只要越來越多的人知道他的名字就是好事。他無視公眾的利益，手段翻新，怪招疊出，夢想實現自身利益。

報刊活動盛行時期，其實恰恰是公眾受愚弄的時期，巴納姆的所作所為，是完全違背公共關係宗旨的，因此這一時期被稱為「公眾被愚弄的時期」。

小資料：巴納姆的「海斯神話」

巴納姆曾在19世紀初編造了一個「海斯神話」：馬戲團有位名叫海斯的黑人女奴，曾在100年前養育過美國第一任總統喬治·華盛頓。報紙披露這一消息後，立即引起軒然大波。巴納姆借機以不同的筆名向報社寄去「讀者來信」，人為地開展爭論。巴納姆認為，只要報紙沒有把他的名字拼錯，隨便怎麼說也無妨。「神話」給巴納姆帶來的是，每週從那些希望一睹海斯風采的紐約人那裡獲得1,500美元的收入。海斯死後，解剖發現，海斯不過80歲左右，與他吹噓的160歲相距甚遠。對此，巴納姆厚顏無恥地表示「深感震驚」，他還說自己也「受了騙」。其實，這一切都是他刻意策劃的。

（資料來源：張踐：《公共關係學》）

2. 艾維·李時期——「說真話」時期

19世紀末，西方國家相繼進入壟斷階段。勞資關係和社會矛盾激化，工人運動興起，同時美國又掀起了一場所謂「揭醜運動」。艾維·李掀開了公共關係新的一頁。艾維·李曾擔任過《紐約時報》等幾家報紙雜誌的記者和編輯。1903年，他在紐約首次開辦了第一家宣傳事務顧問所，成為向顧客提供勞務而收取費用的第一個職業公共關係人。艾維·李恪守的信條是「公眾應被告知」，要說真話。只有說真話，把真情告訴公眾，公司或組織才能獲得好的聲譽。艾維·李把他的公關思想付諸實踐，在處理煤礦工人罷工事件和賓夕法尼亞公司主幹線的嚴重事故等多個事件中平息了工人怒潮，改變了企業形象，收到前所未有的效果。

總之，艾維·李在公共關係領域所做的工作，被人們看成是現代公共關係的里程碑。他開設的公共關係事務所，被認為是現代公共關係實業的起點；他堅持以誠待人，重視坦白的觀念，揭示了現代公共關係的特徵及其奧秘；他採用的許多公共關係技巧和方法，一直沿用至今，為現代公共關係的實務技能奠定了基礎。艾維·李被譽為「現代公共關係之父」。

小資料：洛克菲勒的「變臉」

洛克菲勒因公然下令在科羅拉多殘殺罷工的工人而一度聲名狼藉，被稱為「強盜大王」，與公眾之間的矛盾十分尖銳。為平息工人的罷工怒潮，改變自身的形象，洛克菲勒聘請艾維·李處理勞資糾紛及其與新聞媒介的關係。艾維·李果敢地採取了如下一系列措施：

（1）聘請有威望的勞資關係專家來核實與確定導致這次事故的具體原因，並公布於眾；

（2）邀請勞工領袖參與解決這次勞資糾紛；

（3）建議洛克菲勒廣泛進行慈善捐贈；

（4）增加工資、方便兒童渡假、救貧濟困。這使得工人對洛克菲勒的看法有了微妙的改變，為洛克菲勒集團在內外公眾中樹立了較好的形象。

（資料來源：張踐：《公共關係學》）

3. 愛德華·伯納斯時期——「投公眾所好」時期

艾維·李雖然有豐富的公共關係實踐經驗，但卻沒有提出系統而科學的公共關係理論。真正為公共關係奠定理論基礎、使現代公共關係科學化的是美國著名的公共關係顧問愛德華·伯納斯。伯納斯1923年以教授身分首次在紐約大學講授公共關係課程，同年出版了被稱為公共關係理論發展史上「第一個里程碑」的專著——《公眾輿論》。1952年，伯納斯正式出版了《公共關係學》教科書，從而使公共關係的基本理論和方法成為一個較為完整的體系。

伯納斯的公關核心思想是「投公眾所好」。他認為公眾喜歡什麼、公眾期待什麼，作為組織必須嚴肅地考慮。在科學的審視與調查研究之後，一切以公眾態度為出發點，再進行組織的宣傳工作，以滿足公眾的要求。

4. 斯科特·卡特李普時期——「雙向對稱」時期

20世紀50年代以來，公共關係的實踐和理論研究進入了一個全新的發展時期。1955年5月國際公共關係協會在倫敦成立，1992年該協會會員已發展到五大洲62個國家919名會員，這標誌著公共關係已作為一門世界性的行業而獨立存在。在這一時期，以薩姆·布萊克、卡特利普、愛倫·森特、杰夫金斯和格魯尼克等為代表的一大批公關大師，在理論和實踐上把公共關係推向一個新的歷史發展階段。特別是斯科特·卡特李普和阿倫·森特合作的《有效公共關係》一書，被美國公關協會定為美國高校公共關係課程的標準基礎教材，被譽為公共關係的「聖經」。

**模擬實訓**

【實訓名稱】我看公關

【實訓目的】真正理解什麼是公共關係，並能夠用自己的語言準確表述。

【實訓步驟】

1. 全班4~5人一組，分成若干小組；
2. 以小組為單位，每人用一句話闡述自己所理解的公共關係是什麼；
3. 以小組為單位，每人說出1~2件生活中接觸過的公共關係活動；
4. 每組選代表在全班作總結發言。

【實訓要求】

說明什麼是公共關係。要求：語句及內容完整，表述清楚；明確所列舉的活動具有公共關係性質，屬於公關活動；小組代表發言應對小組活動情況真實概括，總結性強。

## 學習任務 1.2　公共關係主體

**知識連結**

### 1.2.1　社會組織

社會組織就是指為達到某種共同的目標，通過對人員進行不同的分工，使之發揮不同的功能，並利用不同的權力和職責合理地協調群體活動的體系。社會組織是公共關係的第一構成要素，是公共關係的主導，它決定了公共關係的狀態、活動、發展方向。在協調公眾關係、改善公眾環境中，在樹立自身形象、提高社會信譽中，在內外溝通聯絡、謀求合作發展中，社會組織都是總體的控制者和組織者，處於公共關係的主動地位。

1. 社會組織的特徵

社會組織有其鮮明的特徵，具體表現在：

（1）目標性。任何社會組織都是為實現一定的目標而建立起來的，組織目標是辨別組織的性質、類別、職能的基本標誌，也是確定組織原則、組織宗旨、組織章程、組織計劃的基礎。對組織的活動起著指導和制約作用。

確定目標是建立社會組織的最重要的條件，不同的組織有不同的目標。社會組織雖然形式多樣、內容各異，但它們的活動都是圍繞著自身的共同目標而展開的。如學校的目標是培養人才，醫院的目標是救死扶傷等。

（2）系統性。社會組織是由其下屬的各部門按一定的結構組合而成的整體。社會組織及其內部的公關部門和從業人員負責行使組織的公關職能；組織也為他們提供開展公關活動的條件並進行思想指導。社會組織是按照系統方式構建的，首先組織系統內部各部分之間是相互聯繫、相互制約的，其中任何一個部分發生變化都會影響整體變化。從內部結構看，組織成員按一定的人事關係形成系統；從外部環境來講，社會是一個多層次的複雜的大系統。社會組織存在於一定的社會環境之中，組織系統與外部大系統都發生相互聯繫。因此，組織以系統的方式來進行構建才能最佳地發揮組織的獨特功能。

（3）開放性。社會組織是一個開放性系統，其生存與發展離不開環境——它既要受環境的影響，又會對環境產生作用。一方面組織要有適應性，根據環境輸入的物質、能量、信息等調整自己的結構或功能；另一方面組織又要發揮自身的能動性，以自己的功能影響或改變與組織發生聯繫的環境。

（4）變動性。社會發展及其社會環境的變化會對社會組織的生存與發展產生一定的影響。社會組織的新生與消亡，在某種程度上也要取決於社會環境的變化。組織的

變動性主要指兩方面：一是社會環境是不斷變化的，要適應這一變化，社會組織就應適時地進行目標、功能、機構及人員的調整。二是社會組織本身也要不斷發展變化，在不同的發展階段，組織的形象目標也會有所不同。隨著環境的變化，組織也要不斷修正、調整自身及其公關工作的目標、職能、機構、運作方式以及對人員的要求等，以提高和加強自己的應變能力，創造更有利於組織生存和發展的條件。

2. 社會組織的類型

不同類型的社會組織的性質、目標、職能、結構形式和活動方式不同，其公關工作的重點、具體對象、實務活動和運作方法也不同。對社會組織進行分類，是為了開展公關工作時，能夠比較準確地判斷其組織性質、任務，進而把握其公共關係行為和公眾類型，為以後的公共關係工作尋找策劃運作的依據。

（1）按組織的社會職能可以把社會組織劃分成以下五種類型：

① 經濟組織。它是最基本的社會組織。它擔負著向人們提供衣、食、住、行和文化娛樂等物質資料的任務，並要實現其所有者和經營者的利益。其特點是：從事經濟活動，具有經濟職能。它包括工商企業、金融組織、交通運輸組織、服務性組織等。經濟組織公共關係的主要任務就是要樹立一個良好的生產經營者形象，爭取更多的顧客和其他公眾的支持，以使本組織在發展中不斷增強競爭力。

② 政治組織。這類組織是為某種政治目的而組建的。它包括政黨組織、國家政權組織、國家力量組織、國家司法組織等。它負責代表占統治地位的階級的利益和意志，為其提出奮鬥目標、制定方針政策、組織社會的經濟建設、保衛國家政權、處理與他國的關係等。政治組織公共關係的主要任務是在人民中樹立其良好的領導者、管理者、保衛者、服務者形象，得到廣大人民群眾的擁護、理解和支持，完成其政治職能。

③ 文化組織。這類組織以滿足人們的文化和精神需求為目標，以從事精神文化活動為任務。這類組織包括文化藝術團體、教育科研單位、博物館、文化館、體育館、俱樂部、醫療衛生部門等。這類組織公共關係的主要任務是：塑造優秀的精神文明建設者和文化教育衛生事業的服務者的形象，爭取社會各方面和盡可能多的人民群眾的支持、關心、參與。

④ 群眾組織。這類組織是具有共同利益和共同志趣的個體組織起來的群體。它包括群眾性協會、團體、學術性組織等。在中國，工會、共青團、婦聯、青聯、文聯、作協、科協及其他專業學會、協會等都是群眾組織。這類組織公共關係的主要任務是：在人民群眾中樹立起社會利益和群眾利益的捍衛者、呼籲者形象，取得社會各方和人民群眾的支持，為群體和廣大人民群眾服務。

⑤ 宗教組織。這類組織是具有共同宗教信仰的人們所組合起來的。中國的佛教協會、道教協會、伊斯蘭教協會、天主教愛國會等都是宗教組織。其公共關係的主要任務是：在信教群眾和宗教界人士中樹立一個組織者的形象，與有不同信仰的人和平共處，爭取得到信教群眾和宗教界人士的擁護和愛戴。

（2）按組織目標與受益者的關係通常將社會組織分為以下四種類型：

① 營利性組織。例如，工商企業、服務行業、金融機構、旅遊服務性單位、賓館等，其公關工作的一個重要任務是如何為組織增進效益。營利性組織側重開展促銷型公共關係活動。

② 服務性組織。這種組織是以服務對象的利益為目標，為服務對象謀求利益，不

以營利為目標。這類組織有學校、醫院、慈善機構、社會公共事業機構。這類組織公關工作的重要任務則是提高服務質量，以質量求信譽、求生存，通過提供各種高質量的服務顯示組織誠意和品位，密切與公眾的關係。服務性組織側重開展公益服務型、實力展示型的公共關係活動。

③ 互益性組織。這種組織以組織內部成員之間互相獲得利益為目標，即組織內各成員之間相互都有好處。如黨派、群眾團體、宗教等組織。互益性組織側重開展內部溝通型、社會公益型公共關係活動。

④ 公益性組織。這種組織是以國家和社會利益為目標。如政府、軍隊、治安機關等。公益性組織側重於開展公益服務型公共關係活動。

（3）按照組織是否營利和競爭可以把社會組織劃分為以下四種類型：

① 競爭性的營利組織。這類社會組織有明顯的經濟利益驅動，又是在激烈競爭中爭取公眾支持，因此，這類社會組織的公共關係意識較強，公共關係行為也較自覺和主動。如工商企業就屬於這類社會組織，它們十分注重對消費者的公共關係，因為消費者是它們實現自身利潤目標、求得發展的根本。這類社會組織一般容易偏重於與那些與市場活動直接相關的公眾建立公共關係。

② 競爭性的非營利組織。這類社會組織不以經濟利益為根本追求，但由於他們需要在競爭中贏得輿論的理解和公眾的支持，因此，也會十分重視自己的公共關係工作，盡可能廣泛地建立和發展自己的公共關係。如學校、醫院等就屬於這類社會組織。

③ 獨占性的非營利組織。這類社會組織不僅沒有經濟利益的驅動，而且還缺乏競爭壓力，因此，它們往往會忽略自己的公眾，其公共關係工作一般是比較薄弱的。諸如公安機關、法院等社會組織，其內部的成員有時不很重視公共關係行為，容易與公眾脫離，產生誤解和不理解，影響到自己的形象和信譽。

④ 獨占性的營利組織。這類社會組織對其產品或服務具有壟斷性，即使自己與公眾關係不好或自身形象不良也能營利。另外，由於這類組織的特殊性，在管理機制上不容易輸入公眾的信息，但又有營利的動機，因此，這類組織比較容易產生違反公眾利益的行為。如壟斷的電力部門、自來水公司、煤氣公司、郵政局等。

### 1.2.2 公共關係機構

公共關係機構是組織內部從事公關工作的部門和社會上提供公關服務和代理的組織的總稱。目前公共關係機構主要分三類：一是社會組織內部設立的公共關係部；二是社會上成立的公共關係公司；三是公共關係界成立的公共關係協會。

1. 公共關係部

公共關係部是社會組織內部自行設立的專門負責處理公共關係事務的部門或機構。從事公共關係工作的部門也多稱為公共關係部、公共事務部、公共廣告部、對外關係部、信息廣告部、社區關係部、市場推廣部等。

（1）公共關係部的類型

通常可將公共關係部分為以下幾種類型：

① 部門所屬型。這種類型的公關部通常附屬於行政部門、銷售部門或廣告宣傳部門。其地位不是很突出。公關工作只是一種偶然性的活動。一般適合小型企業或組織採用。

②部門直屬型。這種類型公關部與企業其他的銷售、財務、人事、技術各部門處於同一層次，是二級部門，地位十分突出，當然要成功地開展工作，要積極與其他部門密切配合。

③領導直屬型。這種類型的公關部從組織系統和組織地位來看，屬於第三級機構，公關部歸屬於部門經理負責領導，是一個有相當自主權的職能機構。這種設置類型綜合了以上兩種類型的優點，有利於公關工作靈活、全面開展。

(2) 公共關係部的作用

①信息調研。公共關係部收集的信息主要有：組織向社會提供的產品或服務的形象信息；關於組織自身總體形象的信息；關於社區的民意和輿論情況。公共關係部門要積極搜集來自內外公眾的各種信息意見；收到大量信息後，要進行處理，去粗取精，去偽存真，以便感知和預測影響組織目標實現的公眾態度及社會環境的變化。公關部要及時、準確地向組織提供環境變化的信息，幫助組織準確分析並預測環境的變化，從而進行適當的行為和目標的調整。這要依靠完善的信息網絡和廣泛的信息溝通渠道。

②決策諮詢。在採集、整理、分析信息的基礎上，為組織目標的實現提供選擇的決策方案，或對已有的決策方案提出諮詢的意見，協助組織決策者進行科學決策。公關部的作用是：協調組織決策者分析、權衡各種決策方案的利弊，預測組織決策所產生的社會後果；提示組織決策者修正不利於組織長遠發展的政策與行為等。

③協調溝通。借助各種媒介有效地與公眾進行信息交流，獲得公眾的理解和信任、支持與合作。組織內部的公關機構要不斷地向公眾宣傳組織的政策、組織的行為，增加組織的透明度。現代組織是一個開放的系統，它必須與公眾實現有效的溝通。因此，傳播信息、增強組織的知名度和美譽度是其重要職能。公關機構還應通過對外聯絡，為組織廣結良緣、發展友誼、化解矛盾、協調關係創造一個「人和」的環境。對外贏得公眾，對內增強組織的凝聚力。

(3) 公共關係部的工作內容

公共關係部的工作主要包括對外關係協調、對內關係協調和專業技術三方面。

①從事外部關係的協調。這主要涉及媒介關係、政府關係、社區關係等。其具體工作有：負責協調同新聞媒介、出版機構的合作關係；負責協調同政府有關部門的聯繫；負責協調與社區的聯繫；對消費者進行產品促銷活動；進行各種禮賓接待工作等。

②從事內部關係的協調。這包括員工關係、部門關係、股東關係、幹群關係等。其具體工作有：與員工溝通；教育引導員工增加公關意識，真正實現「全員公關」；編輯、出版內部刊物；搜集組織內部員工的各種意見；參加董事會及生產、銷售及其他主要部門的會議；為領導層確定公共關係目標提供方案，並為其他決策提供諮詢；培訓公共關係工作人員等。

③專業技術工作。其具體工作有：組織安排社會組織的慶典活動；組織安排開(閉) 幕儀式；策劃和組織紀念活動；舉辦記者招待會；安排社會組織領導人與新聞媒介的接觸；舉辦展覽會；舉辦參觀活動；開展廣告業務；負責圖片、攝影等技術性工作；民意測驗，進行輿論意見研究、製作等。

(4) 公共關係部的人員配置

公共關係部的人員配置應視社會組織的規模和公共關係部的工作量而定，當然也要本著機構精簡、人員精幹的原則來考慮。根據公共關係部的工作要求，通常需要配

備以下五類人員：

① 調查分析人員。公共關係調查分析工作，是開展公關工作的前提和基礎。調研信息的質量關係公關工作的成敗，作為一名調查分析人員應具有市場學、社會學、心理學等方面的知識和各種社會調查的經驗。

② 策劃人員。公共關係部是為實現社會組織的某種目的才進行一系列的公共關係活動的。要想使這些活動取得良好的效果，就需要有高水平的策劃人員，有創新思想，才能策劃出優秀的公關案例。

③ 編輯、撰稿人員。這類人員的主要任務是採寫新聞，撰寫各種報告、請示，編輯各種刊物、年度報告、年鑒等。這類人員需要有新聞寫作的知識和經驗。

④ 組織人員。其任務主要是具體組織、管理公共關係活動。他們一方面要充分瞭解公共關係實務的工作原則、方法和技巧，另一方面要有組織管理能力及處理日常事務的能力。

⑤ 其他專門技術人員。如攝影師、印刷設計師、法律顧問等。

2. 公共關係公司

公共關係公司又稱公關諮詢公司、公關顧問公司，也稱公關事務所，是指由公關專家和專業人員組成、獨立於社會組織之外、以提供公關諮詢服務為主要工作內容的知識密集型專業機構。公共關係公司的業務範圍很廣，能參與任何方面的公共關係事務並提出建議，提供服務。公共關係公司的基本職能是對客戶的一切影響公眾利益的活動予以指導、建議和監督，幫助客戶與社會公眾進行雙向信息交流溝通，為客戶建立美好的聲譽和形象。

（1）公共關係公司的類型

依據不同的劃分方式，公共關係公司有多種類型。從國際上看，公共關係公司大致有以下幾種類型：

① 綜合服務諮詢公司。這類公共關係公司以分類公共關係專家（如媒介關係專家、消費者關係專家、社區關係專家、員工關係專家等）和公共關係技術專家（如演說專家、出版物專家、民意測驗專家、宣傳資料專家等）組成。這類公司經濟實力較為雄厚，業務範圍廣泛，能為客戶提供多方面的綜合性服務。

② 專項業務服務公司。這是指以各種專業人才、技術和設備為客戶專門提供各種公共關係技術服務的公司。例如，為客戶專門提供廣告設計服務或專為客戶提供形象調查服務等。

③ 特定行業服務公司。這類公共關係公司是為特定行業提供公共關係服務的公司。如幫助工商企業推廣業務、促進經營、維護合法權益和樹立良好形象的公共關係公司。

（2）公共關係公司的工作模式

① 提供公關業務諮詢。就客戶提出的公關問題提供建議和諮詢，提供某方面的信息等，供客戶決策層參考。

② 策劃實施公關活動。受客戶委託，全權負責某項專題公關活動，如市場調查、公眾調查、大型活動方案的制訂和執行、充當客戶的引見人和調解人等。

③ 代理客戶的公關工作。受客戶的長期聘請，包攬客戶的全部公關工作或指派公關專家做客戶的長期公關顧問。

（3）公共關係公司的工作內容

公共關係公司的業務可分為諮詢業務和代理業務，具體工作內容有：

① 確立公共關係目標。這是指通過協助客戶開展調查研究，分析原因，提出解決問題的辦法，進而確立公共關係目標。

② 制訂實施計劃。根據已確定的公共關係目標以及客戶存在的實際問題，幫助客戶制訂出有效的公共關係計劃，並協助客戶實施公共關係計劃。

③ 培訓人員。接受客戶委託訓練公共關係人員，以提高他們的業務水平和工作能力。

④ 編製預算，幫助客戶編製公共關係預算。

⑤ 協助客戶開展內部公共關係工作。

⑥ 協助客戶處理社會性事件，消除不良影響。

⑦ 幫助客戶進行公共關係計劃實施效果的評估。

⑧ 為社會組織提供一般公共關係關鍵設備，如企業中的公共關係機構如何設置、公共關係人員如何培訓、某個公共關係難題如何處理等。

⑨ 為客戶提供公共關係一般業務服務，如幫助客戶聯繫新聞媒介、策劃專題活動、組織大型會議、撰寫稿件等。

3. 公共關係協會

公共關係協會是從事公關理論研究和實務工作的人按照一定的規章制度自發組織起來的民間群眾團體。其宗旨是團結公關界同仁，研究公關理論，交流公關信息，開展公關諮詢服務和公關培訓，促進公關事業發展。

（1）公共關係協會的特徵

① 人員的廣泛性。公關社團的會員由熱心公共關係事業的各行各業人士組成，既包括其所在地區的企業、新聞、科技、文教、法律、黨政機關等單位的人士，又包括社團所屬行業中有代表性的單位，具有行業的廣泛性、人員構成的多層次性和職業的差異性等特點。通過這種組織，可以形成四通八達的信息聯絡網。

② 組織的松散性。公共關係社團沒有統一的組織活動，組織內部結構根據組織自身需要而靈活設置，其成員都是因對公共關係有共同興趣而聚。

③ 工作的服務性。公共關係社團聚集了一批懂理論、重實踐的專家學者和實際工作者，利用這一優勢，可以為社會提供信息諮詢服務。服務是公共關係社團的宗旨。一切活動都應以服務為準則，服務的質量是其生命力所在。通過提供及時、實用、優質、高效的服務，既可滿足社會對公共關係的需求，又可提高社團的知名度、信譽度和權威度。

④ 經費的自籌性。作為民間的自發團體，公關社團的活動經費主要靠自籌，包括：團體會員和個人會員的會費；為社會開展諮詢策劃活動、公關培訓工作所取得的服務費、學費；所屬經濟實體的營業收入和企業贊助等。

（2）公共關係協會的類型

① 綜合型協會。這類組織主要指公關協會。目前，中國已有兩家全國性的公關協會：中國公共關係協會和中國國際公關協會。大多數省、直轄市、自治區和眾多的地區都有自己的公關協會，綜合型社團多為民辦官助，會員主要來自不同行業，其主要任務是為政府部門、企事業單位提供諮詢服務，協助有關部門和單位開展大型活動。

② 學術型協會。這類組織主要指各類公關學會、公關研究會等，如中國高等教育學會、公共關係教育研究會。會員主要來自大中專院校、科研機構，其主要任務是進行學術研究、探討，交流公共關係理論，從事公關培訓，指導公關實踐，把握公共關係發展的趨勢。

③ 行業型協會。這類組織是一種行業公共關係組織。不同的行業開展公關工作有不同的特點。隨著公共關係的深入發展，公關組織的行業化勢在必行，發達國家許多行業都有了自己的公關組織。

④ 聯誼型協會。這類組織沒有嚴密的組織機構和規章制度，形式松散，常見的名稱有公關俱樂部、公關沙龍、公關聯誼會等。其主要活動方式是定期、不定期舉辦一些沙龍聚會，在成員之間溝通信息，聯絡感情，建立良好的人際關係。

(3) 公共關係協會的職責

公共關係協會是一種特殊的公共關係組織，它既是廣大公共關係專家、學者及公共關係愛好者組成的民間團體，同時又是公關界與政府、工商企業及其他組織相互聯繫的紐帶與橋樑，其宗旨是宣傳公共關係思想，普及公共關係知識，協調公共關係活動。其具體職責體現在以下幾個方面：

① 發展和聯絡會員；
② 宣傳、普及公共關係知識；
③ 組織公共關係專業人員的培訓工作；
④ 制定公共關係職業道德規範；
⑤ 交流公共關係信息，開展公共關係諮詢服務；
⑥ 編輯、出版刊物。

### 1.2.3 公共關係人員

案例 1-3：公關部長聘任考試

一家公司準備聘用一名公關部長，經筆試篩選後，只剩 8 名應試者等待面試。面試限定他們每人在兩分鐘內對主考官的提問作出回答。當每位應試者進入考場時，主考官說的是同一句話：「請您把大衣放好，在我面前坐下。」

然而，在進行面試的房間中，除了主考官使用的一張桌子和一把椅子外，什麼東西也沒有。有兩名應試者聽到主考官的話以後，不知所措，另有兩名急得直掉眼淚。還有一名聽到提問後，脫下自己的大衣，攔在主考官的桌子上，然后說了句：「還有什麼問題？」結果，這五名應試者全部被淘汰了。

剩下的三名應試者，一名聽到主考官發問後，先是一愣，旋即脫下大衣，往右手上一搭，躬身致禮，輕輕地說道：「這裡沒有椅子，我可以站著回答您的問題嗎？」公司對這個人的評語是：「有一定的應變能力，但創新開拓不足。彬彬有禮，能適應嚴格的管理制度，可用於財務和秘書部門。」另一名應試者聽到問題後，馬上回答道：「既然沒有椅子，就不用坐了。謝謝您的關心，我願聽候下一個問題。」公司對此人的評語是：「守中略有攻，可先培養用於對內，然後再對外。」最後一名考生的反應是，聽到主考官的發問後，他眼睛一眨，隨即出門去，把候考時坐過的椅子搬進來，放在離主考官側前約一米處，然後脫下自己的大衣，折好後放在椅子背後，自己就在椅子上端

坐著。當「時間到」的鈴聲一響，他馬上站起來，欠身一禮，說了聲「謝謝」，便退出考試房間，把門輕輕地關上。公司對此人的評語是：「不著一詞而巧妙地回答了問題；性格富有開拓精神，加上筆試成績佳，可以錄用為公關部長。」

（資料來源：http://blog.163.com/zhangbaosheng70@126/blog/static/51659909200711169849786/）

公共關係人員指專門從事組織機構公眾信息傳播、關係協調與形象管理事務的調查、諮詢、策劃和實施的人員。從狹義上講是指以公關為職業的專職人員，包括組織內公關職能部門的工作人員和社會上公關公司的專業人員；從廣義上講是指從事與公關相關工作的專、兼職人員。從事公關工作的人員應該具備強烈的公關意識、良好的心理素質、全面的知識能力等基本素質，遵守公關職業道德準則。

1. 公關人員的基本素質

（1）強烈的公關意識

公共關係意識也被稱為「公共關係思想」「公共關係觀念」，是指一種尊重公眾，自覺致力於塑造組織形象、傳播溝通、爭取公眾理解與支持的觀念和指導思想，是對公關知識的凝練、公關實踐的昇華，能對公關實踐有指導作用。公共關係意識是組織建立良好公共關係的必要前提，是組織公共關係工作人員必備基本素質的核心。公關意識包括以下內容：

① 服務公眾意識。公共關係也叫公眾關係，因此公關就是在做公眾工作，公關人員必須有尊重和服務公眾的意識，一切公關工作都要從維護公眾利益出發，滿足公眾各方面的需求，投公眾所好，為公眾提供周到的服務。

② 塑造形象意識。組織形象是公關傳播工作的核心，社會組織都能認識到組織的形象、品牌、知曉度、美譽度對其生存和發展的價值，良好的組織形象是組織最重要的無形資產。公關意識中最重要的就是珍惜信譽、重視形象。良好的組織形象，是從事公共關係工作的最終目的，公關人員要懂得知名度、美譽度對組織的價值，要努力塑造、維護或矯正組織形象。

③ 協調溝通意識。傳播溝通的意識強調重視信息傳播溝通，是一種平等民主、真誠互惠的意識。公關工作是一個系統工程，需要協調各方面關係。因此，公關人員應該具備良好的協調意識，要遵循雙向對稱原則，平等競爭、公平合作，在溝通中尋求理解與支持，來增強組織內部的凝聚力和外部的和諧力，在溝通中謀求和諧發展。

④ 立足長遠意識。立足長遠的意識是塑造組織形象穩定性的要求，也是其艱苦性的表現。一個形象一旦傳播出去、樹立起來，就具備了相對穩定性。與公眾建立良好的關係，不可能一蹴而就，需要經過努力、不斷累積，才能成功。為此，公關人員要有長遠眼光，既要立足於公關活動的經濟效益，更要著眼於長期的公關戰略目標；既要追求公關活動的經濟效益，更要注重公關活動的社會效益。

（2）良好的心理素質

① 充滿自信。自信是指當面對現實或所要解決的問題時，能進行冷靜的分析並保持相信自己的樂觀心態。公關工作複雜難辦，只有充滿自信，公關人員才能有強烈的事業心，意志堅強，創造性地展開工作。

② 有開放的心態。公共關係工作是一項開放性的事業，具有開放心理的人才能熱

情寬容地與各類性格的人相處，並建立良好的關係。開放的心理表現為樂於接受新鮮事物，樂於學習別人的長處，不斷解放思想，更新觀念，在工作中能夠大膽開拓創新，積極探索。

③ 有熱情樂觀的心態。熱情樂觀的心理能使公共關係從業人員充滿想像力和創造力，保持廣泛的興趣，用真誠的熱情和樂觀的精神去與人打交道，去幫助和感染對方，這樣才能結交眾多的朋友，更好地完成公關工作。

(3) 具備全面的知識

公共關係既是一門多學科的理論，也是一項實踐性強的實務，作為公關從業人員，必須掌握多方面的知識，具體包括公關理論和知識、經營管理知識、傳播溝通知識、社會交往知識。

(4) 具備較強的操作能力

公關工作要求從業人員具有較全面的操作能力，如人際交往能力、組織協調能力、表達寫作能力、創新策劃能力等。此外隨著國際交往的加強，公關人員還應熟練地掌握一門或多門外語。

2. 公關人員的職業準則

各國公共關係職業道德準則的具體條文雖然不盡相同，但可歸納為以下三個方面：

(1) 遵紀守法，不損害社會道德和他人正當權益

任何一個國家的公共關係人員，或者在任何一國進行公共關係活動的人員，都必須遵守該國基本的法律、法規和社會公認的道德規範，這是公共關係人員最基本的職業準則。在公共關係實踐中，某一組織的個體利益與社會整體利益有可能發生衝突，公共關係人員在這種情況下必須犧牲組織的個體利益，不能採取不正當的手段和方式，不能違法亂紀損害社會整體利益或其他組織的利益。

(2) 忠於職守，自覺維護組織信譽

公共關係人員是代表某一組織進行公共關係工作的，應忠於職守，避免使用含糊或可能引起誤解的語言；對當前和以往的客戶或雇主都應始終忠誠如一；在任何場合均應在行動中表現出他對所服務的機構和公眾雙方的正當權益的尊重，以贏得有關方面的信賴；不能借用公共關係的名義從事任何有損所屬組織或公共關係信譽的活動。

(3) 公正誠實，不傳播虛假信息

公共關係人員在進行公共關係活動中，不能傳播沒有確鑿依據的信息，或者為了個體利益故意傳播虛假的或使人誤解的信息。做好這一點既是公共關係人員對公眾權益的尊重，也是從根本上長久維護組織良好信譽的保證。

**模擬實訓**

【實訓名稱】組建公共關係部模擬實訓

【實訓目的】強化對公共關係基本理論知識、公共關係主體和客體等知識的理解。

【實訓步驟】

1. 5~6人為一組，主動聯繫一家公司，獲得為其進行設計公共關係機構的組建方案的真實任務（如不能獲得真實任務，可根據某一公司的背景材料模擬）。

2. 根據公司的實際情況為其設計公共關係機構的組建方案。

3. 向公司有關領導匯報並在全班交流。

【實訓要求】
請幫助某公司設計一個公共關係機構的組建方案。在方案中要就機構的設置、人員的配備、職責的確定等內容作出詳細說明。

## 學習任務 1.3　公共關係客體

**知識連結**

### 1.3.1　公眾的概述

1. 公眾的含義

社會組織是公共關係的主體，而公眾是公共關係的客體。所謂公眾，是指與特定的公共關係主體相互聯繫、相互作用的個人、群體或組織的總和，是公共關係傳播溝通對象的總稱。「公眾」是公共關係的基本概念，「公共關係」又叫「公眾關係」，因為公眾是公共關係的工作對象。

公眾不同於人民、群眾、人群。「人民」是一個政治學和歷史學的概念，指以勞動群眾為基礎的社會基本成員，包括各個歷史階段的一切推動社會進步、順應歷史發展方向的人。「群眾」則泛指人民中從事物質資料和精神資料生產的勞動者，它比「人民」一詞更具體、更穩定，沒有鮮明的政治色彩。「人群」是社會學用語，是指由人集結而成的群體，具有偶然性和隨機性，結構松散，不一定需要合群的整體意識和相互聯結的牢固紐帶。人民、群眾、人群這三個概念與公眾有內在聯繫，他們永遠是構成公眾的源泉，因此受到各類社會組織的廣泛關注；但他們與公眾又有本質上的區別，當他們與公共關係主體毫無聯繫時，就不是公眾，就不能進入公共關係的範疇。

2. 公眾的特點

要搞好公共關係，真正瞭解公共關係的對象和內容，制定正確的目標、策略和實施方法，就必須瞭解和研究公共關係的對象——公眾。公眾具有以下特點：

（1）同質性

公眾具有某種內在的共同性，因其面臨由組織行為引發的共同的問題，這種共同問題把形形色色的群體與個體結合在一起，構成該組織主體的公眾，他們相互之間存在某種共同點，如共同的需要、共同的利益、共同的目的，他們的行為、態度也具有比較一致的傾向。

（2）整體性

公眾不是單一的、分離的個體，而是與某一組織運行有關的整體公眾環境。這個公眾環境指組織運行過程中必須面對的公眾關係和公眾輿論的總和。公關工作中如果只注意其中某一類公眾，而忽略其他公眾，就可能影響到整體公眾環境的變化，從而導致公眾環境的惡化，直至影響組織的正常生存和發展。應用全面、系統的觀點來分析公眾，面對公眾環境因素的影響，做整體的思考與對待。

（3）互動性

公眾和組織之間呈互動狀態。公眾的意見、觀點、態度和行動對組織的目標、發

展存在實際或潛在的影響力和制約力,甚至決定組織的成敗;反之,該組織的目標、行動對公眾也具有實際或潛在的影響力和作用力,制約著他們利益的實現、需求的滿足、問題的解決。

案例 1-4:新可樂老可樂

20世紀70年代末,可口可樂公司為了扭轉產品佔有率不斷下滑的局面,決定推出新口味可樂,在1982年實施了「堪薩斯工程」。「堪薩斯工程」是可口可樂公司秘密進行的市場調查行動的代號。調查發現,只有10%~12%的顧客對新口味可口可樂表示不喜歡,而且其中一半的人認為以後會適應新可口可樂,這表明顧客們願意嘗試新口味的可口可樂。可口可樂公司技術部門決意開發出一種全新口感的、更愜意的可口可樂。可口可樂公司組織了品嘗測試,在不告知品嘗者飲料品牌的情況下,請他們說出哪一種飲料更令人滿意。測試結果令可口可樂公司興奮不已,顧客對新可口可樂的滿意度超過了百事可樂。而以前的歷次品嘗測試中,總是百事可樂打敗可口可樂。可口可樂公司的市場調查人員認為,這種新配方的可口可樂至少可以將公司在飲料市場所占的份額向上推動一個百分點,這意味著多增加2億美元的銷售額。此時可口可樂公司又面臨著一個新問題:是為「新可樂」增加一條生產線還是用「新可樂」徹底取代傳統的可口可樂。可口可樂公司決策層認為,新增加生產線肯定會遭到遍布世界各地的瓶裝商們的反對,因為那樣會加大瓶裝商的成本。經過反覆權衡後,可口可樂公司決定用「新可樂」取代傳統可樂,停止傳統可樂的生產和銷售。消息閃電般傳遍美國。在24小時之內,81%的美國人都知道了可口可樂改變配方的消息,這個比例比1969年7月阿波羅登月時的24小時內公眾獲悉比例還要高。「新可樂」上市初期,市場反應非常好。1.5億人在「新可樂」問世的當天品嘗了它,歷史上沒有任何一種新產品會在面世當天擁有這麼多買主。發給各地瓶裝商的可樂原漿數量也達到5年來的最高點。

然而好景不長,風雲突變。雖然可口可樂公司事先預計會有一些人對「新可樂」取代傳統可樂有意見,但卻沒想到反對的聲勢如此浩大。有的顧客稱可口可樂是美國的象徵、是美國人的老朋友,可如今卻突然被拋棄了。還有的顧客威脅說將改喝茶水,永不再買可口可樂公司的產品。在西雅圖,一群忠誠於傳統可口可樂的人組成了「美國老可樂飲者」組織,準備在全國範圍內發動抵制「新可樂」的運動。許多人開始尋找已停產的傳統可口可樂,這些「老可樂」的價格一漲再漲。當年6月中旬,「新可樂」的銷售量遠低於可口可樂公司的預期值,不少瓶裝商強烈要求改回銷售傳統可口可樂。憤怒的情緒繼續在美國蔓延,傳媒還在煽風點火,對99年歷史的傳統配方的熱愛被傳媒形容成愛國的象徵。於是,可口可樂公司決定恢復傳統配方的生產,其商標定名為Coca-Cala Classic(可口可樂古典)。同時繼續保留和生產「新可樂」,其商標為NewCoke(新可樂)。7月11日,戈伊朱埃塔率領可口可樂公司的高層管理者站在可口可樂標誌下向公眾道歉,並宣布立即恢復傳統配方的可口可樂的生產。消息傳來,美國上下一片沸騰。ABC電視網中斷了周三下午正在播出的節目,馬上插播了可口可樂公司的新聞。所有傳媒都以頭條新聞報導了「老可樂」歸來的喜訊。華爾街也為可口可樂公司的決定歡欣鼓舞,「老可樂」的迴歸使可口可樂公司的股價攀升到12年來的最高點。

(來源:邊一民. 公共關係案例評析 [M]. 杭州:浙江大學出版社,2004.)

（4）變動性。公眾是一個開放的、處於不斷變化和發展過程的系統。任何社會組織面臨的公眾，其性質、形式、數量、範圍等均會隨著主體條件以及客觀環境的變化而變化。公眾環境的變化，需要組織相應地在公關工作目標、方針、策略、手段等方面作出調整和變化。

### 1.3.2 公眾的分類

組織在開展公關活動時，要把公眾整體劃分為各種不同類型的目標對象。對公眾進行分類，是每個公關部門的一項重要工作，是開展公關工作的出發點，也是提高公共關係活動效率的重要保證。它可以幫助社會組織更好地認識公眾的特徵和共性，認識公眾的多變性，重視與公眾的關係，使社會組織的政策和活動能顧及各方面公眾的利益，做到內外兼顧，內求同心協力，外求和諧發展，為組織的發展創設良好的社會環境；它也可以幫助社會組織清晰地把握每一類公眾的特徵，有針對性、有重點、有選擇地開展公關工作，有助於與各類公眾更好地進行溝通與交流，建立起良好的情感關係；它還能幫助社會組織瞭解和掌握公眾的變化趨勢，對這種變化趨勢作出恰當的預測和估計，從而創造性地開展公關工作，使組織立於不敗之地。

對公眾的分類，可以根據不同的標準、不同的層次、不同的角度劃分出不同的類型。常見的公眾類型有以下幾種：

1. 橫向分類

根據公眾與社會組織關係的領域可將公眾劃分為內部公眾和外部公眾：

（1）內部公眾

內部公眾指組織內部溝通、傳播的對象，包括組織內部全體成員構成的公眾群體，如企業內的員工、股東、董事會、顧問、員工家屬等。內部公眾既是內部公關工作的對象，又是外部公關工作的主體，是與組織自身相關性最強的一類公眾對象。社會組織與這些內部公眾發生的關係，被稱為員工關係、股東關係等。

案例 1-5：麗思·卡爾頓酒店的員工

現在麗思·卡爾頓酒店已在中國有多家分店。「在我們酒店，員工是一切服務的前提，我們的員工本身也是紳士和淑女，我們賦予他們每個人這樣的稱謂，是為了讓他們建立起充分的信心，我們希望我們的員工也受到同樣的尊重。」北京麗思·卡爾頓酒店總經理馬可諾說。

提供紳士和淑女般的服務已經形成麗思·卡爾頓酒店的傳統，「我們的座右銘，就是以紳士、淑女的態度為紳士、淑女服務」成為該酒店的文化優勢。所以，在中國、奧地利、德國、馬來西亞、新加坡和南斯拉夫等地麗思·卡爾頓酒店分店的員工也逐漸擁有了紳士和淑女般的修養。

（來源：《管理中國》）

（2）外部公眾

外部公眾指社會組織在外部環境中所面臨的公眾，如企業面臨的消費者、原料供應商、產品經銷商、政府部門、同行企業、新聞界等。社會組織的生存和發展越來越依賴於其外部的公眾環境。外部公眾的主要類型有：

①消費者公眾。消費者公眾指購買、使用本組織提供的產品或服務的個人、團體或組織。如企業產品的用戶、商店的顧客、酒店的客人、電影院的觀眾、出版物的讀者等，包括個人消費者和社團組織用戶。消費者是與組織具有直接利益關係的外部公眾，是社會組織傳播溝通的重要目標對象。

②政府公眾。政府公眾對象指政府行政機構及其官員和工作人員，即組織與政府溝通的具體對象。任何社會組織都必須接受政府的管理和制約，因此需要與政府的有關職能機構和管理部門打交道，包括工商、人事、財政、稅務、市政、治安、法院、海關、環保、衛檢等政府職能部門及其工作人員。它是所有傳播溝通對象中最具有社會權威性的對象。組織必須與政府各職能部門建立和保持良好的溝通，這是組織生存、發展的重要保障和條件。

案例1-6：禽流感時巧公關

2005年禽流感爆發給很多生產調節人體免疫功能的醫藥保健品帶來了良好的推廣契機。但是由於政策和管控，很多相關企業無法通過廣告等傳統的傳播形式進行品牌展示。當別人一籌莫展時，杭州民生藥業向衛生部捐助了200多萬份的健康知識宣傳品，每張宣傳品都打上了企業的標志，並通過新聞的方式在全國100余家媒體上進行了大量的事件告知和品牌傳播。民生藥業此舉有效地擴大了其產品的認知度，同時廣泛建立了良好的企業形象和社會責任感。

（資料來源：全球品牌網）

③媒介公眾。媒介公眾指新聞傳播機構及其工作人員，如報社、雜誌社、廣播電臺、電視臺及其編輯、記者。媒介公眾是公共關係工作對象中最敏感、最重要的一部分，它具有兩重性：一方面新聞媒介是組織與廣大公眾溝通的重要仲介；另一方面新聞人士又是需要特別爭取的公眾對象。媒介與對象的合一，決定了新聞媒介關係是一種傳播性質最強、公共關係操作意義最大的關係。從對公共關係實務工作層次來看，新聞媒介關係往往被置於最顯著的位置，甚至被稱為對外傳播的首要公眾。

④社區公眾。社區公眾指組織所在地的區域關係對象，包括當地的權力管理部門、地方團體組織、左鄰右舍的居民百姓。社區關係亦稱區域關係、地方關係、睦鄰關係。社區是一個組織賴以生存和發展的基本環境，是組織的根基，與組織在空間上緊密地聯繫在一塊，千絲萬縷難以分離。共同的生存背景使社區公眾具有「準自家人」的特點。

案例1-7：廠礦遭打砸

2008年5月15日、16日兩天，雲南省個舊市賈沙鄉他白村一些村民扛著大錘、木棒衝進礦區，將個舊市賈沙工業公司檸檬鉛鋅礦2000、1950、1830、1750礦洞工棚、設備、運礦貨車砸爛，並放火燒木料、房屋、拖拉機、摩托車等物，還搶走了礦區內的炸藥、雷管及生活用品。

事件發生后，檸檬鉛鋅礦被迫停工，大部分工人也因此離開了礦山。礦山負責人余俊說，此次事件給礦上帶來的直接經濟損失達60多萬元，而停工帶來的間接經濟損失無法估計。

「靠山吃山，靠著礦卻沒過上好日子。」部分非法採礦的村民在接受採訪時一直這樣說。對於這起事件，一不願意透露姓名的村民說：過去村民與檬棕鉛鋅礦互不侵犯，村民在自己的承包地裡偷偷地挖點礦拉出去賣，檬棕鉛鋅礦也不怎麼管。但最近，執法人員幾次將他們的礦洞炸掉，而且政府部門在公路上設卡收繳他們的礦石，他們採來的礦石也拉不出去，導致他們沒有任何經濟收入。

另外，檬棕鉛鋅礦又在海拔 1,750 米的地方開了新礦洞，這些礦洞很可能會導致村裡的水源消失和房屋開裂。5 月 14 日，村民找到檬棕鉛鋅礦負責人要求停止開採 1750 坑道，但負責人余俊拒絕了村民的要求。於是，他白村 3 個村民小組的近百人進到礦山進行了打砸。

（資料來源：半島都市報）

⑤同業公眾：同業公眾包括同行業的競爭者和業務夥伴，業務夥伴包括供應商和經銷商。就生產企業論，它還包括同業生產廠家和企業自身的各類原料、輔助材料、零配件供應商與產品的經銷企業。

2. 縱向分類

根據公眾的發展過程可將公眾劃分為非公眾、潛在公眾、知曉公眾和行動公眾。

（1）非公眾

非公眾是在一定的時空條件下，不和組織發生任何聯繫、不受組織的影響也不對組織產生任何作用的公眾。組織認清自己的非公眾，有利於減少公關工作的盲目性，加強公關工作的針對性，減少不必要的浪費。

（2）潛在公眾

潛在公眾是指組織的目標和行為已影響到這些公眾，而其本身尚未意識到。潛在公眾在一定時期內，至少在意識到他們面臨的問題之前，不會採取行動，他們對組織的影響力只是潛在的。在公關工作中及時發現潛在公眾可以防患於未然，及時將問題解決在萌芽狀態。

（3）知曉公眾

知曉公眾是由潛在公眾發展而來的，指這些公眾不僅面臨著同一問題，並且已經意識到問題的存在。知曉公眾一旦形成，他們就會急切地想瞭解問題的真相、原因和解決的方法。組織應當以積極的態度、正確的方法對知曉公眾進行溝通，妥善處理問題，爭取顧客的諒解，使問題的解決能夠朝著有利於組織的方向發展。

（4）行動公眾

行動公眾是由知曉公眾發展而來的，指對組織的影響已作出反應，並且準備採取行動和正在採取行動的公眾。行動公眾的形成可以對組織的生存和發展構成直接威脅，組織要對此密切關注，防止事態進一步惡化，緊急採用「危機公關」以使問題得到解決。

3. 根據公眾對組織的不同態度分類

根據公眾對組織的不同態度，公眾可劃分為順意公眾、逆意公眾和邊緣公眾。

（1）順意公眾

順意公眾是指對組織的政策和行為持同意態度並積極支持的公眾。對順意公眾，公關人員需經常與他們溝通聯繫，爭取他們對組織的繼續支持。

（2）逆意公眾

逆意公眾是指對組織的政策和行為持否定態度的公眾。對逆意公眾，公關人員應慎重對待，對他們對組織的看法要冷靜、客觀地進行分析，通過有效地開展工作，使其逐步轉變對組織的態度。

（3）邊緣公眾

邊緣公眾是指對組織的政策和行為持不明朗態度，即既不明確讚同也不明確反對的公眾。對邊緣公眾，公關人員應高度重視，要將其作為工作的重點，爭取使其逐漸轉變成為順意公眾。

4. 根據公眾對組織的重要性分類

根據公眾對組織的重要性不同，公眾可劃分為首要公眾、次要公眾。

（1）首要公眾

首要公眾，是指關係到組織生死存亡，決定組織成敗的那部分公眾。公關人員應將主要精力用來溝通首要公眾，把他們作為工作重點，要投入大部分人力、財力、物力維持和改善他們的關係。

（2）次要公眾

對組織的生存和發展雖有一些影響，但不起決定作用的公眾稱為次要公眾。對次要公眾也不應忽視。在一般情況下，首要公眾數量不一定多，而次要公眾是比較多的。

5. 根據組織對公眾的態度分類

根據組織對公眾的態度，公眾可分為受歡迎的公眾、被追求的公眾和不受歡迎的公眾。

（1）受歡迎的公眾

受歡迎的公眾是指組織期望與其發展關係而對方也有相同需求的、和組織兩相情願的公眾。這些公眾主動地表示出對組織的興趣，而組織對他們也非常重視，如股東、贊助者等。

（2）被追求的公眾

被追求的公眾即組織對其一廂情願的公眾，其行為與組織目標相吻合，但他們對組織本身卻不感興趣，缺乏交往意願。對於組織追求的公眾，要採取積極的公關活動去爭取，但要注意方式方法。

（3）不受歡迎的公眾

不受歡迎的公眾指違背組織的利益和意願、對組織構成某種威脅、組織力圖躲避的公眾，如強行索取贊助費的團體、追蹤報導負面新聞者、個別無理取鬧的員工等。對不受歡迎的公眾可以採取迴避的辦法，與其保持適當距離，不必鬧得沸沸揚揚。

### 1.3.3 公眾的心理

公共關係以公眾為客體對象，要建立良好的公眾關係，必須瞭解公眾的需要，掌握公眾的心理。所以說，對公眾的瞭解程度、對公眾心理規律的掌握程度都直接關係到公關活動的成敗，公關界無數實例也都證明了「公關戰」即「心理戰」。

公眾心理是指在公共關係情境中公眾受組織行為的影響和大眾影響方式的作用所形成的心理現象和心理變化規律。其具有以下幾方面的特點：

1. 心理需要的廣泛性

需要是人對特定目標的渴求與慾望，是推動行為的直接動力。社會生活豐富多彩，反應了人的需要的多樣性。人有生存的需要，也有發展的需要，有物質需要，還有精神需要，表現在公共關係活動中，公眾的需要有知曉、尊重、美觀、實用、新奇、彰顯等多方面，具有廣泛性。組織應該認真分析公眾的需要傾向，不斷滿足公眾新的需要。

2. 利益追求的共同性

任何一個組織的公眾都具有共同的利益追求，公眾就其本質而言是一利益群體，基於共同的需要，形成共同的心理傾向，如依賴群體的歸屬心理，對重大事件和原則問題保持共同認識和評價的認同心理，面臨較大外界壓力時的凝聚力、整體意識和排外心理。正是共同的利益追求使得本無緊密聯繫的個體組合成某一社會組織的公眾，產生相同或相似的意見、態度和行為。

3. 不同角色的差異性

公眾在社會生活中，由於扮演不同的社會角色而在行為上表現出不同的心理特點。公眾角色差異有性別角色差異、年齡角色差異、職業角色差異、文化角色差異等等。而在公共關係活動中，我們還應認識到：公眾角色具有複合性，公眾在社會生活中扮演的角色往往是複合的，多重的，他們的心理特徵也是綜合的，而每一個公眾個體的心理往往是特殊的，公眾的角色心理也不是僵化的，會受各種因素的影響而發生複雜的變化。

4. 知覺心理的影響性

知覺是人腦對當前直接作用於感覺器官的客觀事物的整體反應，它是主觀的，因而具有選擇性。知覺對公眾行為的影響，主要表現在首因效應、暈輪效應、刻板效應等幾個方面。

首因效應又稱為第一印象的作用，指的是知覺對象給知覺者留下第一印象對社會的影響作用，具體說就是初次與人或事接觸時，在心理上產生對某人或某事帶有情感因素的定勢，從而影響到以后對該人或該事的評價。暈輪效應是指某人或某事由於其突出的特徵留下了深刻的印象，而忽視了其他的品質。它有時會產生「積極肯定的暈輪」，有時會產生「消極否定的暈輪」，這都會干擾對信息的評價。刻板效應是指人們頭腦中存在的給予某一事物對象的固定印象，也是一種概括而籠統的看法。

5. 情緒感染的強烈性

公眾較易受到外在信息的暗示和行為刺激的影響，引起相同的情緒反應。在無壓力條件下，公眾的相似情緒會導致無意識的從眾或服眾行為，情緒感染在公眾互動中得到強化，產生強烈的共鳴，又由於公眾的情緒感染多在間接交往的基礎上實現，情緒感染的範圍越大，走樣程度越高，導致流言的產生。

**模擬實訓**

【實訓名稱】分析縱向公眾
【實訓目的】瞭解縱向公眾的分類，認識不同階段公眾關係特點和要求。
【實訓步驟】

提供案例：戴爾電腦「芯片門」事件

2006年6月22日，一名用戶對網上訂購的戴爾筆記本產品進行檢測後發現，此筆記本CPU為英特爾T2300E，而不是訂單上的酷睿T2300。根據英特爾公司官方網站說明，酷睿T2300帶虛擬技術，酷睿T2300E不帶虛擬技術，兩者的價格差為30美元。該用戶認為，買賣雙方對筆記本的主要配置有明確約定，但戴爾提供的產品與宣傳配置不符，這一行為已經構成了商業詐欺，戴爾應該對此負責。此後戴爾一直拒絕對該用戶給予差價補償。

就在此事逐漸被淡忘時，8月9日，北京、上海、深圳等地的19名戴爾用戶在廈門對戴爾提起集體訴訟，以商業詐欺為由將戴爾告上了法庭。這些用戶稱，他們購買的戴爾電腦芯片型號與廣告不符，戴爾出售的英特爾芯片比廣告中的芯片功能要少，戴爾為防止事態的進一步擴大，不得不作出讓步。

（資料來源：http://blog.sina.com.cn/s/blog_497cf36f010004xz.html）

實訓問題：分析以上案例中的縱向公眾，何為非公眾，何時為潛在公眾、知曉公眾和行動公眾；分析各縱向公眾類型特點和處理要求。

【實訓要求】

以書面形式提交分析結果。

緊密結合案例分析戴爾電腦「芯片門」事件中的縱向公眾類型，並進一步分析戴爾在處理該事件中的不足之處。

## 學習任務1.4 公共關係傳播

**知識連結**

### 1.4.1 公共關係傳播概述

傳播是人與人、人與群體或社會之間通過對信息的雙向傳遞、反饋、交流和分享，以達到某種目的或效果的過程。公共關係傳播就是社會組織運用媒介手段將信息、觀點和主張有計劃、有目的地與公眾進行交流和溝通的過程。

1. 公關傳播特點

公關傳播是實現公共關係職能的重要手段與機制，是組織聯繫公眾的橋樑與紐帶，具有以下特點：

（1）雙向性

傳播是建立在公眾與社會組織之間的一種雙向互動的行動。傳播者與受傳者雙方是在傳遞、反饋、交流等一系列過程中獲得信息。沒有信息，就沒有傳播。人們通過雙向的信息交流，雙方在利益限度內最大程度地取得理解，達成共識。1948年，美國傳播學家H. 拉斯韋爾提出了傳播的「5W」模式，即：Who（誰）；Say What（說什麼）；Through Which Channel（通過什麼渠道）；To Whom（對誰說的）；With What Effect（產生什麼效果）。拉斯韋爾把傳播過程分解為五個組成部分，即傳播者、信息、媒體、

受傳者和效果。

（2）共享性

傳播是通過符號與媒介表達和理解信息的。傳播者通過有意義的符號與媒介把自己的某種信息傳遞給受傳者，受傳者根據傳播者提供的信息，經過分析、推理來領會或把握對方的意圖。信息擴散的過程同時也是信息分享的過程，傳播者和受傳者共同擁有信息。公關人員在加工處理傳播信息時，應注意信息到達的公眾對象，聯繫信息內容及公眾的利益、興趣等，擴大傳播，提高信息的共享性。

（3）時效性

公關人員要能在廣泛、準確傳播的基礎上，保證快速地傳播與反應。而且，傳播的目的是要達到傳授雙方各自利益的某種願望或取得某種效果。無論是傳播者還是受傳者，他們都是有目的、有意圖、自覺地參與傳播活動的。傳播產生了效果，傳播的目的達到。

2. 公關傳播要素

作為一個完整的有目的的過程，公關傳播的基本要素有傳播者、受傳者、信息、媒介與反饋。

（1）信息發生源——信源

信息發生源，是信息交流的基礎，即傳播者。在傳播過程中，傳播者處於積極、主動的地位。它確定傳播的內容，選擇傳播的形式、方法。信源影響和制約著整個信息傳播的全過程：傳播什麼、向誰傳播、什麼時候傳播、什麼地點傳播、通過什麼渠道傳播、要達到什麼目的等，都是由它確定的。因此信息發生源是信息傳播中最關鍵的因素。

（2）信息接收源——信宿

信息接收源就是信息接收者（實際上就是公眾），是信息到達的地方，即接受並利用信息的一方，又稱受傳者或受眾。受眾是傳播的目標和歸宿，在傳播活動中雖然處於被動地位，但在對信息的接受上則有決定權。信息源從類型上來說，它們可以是個體、群體，也可以是各種社會組織。信息傳播只有尊重公眾的需要，反應公眾的要求，並從傳播內容上確保公眾接收的可能性，才能使公眾真正接收和分享組織傳來的信息，取得良好的傳播效果。

（3）信息內容——信息

信息是可以被感知、採集、儲存和傳遞的，它是信息傳播具體傳播的原材料，是傳播得以存在的基礎。信息內容包括信息的實質內容及其表現形式。信息傳播的內容一般包括：組織基本情況、組織實力情況、組織產品與服務情況、組織生產與工作情況、組織管理與組織文化建設情況、組織的重要活動情況、組織的榮譽和社會影響情況、公眾對組織的評價和反應情況等。選擇與加工出質高量足的信息內容，也是確保信息傳播有效性的關鍵之一。

（4）信息通道——信道

信息傳播通道，是指信息從發生源傳輸到接收源的過程中所經過的途徑，也稱媒介。媒介是信息傳送的載體或渠道，用於記錄、保存、傳遞、反饋信息，如語言媒介、文字媒介、實物媒介等。在信息傳播中，信息從發生源到接收源總是要經過一定通道的，大致有六種類型，即人際信息傳輸通道、組織信息傳輸通道、大眾信息傳輸通道、

郵電信息傳輸通道、信息網絡傳輸通道、專題活動傳輸通道。它們在功能和作用方面，彼此之間可以相互交叉和相互借用。

（5）信息反向傳播——反饋

在信息傳播系統中，信息的發出者將信息傳輸給接收者，接收者將接收和應用的效果和有關問題作為信息反向傳輸的內容傳輸給發出者，以便發出者瞭解傳播效果以及為下一次的傳播活動決策提供依據，這種信息的逆向傳輸過程，就是信息反饋。在傳播過程中，傳播者可根據受眾對信息的反饋來調整自己的傳播行為。也就是說，信息反饋使信息傳播構成了一個閉環控製系統，真正實現了信息傳播的雙向交流特性，有利於提高信息傳播的質量和信息傳播的效益。

### 1.4.2 公共關係傳播原則、媒介與技巧

1. 公共關係傳播原則

（1）目的明確原則

公關傳播是帶有明確目的性的傳播，它的總目標是樹立、改善組織形象，形成有利的輿論環境，獲得各界的支持。

公關傳播根據傳播效果四層次理論，可分為四種：引起公眾注意；誘發公眾興趣；取得公眾的肯定態度；激發公眾的支持行為。

（2）雙向溝通原則

雙向溝通原則是指傳播雙方互相傳遞、互相理解的信息互助原則。其具體包含以下內容：一是溝通必須由兩人以上進行；二是溝通雙方互為角色，溝通雙方相互理解並有所交流。

組織與公眾的溝通應注意以下兩個方面：創造溝通的共識區域；具備反饋意識。

（3）平衡理論原則

①A—A 式平行溝通

公關傳播就是要創造 A—A 式的平行溝通環境，即雙方均以成人狀態參與溝通，並隨時注意公眾反應，不斷調節使其保持在 A—A 狀態之中。這種方法就是以個人心態的平衡去引導、建立雙方關係。

②情感溝通

情感是形成態度的重要條件，平衡理論要求在溝通中訴諸情感，通過情感互動和思想交流，產生接近與認同，達到態度的一致和關係的平衡。公關傳播追求組織與公眾之間態度、感情的一致和關係的平衡。

（4）有效溝通原則

公共傳播追求的是有效溝通，即通過溝通使公眾理解、喜愛、支持組織。影響公眾有效溝通的因素有：信息的真實性與信息量的大小；傳播者的方式與態度；傳播內容的製作技巧與傳播渠道的暢通。

（5）溝通的七個「C」原則

該原則中的「C」是指：可信賴性（credibility）；一致性（context）；內容（content）；明確性（clarity）；持續性與連貫性（continuity and consistency）；渠道（channels）；被溝通者的接受能力（capability of audience）。

2. 公共關係傳播媒介

(1) 大眾傳播媒介——新聞媒介

大眾傳播媒介主要有報紙、刊物、書籍、廣播、電視、電影,其中報紙、刊物、廣播、電視是新聞媒介。

①印刷媒介

印刷媒介是指將文字、圖片等書面語言、符號印刷在紙張上以傳播信息的大眾傳播媒介。

②電子媒介

電子媒介是指使用電子技術,通過無線電波或導線發出聲音、圖像節目,受者要借助接收機接收的大眾傳播媒介。

近幾十年來,電子媒介的社會地位不斷提高,作用不斷增強,受眾越來越多。全國很多大中型企業還辦有有線臺,在廠區範圍內播出。

廣播。廣播以聲音作為傳播的符號。聲音有語言、音樂、音響三種形式。

電視。電視使用各類視聽符號進行傳播,它視聽兼備,聲情並茂,具有最強的寫實性與表現力,是為各類公眾所喜愛的媒介,因而它對社會生活的影響也非常之大。

(2) 公共關係的人際傳播

依據傳播主體分為:個體傳播、組織傳播、公眾傳播。

依據傳播客體分為:對內傳播、對外傳播。

(3) 網絡傳播

這是公共關係面臨的一個新的傳播媒介。

其優勢是:超越時空,覆蓋全球;信息傳輸容量無限大;信息傳播高速瞬時;傳播過程具有選擇性和交互性。

其局限性有:客戶管理容易失控;跨文化交流帶來某些負面影響;垃圾信息太多,信息的可信度降低;對硬件要求比較高,受眾對象受到限制。

(4) 其他傳播媒介

其他傳播媒介包括語言、體語、文字、圖像、實物。

(5) 公關日常應用傳播媒介

①文字、印刷材料。

②印刷品:宣傳手冊;產品介紹、使用說明書;組織內部印刷品。

③電子媒介:組織廣播站;組織電視臺。

④戶外圖文媒介:路牌、招貼;宣傳欄;黑板報、壁報。

⑤各種會議。

3. 公共關係傳播技巧

(1) 建立良好的人際關係

人際關係是建立良好公共關係的重要手段。增強人際吸引力,善於同素不相識的人結成良好的人際關係是公關人員基本素質之一。

如何正確地認識他人,排除各種外在因素的干擾,盡快地接受公眾,是公關人員在接待工作中要注意的問題。一般來講,人際交往的誤區有:以貌取人、主觀判斷、暈輪效應、個人狀態產生認識偏差。公關人員應避免陷入這些誤區,並且掌握以下建立良好的人際關係的技巧:

①利用鄰近性因素。「近水樓臺先得月」,可利用同學關係、老鄉關係等。
②利用相似性因素。找到共同經驗區,如社會經歷、社會地位、籍貫、受教育程度、態度與價值觀、生活環境等,產生自己人效果。
③利用需求互補效應。補償性吸引力是最強的人際引力,可利用氣質、性格、能力互補來吸引。
④利用儀表的魅力。「有禮走遍天下」,以卓越的儀表來打通人際關係。
⑤培養人格魅力。多才多藝、誠信風趣的人以及機智敏銳的人更具人格魅力。
⑥會說更會聽。善於聆聽、善於微笑並善於交談。

(2) 與新聞界聯繫從而建立良好的關係

與新聞記者聯繫,是公關人員的重要工作。記者在傳播學上稱為把關人,他們對傳播的內容及傳播的實際效果會有很大的影響。一般來說,記者報導新聞要具有正直、說真話的職業道德以及專業寫作技巧。除此之外,記者本人的情緒、感覺、工作狀態都會影響報導的內容。因此,要注意處理好與新聞界的關係,可從以下幾方面入手:
①對待記者要盡量提供基本情況,並給予熱情周到的接待服務;
②對記者還要注意平等相待,一視同仁;
③要給記者提供真實素材;
④要持尊重與重視的態度。

(3) 做好會議組織與聯繫接待工作

①會議組織。會議是公共關係開展內外溝通的常用形式,組織召開會議是公關工作的內容之一。會議的種類很多,有報告會、討論會、聯誼會、新聞發布會、展覽展銷會等。會議的形式較為正規,有組織、有規模。
②聯繫接待。接待工作一般包括接待來訪者、拜訪別人、寫信、打電話等。做好接待工作,要求公關人員具備良好的公關素質,能夠吸引對方,使之願意與組織打交道;另外,在接待拜訪中,應掌握一些特殊的溝通技巧,來達到建立聯繫的目的。

(4) 營造良好傳播環境

公共關係傳播是在一定的空間環境中進行的。不同的環境條件會營造不同的傳播氛圍,影響傳播效果。比如座位的設計布置、音響設備、燈光照明、色彩、室內濕度等,都要仔細選擇,創造良好的環境效應。

(5) 正確選擇公關語言

公共關係傳播中常使用的公關語言包括以下幾方面:
①自然語言,是信息傳遞的主要承擔者,如口頭語、書面語、廣播語。
②非自然語言,如表情語言、動作語言、體態語言等。
③實物,如樣品、商標、組織標誌等。

在公關信息傳播中,為取得較好的傳播效果,要合理運用公關語言,充分發揮各種語言的優勢,提高信息的傳播速度,擴大信息的傳播範圍,提高信息的接收率。

(6) 利用名人效應

在選擇人際傳播方式進行公關信息傳播時,常常與政界要員、影視明星、體育明星等名人結合起來,這樣能起到比較好的傳播效果。公關活動與名人結合在一起,通過名人引起公眾的注意、興趣與好感,從而達到對組織形象、組織產品的認可,這就是名人效應。

案例 1-8：利用總統當推銷員

美國一出版商有一批滯銷書久久不能脫手，他忽然想出了一個主意：給總統送去一本書，並三番五次去徵求意見。忙於政務的總統不願與他糾纏，便回了一句：「這本書不錯。」出版商便大做廣告：「現有總統喜愛的書出售。」於是，這些書一搶而空。不久，這個出版商又有書賣不出去，又送一本給總統，總統上過一回當，想奚落他，就說：「這書糟透了。」出版商聞之，腦子一轉，又做廣告：「現有總統討厭的書出售。」不少人出於好奇爭相搶購，書又售盡。第三次，出版商將書送給總統，總統接受了前兩次的教訓，便不作任何答復，出版商卻大做廣告：「現有令總統難以下結論的書，欲購從速。」他的書居然又被一搶而空。總統為此哭笑不得，商人卻因此大發其財。（資料來源：新浪博客）

（7）善於「製造新聞」

在媒介上刊播新聞是進行大眾傳播的有效方式，借助媒體來為組織宣傳，可信度和有效性高，容易被人接受。什麼樣的事件才能成為新聞，組織在選擇時主要看事件的新聞價值。新聞價值是指該事實本身所具有的重要性、新鮮性、接近性、及時性和趣味性。重要性是指事件後果重大，或當事人身分重要，發生事實的時間、地點重要，以及對社會影響巨大等等。新鮮性是指社會上、自然界中各種前所未有的、奇異的新事物所特有的性質。接近性是指與公眾的生活、思想接近，可以是地域空間接近，也可以是心理接近。例如，公眾往往對發生在本地的突發事件比發生在國外或省外的更關注。及時性是指時間上的接近性，越及時獲悉某一事件，其重要性、影響力越突出，新聞報導講求時事追蹤便緣於此。趣味性是指事件本身具有某種使人動情、愉悅的因素。公關人員應具備相當的新聞素養、新聞敏感，善於發現有價值的事件並及時報導。

案例 1-9：毛姆的徵婚廣告

某一天，英國各大報紙不約而同地登出一則僅有寥寥數語的徵婚廣告：「本人喜歡音樂和運動，是個年輕而又有教養的百萬富翁，希望能和毛姆小說中的女主角完全一樣的女性結婚。」這則徵婚廣告一時間在英國引起頗大的轟動，那些日夜想嫁給「年輕而又有教養的百萬富翁」的小姐們，紛紛將毛姆小說購回藏於香閨；那些時刻惦記女兒的未來、千方百計要給女兒安排個好歸宿的太太們，則遍索毛姆小說贈送女兒作禮品或「教本」。幾天之內，倫敦各書店的毛姆小說被搶購一空，並在暢銷書中獨占鰲頭。其實，刊登這則「徵婚廣告」的不是別人，正是毛姆自己。（資料來源：http://www.ledu365.com/a/zhichang/29898.html）

（8）合理運用公共關係廣告

公共關係廣告也叫組織形象廣告，廣告的目的是建立組織信譽，促進公眾對組織的瞭解，溝通公眾與組織的感情。它有以下幾種形式：

①組織廣告。以組織自身作為宣傳主體的廣告，可以從以下四個方面開展：第一，宣傳組織價值觀念。如「海爾真誠到永遠」。第二，介紹組織情況。如「IBM 招聘2,000名高級人才」。第三，賀謝廣告。如「全球格力人恭賀北京申奧成功」。第四，聯姻廣告。如「伊利杯我最喜愛的中秋晚會節目」。

②徵集廣告。這包括向社會廣泛徵集組織名稱、產品名稱、商標設計、組織口號

等，吸引社會注意，吸引公眾參與。

③競猜廣告。由組織刊登廣告組織有獎猜謎活動。猜謎內容多為有關組織及產品的知識，問題一般很簡單。這種活動可多次見諸新聞媒介，如通告抽獎結果、採訪獲獎者等。

④服務廣告。組織與本組織產品有關的社會服務活動，並通過廣告向社會宣傳。如化妝品企業舉辦美容培訓班等。

⑤饋贈廣告。為組織舉辦、贊助的社會公益性活動而做的廣告，如中海集團的「中海業主世界名曲專場音樂會」等。

針對公眾的心理，在策劃公關廣告時要注意：標新立異，抓住公眾的眼球；通俗易懂，讓大眾雅俗共賞；真摯坦誠，以事實說話。此外還需要很多專門化的知識與技巧，如語言的選擇、組織，畫面的構成、色彩，人物的選擇和拍攝技巧等。

### 1.4.3 公共關係傳播障礙

1. 公共關係傳播障礙

由於各種原因，在組織與組織、人與人溝通的過程中有許多障礙，這些障礙不僅浪費財力，還會影響組織的團隊精神和團隊士氣，影響組織良好形象的塑造。因此，有必要瞭解信息溝通的障礙及解決方法，並重視公共關係溝通應遵循的原則。

信息溝通障礙的形成因素是多種多樣的，社會組織應充分瞭解溝通障礙，做到有的放矢、對症下藥，消除障礙，以取得良好的傳播效果。一般來講，溝通中的障礙主要有主觀障礙、客觀障礙和溝通方式障礙三個方面。

（1）主觀障礙

信息的傳播者與接收者由於自身條件、所處地位、在社會生活中所扮演角色等因素的影響，信息溝通聯絡往往出現障礙。具體表現為以下幾種情況：

①信息的傳播者與信息的接收者在經驗水平、知識結構上差距過大，就會產生溝通障礙。例如，一位剛從大學畢業的學生進入一個部門工作，而這一部門的經理是一個資歷深厚且富有經驗的人。由於個人原因，這位部門經理可能認為許多年輕人是自由主義的、自私自利或缺乏奉獻精神的，結果他在評價這位年輕人所做的任何工作時總抱有成見，從而很難與這位年輕骨幹進行交流。同時這位年輕人也認為老一代是頑固不化的、呆板的和抵制新觀念的。於是兩代人的「代溝」直接導致了嚴重的溝通障礙。

②對信息的態度不同，或是認識水平有限，或是不感興趣等，使一些員工和主管人員忽視對自己不重要的信息，造成傳播溝通障礙。同一信息，不同公眾理解或掌握、記憶的內容各不相同，公眾總是樂於接受與他們原有的認識、態度、利益、需求相一致的信息。

③信息溝通中的角色障礙。在組織結構中，由於管理級別的不同而在員工中產生了不同的地位、等級感。地位感指員工根據管理者的職位而產生的態度。如在公司總經理和部門經理之間，在部門經理和員工之間存在著地位差異，這種地位的差異就造成嚴重的溝通障礙。如果主管人員和下級之間相互不信任，下級人員的畏懼感等均會造成溝通障礙。

（2）客觀障礙

客觀障礙主要有以下兩點：

①信息的發布者和信息的接收者如果在時間和空間上距離太遠，容易造成溝通障礙。處在不同地理位置的傳受雙方會因社會文化背景不同、種族不同，接觸機會太少而影響信息的溝通。

②組織機構龐大，中間部門太多，信息從最高層傳達到基層，或從基層匯報到最高層容易出現失真現象；且需要較長的時間，從而影響信息的時效性。

（3）溝通方式障礙

①語言的闡述不同造成溝通障礙。做不同工作的人雖然都說一種語言如漢語或英語，但他們也說一些不同的「語言」，如財務部門的主管可能在與計劃部門的主管進行交談時用一些專業述評而使對方迷惑，這類溝通問題就是我們所說的「行話」。另一種語言障礙就是多義詞，同一句話在不同的環境或對不同的人表示的意思不同，因此，在傳遞信息時，傳播者必須將那些易引起誤解的詞句表達明白、清楚。一般情況下，應該運用一些樸實、直接的語言傳播信息。

②傳播方式選擇不當造成溝通障礙。社會組織應根據公關目標、對象、內容等不同，選擇適宜的傳播方式，達到有效溝通的目的。如某公司要教育職工樹立良好的工作態度、為顧客提供優質服務，應採用人際傳播中的組織傳播；又如某企業傳播開幕儀式、開工典禮之類的信息，最好選用大眾傳播方式，如用電視、廣播來傳播會取得良好的效果。

2. 公共關係傳播障礙的克服

公共關係傳播是雙向溝通的過程，在這個過程中會遇到各種傳播障礙，如果不能有效地克服，會極大地影響傳播效果。一般情況下解決傳播障礙的方法有以下幾種：

（1）做好溝通前的準備

社會組織在傳播公關信息前，首先要確定被傳播的信息未十分明確之前不要輕易進行傳播。因在一個組織中，一般情況下只有最高管理者本人能正確表達自己的意圖。在信息傳播之前，管理者應明白想要達到的目的，並採取適當的傳播措施、方法等。其次，要想改善傳播效果，重要的條件就是樹立良好的組織形象和聲譽。實踐證明，自身形象良好的社會組織傳播信息效果較好，容易引起公眾的關注。最後，要站在受眾的立場來傳播信息。可以縮小傳收雙方的距離，使受者容易接收傳播的信息。通常傳播者在傳遞信息時邀請與公眾同類型的人，或在公眾中有權威的人發表意見，傳播效果會更好。

（2）充分利用反饋技術

社會組織的公共關係傳播是傳收雙方信息的雙向流動，傳播效果如何可通過反饋技術瞭解。在面對面的信息傳播中通過觀察接收者並通過非言詞的線索如迷惑或明白的神態、臉部的表情或眼睛的活動等，來判斷他的反應。對組織內部的信息傳播、組織與組織之間信息的傳播可以通過人際傳播媒介如電話等方式瞭解傳播效果。

（3）重視傳播氣氛的影響

公共關係傳播總是在一定的時空環境下進行的，營造良好的傳播環境有利於增強傳播效果，消除傳播障礙。在組織內部，如果管理者想與員工進行交流，而這位員工情緒卻非常低落，那麼雙方最好找個彼此心情都平靜的時間交談。對管理者而言，要想有個比較好的環境、氣氛同員工進行交流，其中最好的辦法之一是安排一個確定的

時間，在一個安靜的場所進行。

(4) 完善傳播技巧

傳播效果優劣與傳播技巧有著直接的關係。信息傳播中的各種傳播方式、傳播途徑組合情況等均會影響到傳播效果。一般情況下，傳播者總是視當時哪種途徑或媒體比較方便，就使用哪種。溝通途徑和媒體的結合可以靈活多樣。

### 1.4.4 整合營銷傳播

1. 整合營銷傳播的含義

整合營銷傳播是一個系統工程，是綜合、協調地使用各種形式的傳播方式，傳遞本質上一致的信息，以達到宣傳目的的一種營銷手段。這裡的各種形式應該是一切手段，常用的是新聞、廣告、公關活動、促銷，其中公關傳播要求智慧含量最高。

2. 4P 理論和 4C 理論

所謂 4P 理論，是由美國密執安州立大學教授 J. 麥卡錫（J. Mcarthy）在 1960 年提出的，這是營銷理論中占重要地位的概念，由此確定了營銷的四個組合因素，即產品（product）、價格（price）、渠道（place）和促銷（promotion）。20 世紀 90 年代以來，營銷領域越來越多的人轉向勞特朋（Lauterborn）提出的 4C 理論。所謂 4C 的理論主張表述如下：消費者的需要和欲求（consumers' wants and needs）；消費者要滿足其需求所須付出的成本（cost）；如何給消費者方便（convenience）以購得商品；溝通（communication）。

4P 理論與 4C 理論不是取代關係，而是發展關係。很明顯，4C 理論把企業營銷的重點放在消費者身上，即一切以消費者為中心，這使得營銷活動和傳播活動有了更加廣闊的空間，可以運用的傳播方式大大增加了，整合營銷傳播隨之被提上了議事日程。

3. 整合營銷傳播產生的依據

整合營銷傳播產生的主要依據是傳播媒介發生了重大變化。傳播媒介的變化主要表現在以下幾個方面：

(1) 圖像傳播的盛行與近似文盲的出現

由於社會越來越重視圖像、聲音和標誌的運用，減少了對閱讀的要求。近似文盲的人也能以他們自己的方式進行傳播活動。組織將會更多地依賴符號、標誌、圖像、聲音等傳播形式，以將信息傳達給實際的消費者和潛在的顧客。

(2) 媒介數量的增加和受眾的細分化

由於媒介數量的空前增多，大眾媒介一統天下的局面被打破，這使得消費者可以從各種各樣的媒介中獲取信息，每個媒體的視聽眾越來越少，每個消費者或潛在消費者所接觸的媒介卻越來越多。

(3) 消費者作購買決定時越來越依賴主觀認知而不是客觀事實

由於近年關於產品的信息越來越多，消費者沒有時間和能力去仔細對各種信息進行處理，這種情況迫使組織的產品或服務信息必須清晰、一致，而且易於理解。所以組織通過各種形式的傳播媒介所傳遞的認知信息也必須一致，否則就會被消費者忽視。

4. 整合營銷傳播的內涵

(1) 以消費者為核心。

在整合營銷傳播中，消費者處於中心地位。一方面，消費者是組織生存的根本；

另一方面，消費者在處理組織所傳遞的信息上有很大的主動權。因此，傳播者必須瞭解消費者已有的信息，或是讓消費者對傳播者的信息有所瞭解。

(2) 以資料庫為基礎。

以消費者為核心，必須對消費者和潛在消費者有深刻而全面的瞭解，這有賴於組織在長期的營銷過程中所建立的資料庫；建立資料庫之後，還必須不斷地分析信息，從消費者的反應中分析走向、趨勢變化和消費者的關心點。

(3) 以建立消費者和品牌之間的關係為目的。

(4) 以「一種聲音」為內在支持點。

(5) 以各種傳播媒介的整合運用為手段。

## 模擬實訓

【實訓名稱】公關傳播模擬

【實訓目的】鍛煉學生的公關傳播技能

【實訓步驟】

1. 5~6人為一小組，模擬某一公關傳播活動中的不同人際關係角色；
2. 活動結束後每一小組上交活動總結。

【實訓要求】

1. 人際關係角色要盡可能多樣化；
2. 活動總結要指出符合哪些傳播要求，運用了哪些傳播技巧，遇到了哪些傳播障礙及採取了哪些克服方法。

## 第二課堂

### 中國公共關係職業道德準則

(一九九一年五月二十三日第四屆全國省市公關組織聯席會議通過)

#### 總則

中國公共關係事業的發展是中國改革開放的必然趨勢，它以新型的管理科學協調社會各方面的關係，密切黨和廣大人民群眾的聯繫，調動各種積極因素，維護安定團結，促進社會主義建設。因此公共關係工作者肩負著時代的使命。公共關係工作者必須具有高尚的職業道德作為完善自身形象的行為準則。

#### 條款

一、公共關係工作者應當堅持社會主義方向，自覺地遵守中國的憲法、法律和社會道德規範。

二、公共關係工作者開展公關活動首先要注重社會效益，努力維護公關職業的整體形象。

三、公共關係工作者在公共關係活動中，應當力求真實、準確、公正和對公眾負責。

四、公共關係工作者應當努力提高自己的政治水平、文化修養和公關的專業技能。

五、公共關係工作者應當將公關理論聯繫中國的實際，以嚴肅認真、誠實的態度來從事公共關係學教育。

六、公共關係工作者應當注意傳播信息的真實性和準確性,防止和避免使人誤解的信息。

七、公共關係工作者不能有意損害其他公關工作者的信譽和公關實務。對不道德、不守法的公關組織及個人予以制止並通過有關組織採取相應的措施。

八、公共關係工作者不得借用公關名義從事任何有損公關信譽的活動。

九、公共關係工作者應當對公關事業具有高度的責任感。不得利用賄賂或其他不正當手段影響傳播媒介人員真實、客觀的報導。

十、公共關係工作者在國內外公共關係實務中應該嚴守國家和各自組織的有關機密。

附則

本準則將根據實際情況予以調整和修改。其解釋、修改、終止權屬全國省市公關組織聯席會議。

## 案例分析

IBM 公司的「金環慶典」活動

美國 IBM 公司每年都要舉行一次規模隆重的慶功會,對那些在一年中做出過突出貢獻的銷售人員進行表彰。這種活動常常是在風光旖旎的地方,如百慕大或馬霍卡島等地進行。對3%的做出了突出貢獻的人所進行的表彰,被稱作「金環慶典」。在慶典中,IBM 公司的最高層管理人員始終在場,並舉行盛大、莊重的頒獎酒宴,然後放映由公司自己製作的表現那些做出了突出貢獻的銷售人員工作情況、家庭生活乃至業餘愛好的影片。在被邀請參加慶典的人中,不僅有股東代表、工人代表、社會名流,還有那些做出了突出貢獻的銷售人員的家屬和親友。整個慶典活動,自始至終都被錄製成電視片(或電影),然后拿到 IBM 公司的每一個單位去放映。

IBM 公司每年一度的「金環慶典」活動,一方面是為了表彰有功人員,另一方面也是同企業職工聯絡感情、增進友情的一種手段。在這種慶典活動中,公司的主管同那些常年忙碌、難得一見的銷售人員聚集在一起,彼此毫無拘束地談天說地,無形地加深了心靈的溝通,尤其是公司主管那些表示關心的語言,常常能使那些在第一線工作的銷售人員「受寵若驚」。正是在這個過程中,銷售人員增強了對企業的「親密感」和責任感。那麼 IBM 公司的慶功會在公司內部究竟都有哪些重大意義?這種活動對其他公司有何借鑑意義呢?

通過對該案例的分析我們不難得到如下結論:IBM 公司的「金環慶典」活動屬於企業內部的公共關係活動,它對企業公共關係的發展有著極其重要的現實意義。

第一,它可以增強企業內部的凝聚力與向心力,顯現企業文化的氛圍。通過慶典活動,讓對企業有功的人員親身感受到企業高層主管對他們工作、學習、家庭及個人發展的關心,感受到企業大家庭的溫暖。這是一種企業文化的氛圍,是企業發展的基石。它可以使公司內部更多地聯絡感情,增進友情,協調企業內部的人際關係。

第二,它可以使員工家庭和睦、健康。為企業做出突出貢獻的銷售人員的家屬、親友也被企業邀請參加慶典活動,這會使這些受表彰者的家屬更多地瞭解自己的親人在工作中的表現,使其家屬在以后的工作中更多地支持親人們的工作,使之多一份理

解與關愛，從而保持這些家庭的和諧氣氛。

　　第三，它可以使企業員工的積極性更高，使企業形象更好。在這樣的慶典活動中，接受表揚者會產生一種繼續奮發向上，為企業多做貢獻的決心。同時也會鼓勵更多的員工努力工作。在這種企業氛圍中，員工們會處處為企業著想，在工作中表現出良好的員工形象，進而展示出企業的豐採。

　　第四，它可以使企業的社會效益和經濟效益得到同步增長。企業員工熱愛自己的企業，以企業為榮，會自覺地為企業樹立良好的形象。這樣會使企業在社會公眾心目中樹立良好的形象，如人們會認定IBM公司是一個有文化的公司、關愛社會的公司等。社會效益的提高會最終轉化為企業經濟效益的提高。人們認定，擁有良好形象的企業，一定會生產出優質的產品，提供優質的服務，進而願意購買這樣的企業的產品。

　　其他企業應借鑑IBM的這種做法，更多地開展企業內部的公共關係活動，以增強企業職工與領導、職工與職工之間的感情聯繫，創造出良好的內部公共關係氛圍。

　　聯絡感情、增進友情，除了可以舉辦像IBM公司這樣的慶典活動之外，還可以採用諸如組織全體職工開展文體活動，利用各種有意義的事件（如廠慶日、新產品投產和新設施的剪彩等）和有意義的節日（如新年、元旦、國慶節、五一節以及職工的生日等）舉辦各種形式的工作聚餐會、週末文藝活動、文化沙龍、知識競賽以及其他聯誼活動。

（資料來源：http：//www.prywt.com/328.html）

思考討論：

1. IBM公司的本次活動在公司內部有哪些重大意義？
2. 這樣的活動對其他公司有何借鑑意義？

# 項目 2
# 公共關係調查

## 項目目標

【知識目標】
1. 瞭解公共關係調查的內容
2. 掌握公共關係調查的方法
3. 明確公共關係調查的程序

【能力目標】
1. 能選擇合適的調查方法開展公共關係調研
2. 能通過對調查數據的整理分析撰寫出公共關係調查報告

## 項目引入

### 「先搞清這些問題」

有一家賓館新設了公共關係部，開辦伊始，該部就配備了豪華的辦公室、漂亮迷人的公關小姐、現代化的通信設備……但該部部長卻發現無事可做。后來，這個部長請來了一位公共關係顧問，向他請教「怎麼辦」。於是這位顧問一連問了幾個問題：「該地共有多少賓館？總鋪位有多少？」「旅遊旺季時，本地的外國遊客每月有多少？港澳遊客有多少？國內的外地遊客有多少？」「貴賓館的『知名度』如何？在過去3年中花在宣傳上的經費共多少？」「貴賓館最大的競爭對手是誰？貴賓館潛在的競爭對手是誰？」「過去一年中因服務不周引起房客不滿的事件有多少起？服務不周的癥結何在？」對這樣一些極為普通而又極為重要的問題，這位公共關係部部長竟張口結舌，無以對答。於是，那位公共關係顧問這樣說道：「先搞清楚這些問題，然后開始你們的公共關係工作。」

（資料來源：蔣楠. 公共關係原理與實務［M］. 北京：中國人民大學出版社，2006）

# 學習任務 2.1　公共關係調查內容

**知識連結**

公共關係調查是指社會組織運用科學方法，搜集公眾對組織主體的評價資料，進而對主體公共關係狀態進行客觀分析的一種公共關係實務活動。

公共關係調查是公共關係過程的第一個步驟，也是公共關係活動的基礎性工作，是卓有成效開展公關活動的前提。

公共關係調查的內容範圍十分廣泛，它涉及社會組織公共關係狀態的種種影響因素。根據公共關係狀態的影響因素以及社會組織與公眾關係現狀的知名度、美譽度、和諧度這三大指標項目，大致可將公共關係調查的內容範圍區分為以下幾個方面：

## 2.1.1　組織自身情況調查

1. 組織基本情況調查

任何公共關係活動的開展都不能脫離社會組織的實際情況，因而也都離不開對組織自身基本情況的掌握。組織基本情況調查內容主要包括：第一，組織總體情況，如組織的性質、任務、類型與規模、管理體制、機構設置、主管部門等；第二，組織經營情況，如組織經營發展目標、經營方針戰略、組織對社會提供的產品和服務及其特色等；第三，組織榮譽情況，如組織的光輝歷史、發展史上的重大事件及影響、對社會的貢獻、獲得的各種獎勵與殊榮的情況；第四，組織文化情況，如組織信念、精神信條、道德規範、文化傳統以及組織的名稱和各種識別標誌等的文化含義等。

2. 組織實力情況調查

組織實力情況一般指的是組織自身的物質基礎和技術力量方面的情況。具體應當調查的有：第一，組織的物質基礎。如組織擁有的空間、組織擁有的先進設備和設施的情況、組織擁有的現代辦公手段的情況、組織的各種附屬設施的情況等。第二，組織的技術實力。如組織擁有的技術人員的數量和知識構成情況、組織擁有的科研器材和實驗手段情況、組織技術和領先程度等。第三，組織的財務實力。如組織的固定資產總額、流動資金總額、人均利潤率等。第四，組織成員的待遇。如組織成員的工資水平、獎金數額、津貼標準、勞動保護情況等。

## 2.1.2　相關公眾狀況調查

要想獲得公共關係工作的成功，除必要的「知己」外，關鍵的問題在於「知彼」。因此，公共關係調查必須將相關公眾狀況調控作為其工作重點。具體的調查內容主要有：

1. 公眾構成調查

任何一種公共關係活動都很難全面地影響所有的公眾。公眾的構成情況調查的主要內容包括：①內部公眾構成。如組織成員的數量構成、專業構成、年齡構成、性別構成、角色構成、能力構成、文化程度構成、職務職稱構成、需求層次構成、勞動態

度構成、思想素質構成等。②外部公眾構成。如外部公眾的數量構成、空間構成、特徵構成、需求構成、觀念構成、與組織的聯繫狀態構成、對組織的重要性構成、對組織的依賴性構成等。

2. 公眾意見調查

組織形象，實際上是公眾對社會組織各種評價的綜合。因此社會組織開展公共關係調查，必須著重收集公眾對組織的評價性信息。公眾意見調查一般可以用知名度和美譽度兩項指標來衡量。對知名度，著重調查社會公眾是否知道本組織的名稱、標記、產品種類或服務內容，是否瞭解本組織的領導人，知道和瞭解的程度、範圍如何，通過什麼途徑瞭解本組織情況的，等等。對美譽度，著重調查社會公眾對本組織信譽的看法如何，可以分別調查以下內容：第一，對組織產品的評價，如對產品的內在質量的評價、對產品外形的評價、對產品價值的評價等；第二，對組織服務質量的評價，如公眾對組織服務項目、服務方式、服務措施、服務水平的評價等；第三，對組織管理水平的評價，如公眾對組織管理機構及其辦事效率評價，對組織經營創新和管理革新的評價，對組織管理效益的評價等；第四，對組織人員素質的評價，如公眾對組織領導人、中層管理人員、專業技術人員、一般員工、公共關係人員及特殊人物的評價等；第五，對組織外向活動的評價，如公眾對組織外向宣傳活動、社會公益活動的評價等。

### 2.1.3 社會環境調查

社會環境是指與社會組織生存和發展相關聯的外部社會條件的總和，包括宏觀社會環境、微觀市場環境。

1. 宏觀社會環境狀況調查

宏觀社會環境一般是指社會組織所在國家或地區的政治、經濟、文化等因素構成的宏觀社會環境系統。政治環境因素是指現在和未來一定時期國內外的政治形勢、政治制度及方針政策、法規、案例、規章制度等因素，凡是同組織活動特別是同公共關係有關的政策法規都應納入調研的內容。例如，經濟合同法、環境保護法、勞動法、商標法等等。經濟環境狀況是指國家或地區的經濟體制及其政策情況，國家或地區的產業結構、分配結構、交換結構、消費結構、技術結構及其調整變化情況，國家或地區的經濟發展情況及相應的戰略與策略的情況等；文化環境狀況是指國家或地區的民族特徵、文化傳統、宗教信仰、教育水平、社會結構、風俗習慣、價值觀念、生活方式、社會道德規範與精神文明建設等方面的情況。

2. 微觀市場環境狀況調查

微觀市場環境是指由與社會組織公共關係活動相關聯的市場因素組成的社會環境系統。其主要內容有：市場需求狀況，如市場容量、社會的購買力、居民的消費結構與消費水平、現有的和潛在的購買人數、銀行是否貸款支持某類消費等；消費者狀況，如消費者的總體銷量、消費者的構成情況、消費者的消費慾望與購買動機、消費者的偏好及造成消費者偏好的原因等；市場競爭狀況，如市場是否形成競爭態勢，競爭對手的生產能力、產品特色、銷售政策、服務措施、在消費者中的印象、與中間商和消費者的關係、廣告宣傳的力度、公關促銷的措施等；所屬行業基本情況、所屬行業特定組織情況和所屬行業協作情況等。

**模擬實訓**

【實訓名稱】設計公共關係調查內容清單
背景資料：
　　某商廈委託某公共關係諮詢公司設計一份企業整體形象的調查內容清單，大致包含以下內容：①信譽；②商品的品種和質量；③服務態度；④商廈的效益；⑤商業文化；⑥商廈職工情況；⑦商廈的環境；⑧商廈的硬件設施；⑨商廈的經營管理；⑩商廈的公共關係。
【實訓目的】幫助學生瞭解公關調查的內容
【實訓步驟】
1. 事先按照 5~6 人一組對學生進行分組，明確演練要求；
2. 各組匯報交流，並評出「最佳調查內容設計」。
【實訓要求】
1. 參考以上內容清單，分組設計公共關係調查內容清單；
2. 有網絡環境並配有多媒體的教室。

# 學習任務 2.2　公共關係調查方法

**知識連結**

## 2.2.1　不同調查對象的方法

　　根據調查對象的不同而進行的分類，是指固定其他變量，而以調查對象作為依據的公共關係調查方法。

1. 普遍調查

　　普遍調查簡稱普查。它是指公共關係調查者對調查對象總體中的全部單位逐一地、全面地進行調查，以收集有關調查對象總體情況的公共關係調查方法。普查的主要作用是對社會組織的某一項公共關係現象的一般情況作出全面、準確的描述，主要目的在於把握某一公共關係現象的總體情況，得出具有普遍意義的結論。在公共關係調查中，普遍調查一般限定在公共關係對象總體規模不大的情況下採用。對於規模較大的調查，一般的社會組織往往不具備進行普查的能力。

2. 抽樣調查

　　抽樣調查是指公共關係調查者借助於一定的抽樣方法從調查對象中抽取一部分單位作為樣本進行調查，並以從樣本那裡獲取的信息資料來推論調查總體一般狀況的公共關係調查方法。進行抽樣調查的關鍵在於抽樣，抽樣的方法和所抽取的樣本容量大小都對抽樣調查的結論具有重要的影響，調查者在調查中必須高度關注。

3. 典型調查

　　典型調查是調查者從調查對象總體中選擇有代表性的少量單位作為典型並通過對典型的調查來認識同類公共關係現象的本質及其發展規律的調查方法。典型調查的認

識過程是從具體到抽象、從特殊到一般，主要作用在於通過少量典型來迅速地瞭解調查對象的全局情況。因此，要求調查者對調查對象的總體有比較全面的瞭解，並以實事求是的態度來選擇典型。

4. 重點調查

重點調查是調查者從調查對象總體中選擇具有某種集中特性、對全局具有某種決定作用的少量單位作為具體調查對象，並通過對這些具體調查對象的調查來掌握調查對象總體基本情況的調查方法，目的是通過對具有某種集中特性的少量具體調查對象的調查來迅速掌握一定範圍內對全局具有決定性影響的事物和現象的情況。

5. 個案調查

個案調查也稱個別調查，它是為了瞭解或解決某一特定的問題，對特定的調查對象進行的深入調查，目的是通過深入「解剖麻雀」來描述各個「點」的情況。

### 2.2.2 不同資料來源方式的方法

根據資料收集方法的不同而進行的分類，是指固定其他變量，而以資料收集方法作為依據的公共關係調查分類。在進行公關調查時，一般採取多種資料收集的方法。當然並不是每一次公關調查都要使用全部資料收集方法，而是根據需要選擇合適的資料收集方法來進行。主要的資料收集方法有以下幾種：

1. 觀察法

觀察法是指公共關係調查者根據一定的調查目的和調查任務要求，親臨現場，具體觀察調查對象的行為表現和所處狀態，以收集所需公共關係信息資料的公共關係調查方法。觀察有參與觀察法和非參與觀察法兩大類，其中非參與觀察法是指觀察者在不進行任何干預的情況下觀察並記錄客觀發生的事實的觀察方法。兩者的不同之處在於：觀察者不是從旁進行觀察和記錄，而是參加到所研究的群體中去，作為群體中的一個普通成員與其他成員一起活動，同時對其他人的活動進行觀察和記錄。對企業而言，雖然參與觀察法也能派上用場，但企業公關人員使用更多的、更簡便易行的方法還是非參與觀察法。

如某超市打算在某市街口開店，但到底是開在東街口還是西街口呢？超市管理者沒有盲目決定，而是先派人分別站在東西街口對經過的行人進行觀察，結果發現在一天之中，經過東街口的人數是 4 萬，而經過西街口的人數只有 1 萬，於是超市管理者果斷地作出決定，將超市修建在東街口，這就是非參與觀察法的典型運用。

使用非參與觀察法時，觀察者還可以借助現代儀器把在某一時間內發生的事件錄製下來，以便更加準確地進行觀察。

2. 實驗法

實驗法是把調查對象置於有創意的條件和情景中進行分析研究的方法。

例如：有一家公司想瞭解菸民購買高檔菸的動機，他們找來了 10 名被試者，將這 10 名被試者分為兩組。甲組被試者被要求蒙上眼睛品吸 3 種不同價格檔次的香菸，並要求說出 3 種香菸誰好誰次；乙組被要求不蒙上眼睛品吸，也要說出孰好孰次。結果發現，甲組 5 人雖然都是「老菸民」，但他們說出的好壞排名與香菸的價格排序並不一致。可乙組對這 3 種香菸的好壞排名卻完全是依據價格的排名而定的。這個實驗說明菸民對高檔香菸的消費是一種價格感覺，而不一定是一種質量感覺，菸民購買高檔菸

並不是因為它們質量好、味道好，而是因為它們價格高、有氣派。

（資料來源：陳先紅. 公共關係學原理. 武漢：武漢大學出版社，2007）

3. 訪談法

訪談法又稱訪問法、談話法，是調查者通過與調查對象進行面對面的交談，以收集信息的一種方法。訪談法一般是以提問開始的。

訪談法根據訪談對象的多寡可以分為個別訪談法和小組訪談法。個別訪談就是同某些有代表性或有深刻見解的個人進行交談。但這種方法有兩個明顯的缺點：一是耗時耗力；二是獲取的信息具有個別性，不能完全代表全體。

小組訪談法一般以 6~12 人為宜，既省力、省時又省錢。另外，小組成員間相互激發，還能提出更有價值的材料或見解。但小組談話容易落入俗套，陷入一種開會式的形式中而瞭解不到真實內容。

4. 問卷法

問卷法是以書面形式向被調查者提問，讓他們填寫問卷，然后對回答結果進行分析的方法。問卷調查能否成功與問卷的設計有很大關係。問卷設計通常有以下五種格式：

（1）是非式：提出只有「是」與「否」兩種答案的問題，讓被調查者根據自己的情況對每個問題作出「是」或「否」的回答。例：

A. 你喜歡看電視嗎？　是（　）　否（　）
B. 你喜歡看電視劇嗎？　是（　）　否（　）
C. 你喜歡看戰爭電視劇嗎？是（　）　否（　）

（2）單項選擇式：給出一個問題的多種選擇答案，要求被調查者選擇其中的一個答案。

例：你最喜歡看的電視劇題材是：（　）
A. 言情劇　B. 戰爭劇　C. 科幻劇

（3）多項選擇式：就一個問題提供多種答案，由被調查者選一個或幾個答案。

例：你愛喝茶的理由是：（　）
A. 提神醒腦　B. 一種習慣　C. 很傳統　D. 說不清楚

（4）等級排列式：讓被調查者按照要求，對要調查的問題進行序位排列。

例：你最喜歡的三種茶是哪三種？請排出序位：
①西湖龍井　②碧螺春　③信陽毛尖

上述這四種都屬於封閉式問題，后面都列出了備選答案。

（5）自由答題式：又稱開放式問題，調查對象可自由回答。

例：你在使用蘇泊爾電壓鍋時有哪些不便？

5. 文獻法

文獻法是指公共關係調查者根據一定的調查目的和調查任務的要求，通過對現有的文獻的收集來獲取公共關係資料的調查方法。利用文獻法收集公共關係信息資料，具有簡單、快速、節省調研費用、不受時空限制等優點，尤其適合用於對歷史資料和遠程區域資料的收集。文獻法既可以作為一種獨立的調查方法運用，也可以作為其他調查方法的補充。

**模擬實訓**

【實訓名稱】設計訪談方案
【實訓目的】訓練公關調查方法
【實訓步驟】
1. 按照5~6人一組對學生進行分組，明確實訓要求。
2. 配有多媒體的教室，各組展示調查方案。
【實訓要求】
背景資料：美國亨氏集團的母親座談會

美國亨氏集團與中國合資在廣州建立嬰幼兒食品廠。但是，生產什麽樣的食品來開拓廣闊的中國市場呢？籌建食品廠的初期，亨氏集團做了大量調查工作，多次召開「母親座談會」，充分吸取公眾的意見，廣泛瞭解消費者的需求，徵求母親對嬰兒產品的建議，摸清各類食品在嬰兒哺養中的利弊。之後進行綜合比較，分析研究，根據母親們提出的意見，試製了一些樣品，免費提供給一些托幼單位試用；搜集徵求社會各界對產品的意見、要求，相應地調整原料配比，他們還針對中國兒童食物缺少微量元素、造成兒童營養不平衡及影響身體發育的現狀，在食品中加進一定量的微量元素，如鋅、鈣和鐵等，食品配方更趨合理，使產品具有極大的吸引力，普遍受到中國母親的青睞。於是，亨氏嬰兒營養米粉等系列產品迅速走進千千萬萬中國家庭。

（資料來源：http：//blog.sina.com.cn/s/blog_a4b4bc7601011gko.html）
實訓要求：
1. 參考背景資料中提供的方法，分組分別為所在學院設計合理的訪談法調查方案。
2. 各組匯報交流調查過程與結果，並評出「最佳調查方案設計」。

## 學習任務 2.3　公共關係調查程序

**知識連結**

公共關係調查是一種對社會組織的公共關係現象進行科學考察的科學認識活動，它必須根據人的認識過程和認識規律，科學地安排運作程序。所謂公共關係調查的程序，一般來講是指對社會組織客觀存在的公共關係現象進行科學調查的基本過程。公共關係調查程序一般可分為以下四個階段。

### 2.3.1　調查準備

確定調查任務是公共關係調查的基礎階段和首要環節。公共關係調查是否能達到滿足公共關係工作所需要的信息要求，在很大程度上取決於調查準備階段的工作內容與工作質量。調查準備階段主要有以下三項工作內容：

1. 確定調查任務

公共關係調查的內容範圍十分廣泛，公共關係工作中所需要的公共關係信息也千頭萬緒，任何一次公共關係調查都不能包羅萬象，應根據不同的調查任務，確定不同

的調查內容。因為調查任務不同，在調查中所使用的方法也不同。公共關係調查應該首先確立調查任務。也就是說，在公共關係調查實施前，公共關係調查者要通過對社會組織面臨的現實公共關係問題的探討，根據組織的實際需要，確立具體的公共關係調查任務，使公共關係調查真正做到有的放矢。

2. 制訂調查方案

調查任務的確立，實際上是對整個公共關係調查研究工作提出所要達到的目標。目標提出後，怎樣去達到這一個目標便成為公共關係調查者所要思考的一大問題。要有效地完成公共關係調查任務，必須進行周密的公共關係調查方案的制訂，而不是急於到社會環境中去收集資料。

應根據調查任務的需要，設計一個詳細的調查提綱，以使調查任務具體化、指標化。調查提綱就是將所需調查的問題全部列出來。一個完備的調查方案應該包括八項內容：第一，調查的目的、意義和研究課題；第二，調查研究的範圍和分析單位；第三，研究類型和調查方式；第四，調查對象的選擇方案或抽樣方法；第五，調查內容、調查指標和調查項目；第六，調查的地點、時間和進度；第七，調查所需的經費和物質手段的計劃和安排；第八，調查人員的選擇、培訓和組織。調查方案必須全面考慮這些問題。

3. 創設調查條件

進行公共關係調查，在考慮到社會組織公共關係工作的實際需要的同時，還必須以一系列的條件作保障，因此，創設調查條件也是公共關係調查準備階段的一項重要工作。調查條件涉及三個方面：一是人員條件。公共關係調查的人員條件不僅包括數量要求，而且還包括知識、能力、素質方面的質量要求，社會組織要根據公共關係調查的需要，有針對性地開展調查人員的培訓工作。二是經費條件。公共關係調查活動需要經費支持，要做好經費預算、確保經費到位。三是物質條件。公共關係調查往往需要一些物質技術手段的支持，如錄像機、攝像機、電話機、傳真機、計算機等，這些都應盡量做好準備。

### 2.3.2 收集資料

資料收集階段是公共關係調查唯一的現場實施階段。因此，根據公共關係調查方案的要求，採取各種調查方法，實際收集各種資料是資料收集階段的根本任務，資料收集階段的其他工作都要圍繞這一根本任務來進行。在公共關係調查中資料收集的方法是多種多樣的。根據收集方式的不同，資料收集可以劃分為直接收集和間接收集；根據收集途徑的不同，資料收集可以劃分為正式途徑收集和非正式途徑收集；根據調查者顯隱特徵的不同，資料收集可以劃分為公開收集和秘密收集；等等。但無論採取哪一種收集方式，都始終離不開常見的調查方法。

公共關係調查中所要收集的資料可以分為兩種：一是原始資料；二是現成資料。原始資料也稱為第一手資料，即調查者深入實地調查所獲得的資料，是公共關係調查資料收集的重點。現成資料也稱為第二手資料，即經過他人收集、記錄或整理的資料，有時候為了減輕調查負擔，避免重複勞動，也要適當收集一些現成資料。

在公共關係調查過程中，無論收集何種資料，也無論採用何種方法收集資料，都應以保證資料的真實、準確、全面、豐富為原則。

資料收集階段是公共關係調查者在一定的社會環境中與被調查者正式接觸的階段，也是公共關係調查者接受種種外部因素制約而無法完全控製自己的工作進程的階段。為了確保資料收集工作的順利進行，真正收集到真實、準確、全面、豐富的資料，公共關係調查者必須有效協調各種關係，爭取多方支持。具體的工作內容有：第一，協調好與被調查者的關係，努力爭取他們的支持與合作。在公共關係調查中，被調查者不是消極地被反應，而是能動地被反應，被調查者會根據自己對調查者的「調查」結論來決定對調查者的態度以及配合程度。第二，協調好與那些和被調查者有關的組織及人士的關係。這是公共關係調查實施過程中的一支不可忽視的力量，他們有可能影響和阻礙調查者採集信息，也可能支持與幫助調查者採集信息，甚至可能向調查者提供相關信息。因此，有必要協調好與他們的關係，爭取他們的支持與幫助。

### 2.3.3 整理分析

整理分析階段也稱為研究階段。它是運用科學的方法，對收集到的資料進行整理、分析、研究的信息處理階段。這一階段的主要任務有兩項：一是整理調查資料；二是分析調查資料。

1. 整理調查資料

一般來說，經過資料收集階段得來的資料具有三個特點：①這種資料多是原始狀態的資料，真偽不分，良莠並存，真實度和準確度都有待確認；②這種資料多是零亂無序的資料，內容分散，形式各異，有序度和完整度都比較低；③這種資料比較粗糙，無主次，概括度和有效度都比較低。因此，必須進行悉心的整理。

公共關係調查資料的整理主要包括：①按照真實性、準確性、完整性、標準性的要求對調查資料進行分類；②按照科學性、實用性、漸進性、相斥性的原則進行分類；③按照條理化、系統化、精煉化、規範化的要求對調查資料進行加工。

2. 分析調查資料

公共關係調查資料的整理，解決了公共關係調查資料的表層次和形式上的某些不規範、不實用的問題，為公共關係資料的利用打下了較好的基礎。但是，要使公共關係調查中的某些問題信息充分地顯現出來，作為公共關係工作的依據，單純的整理是不夠的，還要對公共關係調查資料進行科學的分析。這一過程運用的方法很多，一般可以概括為定性分析和定量分析兩類方法。調查者可以通過對已經整理的調查資料進行由此及彼、由表及裡、由淺入深的測算、比較、推理、判斷，發現隱匿於資料之中的重要信息，揭示隱藏在大量的調查資料背後的某些關鍵問題，並以此提出若干對策措施，形成公共關係調查的成果。公共關係調查資料的分析是公共關係調查深化和提高的過程，公共關係調查能否真正出成果，以及公共關係調查的成果究竟具有多大的作用，在很大程度上取決於這一過程的工作。

### 2.3.4 撰寫報告

在完成公共關係調查資料的整理和分析之後，需要撰寫調查報告，它是公共關係調查成果的集中體現，也是公共關係調查成果的重要形式。通過調查報告，調查者可以將調查過程中獲得的信息成果和認識成果集中地表現出來，以方便社會組織的領導參考使用。

調查報告撰寫的實質是公共關係調查者對調查所獲得的信息資料的一種高級處理過程。這一過程的具體工作內容包括：①綜合分析經過審核和加工處理的信息資料，確定調查報告的主題；②全面匯集有關信息資料，概括出相應事務存在與變化的一般情況；③綜合研究相關信息資料，提煉出有關觀點；④選擇運用有關信息資料，具體說明應該注意的有關問題。寫好一個公共關係調查報告，不僅能體現公共關係調查者的寫作能力和水平，更能體現公共關係調查的重要價值和巨大作用。調查報告的撰寫有一定的要求：①確保調查報告內容的真實性和客觀性；②確保調查報告體例的系統性和完整性；③確保調查報告表述的準確性和便讀性。

調查報告的一般格式如下：

1. 標題：調查對象+主要問題

調查報告的標題常見的有兩種形式：一種是只有正標題（主要內容或中心觀點的概括）；另一種是正標題+副標題（補充交代調查對象或調查內容）

2. 前言

引出全文，主要概括介紹調查的意義和目的、調查對象和範圍、調查採取的方法。（開門見山、簡明扼要）

3. 主體

詳細敘述調查的內容、步驟、小標題。

4. 結尾

概括主題，總結經驗，形成結論，提出建議，說明對將來的意義。

5. 附錄

這包括有關材料的出處、參考資料與書籍、調查統計表等。

## 模擬實訓

【實訓名稱】調查報告寫作訓練

【實訓目的】掌握調查報告的寫作方法

【實訓步驟】

1. 學生5~6人一組，選定當地一家公司，對其公關工作進行調查；
2. 討論調查結果，明確調查報告主體部分結構方式和主要結論；
3. 以小組為單位提交調查報告，全班現場點評。

【實訓要求】

調查報告以調查數據為事實基礎，內容完整，結構合理，思路清晰，表述準確，語言流暢。

## 第二課堂

### 2013年中國公共關係行業發展分析

（節選自《中國公共關係2013年度行業調查報告》）

2013年，中國公共關係市場繼續保持穩定增長。據調查估算，整個市場的年營業規模約為341億元人民幣，年增長率為12.5%左右。調查顯示，TOP25公司的年營業額增長達到10.3%，略低於行業平均增長速度。相比上一年度，行業增長速度有所放

緩，這表明公共關係行業也受到了整體經濟增長放緩的影響。

隨著新媒體時代的來臨，公共關係業務正在發生結構性變化。傳統公關形態業務增速放緩，而新興公關業務（諸如數字化傳播、新媒體營銷等）出現了迅猛發展的勢頭。總體而言，作為新興產業的公共關係行業，行業的成長速度仍然要高於整體經濟發展的增速。

（1）行業保持穩定增長態勢，但增速有所放緩。通過對提交問卷的80家公司數據分析，2013年無論是在營業額還是營業收入方面，都有一定增長。但相比上一年度，增速有所放緩，這與整體經濟環境有密切關係。根據調查數據測算，2013年度全行業營業額達到341億元人民幣，增幅約為12.5%。

（2）調查顯示，2013年度中國公共關係服務市場的前四位為汽車、快速消費品、製造業、房地產，市場份額分別為25%、15.5%、7.5%、6.9%。與2012年相比，製造業、房地產市場首次在本年度位列服務市場前四位；IT、金融和政府及非營利機構業務呈現明顯的下降趨勢，分別由8.2%、6.8%、4%下降到6.3%、3.1%、2.2%；通信、醫療保健、互聯網等其他行業均呈現穩步增長趨勢。由此可見，2013年度中國公共關係服務市場服務範圍越來越廣，繼續呈現出行業擴散化趨勢。

（3）汽車行業份額在經歷大幅下滑後恢復快速增長。數據顯示，2013年度中國公共關係服務市場中，汽車行業一掃2012年度的頹勢，市場份額迅速增長，從2012年的19%增加到2013年的25%，儘管這個數字還沒有達到2011年的32.9%，但依然佔據整個行業市場份額的1/4。這表明，汽車行業在經歷中日關係低潮影響後，開始恢復增長。

（4）2013年公共關係市場業務分佈較為均衡。數據顯示，通信、醫療保健、互聯網等其他行業均呈現穩步增長趨勢。儘管IT、金融和政府及非營利機構業務呈下降趨勢，但依然佔據了一定的市場份額。這表明，中國公共關係市場業務呈現均衡分佈格局。

（5）新媒體環境對公共關係市場產生明顯影響。隨著數字化時代的到來，傳統公關業務增長放緩，個別公司此類業務甚至出現停滯或負增長的現象；而快速整合傳統公關和數字傳播的新型業務則保持了迅猛的增長勢頭，部分公司此類營業收入比重甚至佔到了一半。這表明，公共關係市場與傳播環境的關係越來越緊密，公關公司必須適應傳播環境的變化，實現轉型並尋找新的機會。

（6）國際公關公司繼續加大在華戰略佈局。隨著中國經濟佔全球比重的不斷增加，2013年國際公關公司繼續加大在華拓展力度，它們繼續在一線和二線城市嘗試開展業務。調查顯示，本次參與調查的國際公司的營業成本控制較好，個人平均績效很高。另外，這些公司的年簽約客戶數及連續簽約客戶數非常穩定，均在40家以上。這表明，國際公關公司在客戶資源和專業化服務水平方面有其獨到的優勢，國際公司和本土公司互相競爭的趨勢也將更加明顯。

（7）中國公關行業面臨挑戰與機遇。

第一，人才問題仍然是影響行業發展的瓶頸。由於行業整體穩定增長帶來的人才需求，與2012年相比，中國公關市場人才專業化問題並沒有得到緩解。人才頻繁流動、無序流動、供需脫節等問題依然困擾著公關行業。調查顯示，公關行業人力資源成本上升較快，也影響了公關公司的營業收入和業務拓展。除人才外，資金也是制約

從業公司做大做強的因素之一。

第二，把握公關行業的趨勢。目前的公關行業開始呈現一些新的趨勢，如公關與廣告的邊界開始消失，業務出現競爭。另外，大數據時代來臨，業務模式會發生相應的變化。因此公關行業在業務模式、管理方式、新媒體應用等方面，都需要不斷地進行創新，進一步提升行業的整體水平。

第三，隨著行業逐步走向成熟，行業集中度的趨勢開始進一步顯現。行業強勢公司依靠資金優勢和規模優勢，市場份額進一步加大，體現了強者恆強的競爭格局。行業的兼併整合趨勢，未來將會進一步加強。

第四，展望2014年，公共關係行業仍將保持穩定增長勢頭。調查顯示，80%的公司看好2014年的公關市場。未來的房地產、通信、醫療保健、互聯網特別是城市的公共關係服務需求將成為新的增長點。

為了更加積極地推動中國公共關係行業的可持續和健康發展，中國國際公共關係協會將繼續推進公共關係行業的專業化、規範化和國際化建設；繼續加大力度，提升行業的社會影響，改變社會對公共關係行業的負面認知；繼續與政府相關部門溝通，讓政府更加重視公共關係的作用，並使行業獲得應有的地位；繼續推進公共關係的業務整合和資本運作，推動更多的優秀公關公司做強做精；鼓勵它們在通過創新模式、兼併收購等手段發展壯大的同時，承擔更多的行業責任和社會責任。

### 案例分析

北京長城飯店的公關調查

北京長城飯店是1979年6月由國務院批准的全國第三家中外合資合營企業，1983年12月試營業，是北京6家五星級飯店中開業最早的飯店，也是北京第一座玻璃大廈、北京20世紀80年代十大建築之一。隨著改革開放的深入發展，北京新建的大批高檔飯店投入營運，飯店業競爭日益加劇。長城飯店之所以能在激烈的競爭中立於不敗之地，成為京城飯店的佼佼者之一，除了出色的推銷工作和優質服務外，飯店管理者認為公共關係工作在塑造飯店形象上發揮了重要的作用。

一提到長城飯店的公關工作，人們立刻會想到那舉世聞名的里根總統答謝宴會、北京市副市長證婚的95對新人集體婚禮、頤和園的中秋賞月和十三陵的野外燒烤等一系列使長城飯店聲名鵲起的專題公關活動。長城飯店的大量公關工作，尤其是圍繞為客人服務的日常公關工作，源於它周密系統的調查研究。

長城飯店日常的調查研究通常由以下幾個方面組成：

一、日常調查

（1）問卷調查。每天將表放在客房內，表中的項目包括客人對飯店的總體評價、對十幾個類別的服務質量的評價、對服務員服務態度的評價，以及是否加入喜來登俱樂部和客人的遊歷情況等等。

（2）接待投訴。幾位客戶經理24小時輪班在大廳內接待客人，瞭解客人反應的情況，隨時隨地幫助客人處理困難、受理投訴、解答各種問題。

二、月調查

（1）顧客態度調查。每天向客人發送喜來登集團在全球統一使用的調查問卷，每

日收回，月底集中寄到喜來登集團總部，進行全球性綜合分析，並在全球範圍內進行季度評比。根據量化分析，對全球最好的喜來登飯店和進步最快的飯店給予獎勵。

（2）市場調查。前臺經理與在京各大飯店的前臺經理每月交流一次遊客情況，互通情報，共同分析本地區的形勢。

三、半年調查

喜來登總部每半年召開一次世界範圍內的全球旅遊情況會，其所屬的各飯店的銷售經理從世界各地帶來大量的信息，相互交流、研究，使每個飯店都能瞭解世界旅遊形勢，站在全球的角度商議經營方針。

這種系統的全方位調研制度，宏觀上可以使飯店決策者高瞻遠矚地瞭解全世界旅遊業的形勢，進而可以瞭解本地區的行情；微觀上可以瞭解本店每個崗位、每項服務及每個員工工作的情況，從而使他們的決策有的放矢。

綜合調查表明，任何一家飯店，光有較高的知名度是遠遠不夠的，要想保持較高的「回頭率」，主要是靠優質服務，使客人滿意。怎樣才能使客人滿意呢？經過調查研究和策劃，喜來登集團面對競爭提出了「賓至如歸方案」。計劃中提出在3個月內對長城飯店上至總經理，下至一般服務員進行強化培訓，不准請假，合格者發證上崗。在每人每年100美元培訓費基礎上另設獎金，獎勵先進。其宗旨就是向賓客提供滿意的服務，使他們有賓至如歸的感覺。隨著這一方案的推行，飯店的服務水平又有了新的提高。

當今社會已經步入信息時代，信息對於一個企業來說至關重要。企業的決策離不開信息，而信息質量的高低又直接影響著企業決策的好壞。那麼，企業應如何去獲得高質量、高精確度的信息呢？最重要的一點，就是企業應高度重視和開展周密系統的調查研究工作。從公共關係的工作過程來看，公共關係始於調查研究，只有收集了大量信息，匯集了大量的資料和事實，才能進行有效的公共關係活動。長城飯店在這方面為我們提供了成功經驗。長城飯店在信息來源、採集方式、如何處理等方面都有自己的特點，形成了一個全方位的信息系統。信息的收集不是局限於每天住宿的客人身上，而是注意到信息在空間上和時間上的發展變化。在立足於全市、全國、全世界範圍的信息採集與分析的同時，對全年、半年、月、日等不同時段的情況都加以監測，形成了全方位的立體交叉的信息網絡，既保證了信息來源的廣度，又保證了信息的時效性和準確性，從而保證了較高的科學預測能力和科學決策能力。所以，在競爭日益激烈的市場經濟條件下，企業要生存，要發展，就要重視日常的公關工作，重視信息的收集與整理，重視調查研究。

（資料來源：張岩松. 公共關係案例精選精析［M］. 北京：經濟管理出版社，2003.）

思考討論：

1. 長城飯店在公共關係調查方面對我們有何啟示？
2. 如果你是一位總經理，你認為還應從哪些方面來做好日常的公共關係工作？

# 項目 3
# 公共關係策劃

## 項目目標

【知識目標】

1. 瞭解公關策劃的基本概念、特點和價值
2. 掌握公共關係的活動模式
3. 掌握公關策劃的基本原則與步驟
4. 瞭解公關策劃的創意思維

【能力目標】

能為具體的公關活動收集資料,並撰寫公關策劃方案。

## 項目引入

### 法國白蘭地進軍美國市場

1957 年 10 月 14 日是美國總統艾森豪威爾的 67 歲生日。華盛頓街道彩旗飄揚、標語醒目,白宮周圍人山人海,華盛頓市萬人空巷,等候著一個時刻的到來,這一刻,人們已經等了很久。

按照美國人的脾氣,愛好自由、民主的公民們是不屑於為總統的一個區區生日而特意來湊熱鬧捧場的。

可是這一天,美國人卻顯得異乎尋常地熱情、激動。到底發生了什麼事?

一個月前,法國人就在各種媒介上廣為宣傳,為了感謝在二戰中美軍對法國人民的恩情,為了表示法美人民永遠的友誼,法國人決定,在艾森豪威爾總統 67 歲壽誕之時,向美國總統敬贈兩桶釀造已達 67 年的法國白蘭地。這兩桶極品白蘭地將由專機運送,並在總統生日這天,舉行盛大的贈酒儀式,向全世界表明法國人民對美國人民的友好之情。

法國白蘭地?!美國人似乎一下子想起來了,那不是揚名全世界的美酒佳釀嗎?我們以前怎麼就沒有想起來嘗一嘗呢?一時之間,白蘭地的歷史、趣聞、逸事陸續地出現在各種媒體上。久盼的時刻終於到了。上午十時,四名英俊的法國青年穿著雪白的王宮衛士禮服,駕著法國中世紀時期的典雅馬車進入白宮廣場,由法國藝術家精心設計的酒桶古色古香,似已發出陣陣的美酒醇香。全場沸騰了,當四個侍者舉著酒桶走

向白宮時，美國人唱起了《馬賽曲》，歡聲雷動，掌聲轟鳴，人們沉浸在歡樂的氣氛中。各大新聞機構毫無例外地派出了記者。關於贈酒儀式的報導文字、圖片、影像，充斥了當天美國的各大媒體。

借白蘭地共敘法美友誼，縮短了白蘭地與美國公眾的感情距離，這是法國白蘭地製造商們舉行的極為成功的公關活動。它直接地為白蘭地進入美國市場掃清了障礙。贈酒儀式不久，一向不為美國人重視的白蘭地酒，迅速成為市場上的搶手貨，在人人以喝上法國白蘭地為榮的背景下，法國白蘭地成為供不應求的俏銷產品。

# 學習任務 3.1　公共關係策劃程序

**知識連結**

公共關係策劃是指公關人員根據組織形象的現狀和目標要求，分析現有條件，設計最佳活動方案的過程。公關策劃的目的在於：通過科學的策劃思想和方法，設計和選擇出有效的公關活動方案，從而增強組織公關活動的目的性、計劃性、有效性，提高組織開展公關活動的成功率，最終在社會公眾中不斷提高和完善組織的形象地位。

### 3.1.1　確定公共關係目標

公共關係目標是公共關係行為期望達到的成果。它是公共關係活動的方向，也是公共關係活動成功與否的衡量標準。

1. 確定公關目標的要求

確定一個公共關係目標，必須能夠起到指導整體工作的作用。因此，要使目標能發揮其作用，在確定目標時應遵循以下四個原則：

（1）一致性原則。目標應與組織的整體目標相一致，為組織整體目標服務。
（2）具體性原則。目標應具體明確，含義單一，避免使人產生多種理解。
（3）可行性原則。目標應符合當時的內外部條件，通過努力可實現。
（4）可控性原則。目標必須具有一定的彈性，以便條件變化時仍能靈活應變。

2. 公共關係目標的類型

根據公共關係溝通內容，組織的公共關係目標一般有以下四種類型：

（1）傳播信息。向公眾傳播本組織的信息，讓公眾瞭解、信任、支持本組織。
（2）聯絡感情。通過感情投資獲得公眾對組織的信任與愛戴。
（3）改變態度。讓公眾接受組織及其所提供的產品、服務、文化等。
（4）引起行為。誘導公眾產生組織所希望的行為方式。

### 3.1.2　明確目標公眾

組織公共關係活動目標的差異性，決定了公共關係活動對象的區別性。在公共關係策劃過程中，我們必須在組織的廣大公眾群中，根據實現目標的需要，去分析哪些是該項公共關係活動必須關注、交流和影響的目標公眾。

明確目標公眾的原則一般為：

（1）以活動目標劃定公眾範圍。例如，學校為宣傳自己的辦學成果而組織的人才交流會，其公眾主要是應屆畢業生、用工單位、新聞單位、畢業生家長、人才交流部門及部分教職工，非畢業班學生和他們的家長、政府機關、實習基地等則不是該次活動的目標公眾。這種劃分主要強調的是關聯性。

（2）以組織實力劃定目標公眾。在公共關係實踐活動中，有時組織需要面對的公眾面極廣，面面俱到則深感人力有限、經費不足，應付不過來。這時就應將有關公眾按與組織關係的密切程度、影響的大小程度、相關事情的急緩程度等因素進行排隊，選出最重要的「部分」作為目標公眾。這種劃分主要強調的是重要性。

（3）以組織需要決定目標公眾。例如，當組織出現形象危機時，目標公眾應首指組織的逆意公眾和行動公眾，以防危機的擴散和加劇。這種劃分主要強調的是影響度。

其實，不同組織每次公共關係活動確定誰為目標公眾，很難有統一的標準，主要應考慮組織目標、需要和實力三個方面的因素，由各個組織靈活地決定。確定公眾之後，就可以有意識地篩選和利用有關信息，對特定公眾進行卓有成效的傳播，而不是漫無邊際地傳播，造成不必要的浪費。

### 3.1.3 提煉活動主題

公共關係活動主題是對公共關係活動內容的高度概括，提綱挈領，對整個公共關係活動起著指導作用。任何一個成功的公共關係活動都是由一系列活動項目組成的系統工程。為避免活動項目過多以致給人雜亂無章的印象，需要設計出一個統一、鮮明的主題，以統領整個活動、連接各活動項目。

主題的表現方式有多種多樣，它可以是一個口號，也可以是一句陳述或一個表白。主題設計得是否精彩恰當，對公關活動的成效影響很大。要設計出一個好的主題，必須滿足四個要求：

（1）公關主題必須與公關目標相一致，並能充分表現目標。
（2）公關主題要適應公眾心理的需要，既要富有激情，又要使人感到親切。
（3）公關主題應獨特新穎，富有個性，突出活動的特色，使人印象深刻。
（4）公關主題的表述應做到簡短凝練，易於記憶和傳播。

案例 3-1：「益達潔白」大型笑容徵集活動

2003 年 9 月，箭牌推出「益達木糖醇口香糖」，並標明含有 50% 以上的木糖醇成分。從領導者成為跟隨者，益達顯然已經錯失先機，要想在這種功能性口香糖上再度領跑，必須有創新，「益達潔白」應運而生。

「益達潔白」，其賣點除了護齒外，還增加了潔白牙齒的功效，但如何把這個賣點傳播給廣大的消費者？找到產品信息傳遞的通路是最難的。「簡單的廣告無法讓我們和消費者充分溝通。」箭牌中國市場總監 David Glass 先生說，這次他們選擇了更貼近消費者的公關活動。一改硬廣告轟炸的方式，這一次益達要通過拍攝笑容來傳達品牌信息。

2005 年 8 月，「益達潔白」大型笑容徵集活動在全國宣布啓動。活動廣告在 22 個重點城市投放，一夜之間，人們在路牌、車體、地鐵站、樓宇液晶電視、電子屏幕、電視、明信片、網絡等都能看到這樣的廣告：「我的笑容是潔白的，我的浪漫是紅色的；我的笑容是潔白的，我的希望是綠色的；我的笑容是潔白的，我的熱情是橙色的；

我的笑容是潔白的，我的夢想是藍色的。」潔白的牙齒、燦爛的笑容，在這個悶熱的夏天如清涼的風拂過，在動人的笑容裡，益達重奪失去的市場份額。

活動分為紅色浪漫、綠色希望、橙色熱情、藍色夢想四個主題，消費者可選擇自己希望參與的色彩主題組別和希望獲得的獎品，並將最能表現該主題的笑容照片上傳到活動網站上。為了提高參與性，益達在全國 22 個活動城市專門設立了「益達潔白拍照點」。拍照點上完全按照益達的產品形象來布置照相背景臺；身著印有益達新品 LOGO 服裝、笑容可掬的宣傳小姐熱情宣傳；完全免費得到一張快相和精美相框吸引了很多人來體驗。

根據箭牌公司的網站統計，活動從 8 月 1 開始到 8 月 29 日結束，在不到一個月的時間裡，總共徵集到 47,000 張照片。活動中，網站的總流量達到 360 萬，每小時有 5,000次。更主要的是消費者特別是年輕消費者在活動中與益達品牌進行了良好的溝通，進一步提升了他們對益達品牌的偏好。（選自：中國公關網）

### 3.1.4　選擇新聞媒介

不同的傳播媒介都有自身的特性，既各有所長，又各有所短，只有選擇合適的媒介，才能取得良好的傳播效果。在選擇傳播媒介時，應注意以下四個方面：

（1）與公關目標相結合。各種傳播媒介都有其特定的功能及優勢，適合為公共關係的各種類型目標服務。選擇傳播媒介時應首先考慮組織的公關目標和要求。

（2）與傳播內容相結合。不同的傳播信息內容有著不同的特點，而不同傳播形式也有著各自的特點和適用範圍，在選擇時應將所傳播的信息內容的特點和傳播媒介的優缺點結合起來綜合考慮。

（3）與傳播對象相結合。不同的公眾對不同的傳播方式和傳播媒介的接受機會和感受是不同的，組織應根據目標公眾的年齡結構、職業性質、生活方式、教育程度、接受信息的習慣等選擇合適的傳播方式來傳播信息。

（4）與經費預算相結合。由於公共關係活動的經費是有限的，組織應根據自己的經濟條件選擇傳播溝通媒介，盡可能用有限的經費和資源創造盡可能大的效益。

### 3.1.5　編製活動預算

經費預算既是公共關係策劃的「目標」，也是對實施經費開支的控制。策劃中的精打細算，既可給實施帶來事前心中有數的方便，也使決策者認可策劃方案成為可能。

公共關係活動的經費開支主要包括以下內容：

（1）日常行政經費。例如房租、水電費、電話費、辦公室文具用品費、保險費、報刊訂閱費、交通費、差旅費、交際費以及其他通信費（如電報、特快專遞費等）、資料購置費和複製費等。

（2）器材設施費。如購置、租借或維修各種視聽器材、通信器材、攝影（像）器材、交通工具、工藝美術器材、製作各種紀念品、印刷品、音像製品和各種傳播行為所需的實物及用品。

（3）勞務報酬經費。包括組織內部公共關係人員的薪金或工資、獎金及其他各種福利費、組織外聘專家顧問的工時報酬等。

（4）具體公共關係活動項目開支經費。這筆費用的開支主要根據公共關係活動項

目大小來確定。它包括宣傳廣告費、調查活動費、人員培訓費、場地租用費、各種名目的贊助費以及辦公、布展、接待參觀的費用。與此同時，策劃人員還應考慮活動的機動費用，以防突發事變。

公共關係費用預算是一件非常瑣碎而複雜的事，首先要保證所有開支項目都是必要的、可檢測的。其次在製作經費預算時，應該同時制定經費開支的辦法和超支規定，以便在公共關係活動的實施中及時核對、控制開支。

### 3.1.6 活動人員配置

公關策劃活動的最后一步就是為各項任務分配人員，挑選適當的人員並按照他們所要完成的任務進行培訓。

**模擬實訓**

【實訓名稱】公關活動策劃
【實訓目的】掌握公關策劃流程
【實訓資料】
背景資料：誰的酒上國宴

在1989年年初，美國總統布什訪華前夕，一位美國外交官的夫人來到某葡萄酒廠，要求見一見廠長。原來這位駐華使節的夫人有中國血統，她很希望中國能夠富裕起來，希望中國產品能走向世界。她在華期間發現該廠新研製的一種葡萄酒味道醇美、口感頗佳，很適合歐美人的口味。她的祖籍又與該廠坐落在同一片土地上，很願意幫忙搭橋，使該酒名揚四海，為民造福。

她建議把該酒拿到布什總統訪華的國宴上去，讓各國使節和眾多的來賓、記者們感受一下這佳釀的風采，為它進入國際市場打開大門。可是，我們這位廠長「太會做生意了」。他一方面滿口答應，一方面又在送夫人離開前提出一個條件：由駐華使節的夫人先付2,000美元。這位夫人表示回去反應一下，便離開了該廠。

其結果正如大家所瞭解的那樣，隨著布什總統的來訪，飛鴿車作為禮品名揚四海，而擺上國宴並因此揚名的卻是另一個廠家的新產品——長城干白葡萄酒。

（資料來源：http://btdew.com/btd-087ec23943323968011c9295-5.html）
【實訓步驟】
1. 學生按照5~6人一組的方法進行分組；
2. 有網絡環境並配有多媒體的教室；
3. 各組匯報交流，並評出最佳公關活動方案。
【實訓要求】
分組討論：如果你是某葡萄酒廠廠長，你將如何把握這次公關機會？然後各組形成公關活動方案。

# 學習任務 3.2　公共關係創意策劃

**知識連結**

### 3.2.1　創意思維方式

有效的公共關係策劃離不開科學的策劃思想和巧妙的策劃藝術。離開了創造性思維，公關策劃就會變得平淡乏味，就會變得蒼白無力。公關策劃的方法，其實就是創造性思維的方法。

所謂創造性思維，即思維主體借助邏輯推理與豐富的想像，對概念、表象等思維元素進行組合加工，從而產生創造性思維成果的過程。其一般具有積極的求異性、敏銳的洞察力、創造性的想像、獨特的知識結構、活躍的靈感等特性。

成功的公共關係策劃，離不開創造性思維。策劃者有意無意地總在運用各種各樣的創造性思維方法。常見的創造性思維方法有以下四種：

1. 頭腦風暴法

公關策劃中最常用的產生創意的方法就是頭腦風暴法。這一方法又稱思維碰撞法、自由思考法。頭腦風暴法是利用群體共同探討和研究，通過相互間的某些激勵形式，以提供能夠相互啓發、引起聯想的機會和條件，使大腦處於高度興奮狀態，不斷地提出新穎、新奇的創意的思維方法。

2. 發散思維法

發散思維是從給定的信息中產生出新的信息，其側重點是從同一來源中產生各種各樣的為數眾多的信息輸出，並可能會發生轉換作用。通俗地說，發散思維法是針對一個問題，沿著各種不同的方向思考，從多方面提出解決問題的方案，尋求各種各樣的解決辦法，以求得最佳解決問題的答案的思維方法。

3. 逆向思維法

公關策劃中的逆向思維，就是要突破常規，突破習慣，以出驚人之效果。即：人們應從習慣思路相反的角度，突破常規定勢，作反向思維，以找到出奇制勝之道。這就是逆向思維法。在公共關係策劃中，策劃者就常常用到這種創造性思維方法。人們都熟悉的司馬光砸缸的故事就是一個典型的逆向思維實例。一般兒童的思路是「人離開水」，而司馬光的思路是「水離開人」，一反常規之思維，達到了出人意料的效果。我們說，逆向思維即突破常規、習慣的約束，從反面「倒著想問題」。

4. 聯想思維法

聯想思維是在原先並不相關的事物之間，搭起一座由此及彼的橋樑，將表面看來互不相關的事物聯繫起來，從而達到創造性思維的界域。這種聯想思維，可以使自己以往的經驗為新的創造性思維服務。在公關策劃中，當我們為某個問題所困擾的時候，也可以受某一事物的啓發而想到另一事物。這種聯想的形式，或由於事物在時間上和空間上接近而形成，或由於事物具有相似的特點而形成，或由於對比關係，因果關係而形成。我們通常說的由此及彼、舉一反三就是指的這種情形。

### 3.2.2　活動時機的選擇

中國自古以來，就有「機不可失，時不再來」的名言。公關活動的策劃，要善於捕捉各種隨機事件，抓住各種千載難逢的機會，製造轟動效應。

一般說來，組織可選定、利用的時機有以下幾種：
(1) 組織創辦或開業之時；
(2) 組織更名或與其他組織合作之時；
(3) 組織推出新產品或新服務之時；
(4) 組織週期性紀念活動之時；
(5) 國際國內各種節假日之時。

組織需要積極捕捉的時機主要有以下幾種：
(1) 社會突發性事件出現之時；
(2) 組織形象出現危機之時；
(3) 公眾觀念和需求發生轉變之時。

### 3.2.3　活動模式的確定

所謂公共關係的活動模式就是由一定的公共關係目標和任務以及由此決定的若干技巧和方法所構成的具有某種特定公共關係功能的工作方法系統。國內外的公共關係專家對各類社會組織開展的公共關係活動進行分析和研究後，歸納出了一系列的模式，這些模式為公共關係人員提供了可供選擇的各類方法，對公共關係活動的開展具有指導意義。公共關係人員應根據特定的公共關係條件，針對一定的公共關係目的，對公共關係活動中將採用的方法和技巧進行正確的選擇。只有這樣，才能使公共關係活動收到事半功倍的效果。常見的公共關係活動模式包括：

1. 宣傳型公共關係

宣傳型公共關係是運用大眾傳播媒介和內部溝通方法，開展宣傳工作，樹立良好組織形象的公共關係活動模式。其特點是：主導性強，時效性強，傳播面廣，推廣組織形象效果快。宣傳型公共關係活動模式的活動項目有：記者招待會、競賽活動、慶典活動、展覽會、信息發布會、宣傳資料印發、視聽資料製作、宣傳櫥窗、新聞報導、專題採訪、經驗介紹等。

案例 3-2：長嶺集團公司的宣傳性公共關係活動

1998 年 9 月，長嶺集團公司在首都各大報紙刊登的系列廣告引起了人們的注意。這則廣告與眾不同之處在於：清一色地採用了 7 位在科技領域取得了相當成就的學者和專家的形象。據說，請出如此陣容的專家、學者做廣告，在國內尚屬首次。這個以「卓越，是他和長嶺的共同追求」為主題的系列廣告，醒目處或刊登一組或刊登一位學者的頭像，旁邊是學者成就的簡單介紹，大標題是「他（她）也用長嶺冰箱」。

敢於第一個「吃螃蟹」，站出來為國企品牌的質量作證的專家陣容甚大，他們當中有：國家科技委員會專業評委、博士生導師陳慶壽；玉柴機器董事長、上海交大教授王建明；語言學家、北大東方學系教授巴特爾等。

據悉，這些專家無一例外均是長嶺冰箱的新老用戶，他們此次為長嶺冰箱做廣告

的起因，源於長嶺集團董事長兼總經理王大中親自領導的一次客戶回訪活動。王大中在用戶檔案中發現，在長嶺冰箱十幾年的老用戶和最近購買長嶺冰箱的新用戶中，有很多為國家做出突出貢獻的專家和學者，於是他們派出專門的訪問小組對這些學者進行了專訪。回訪中專家的話使王大中怦然心動。他想，在人們看煩了千篇一律的各類「明星」們做的廣告時，讓社會形象較好的專家走上廣告說一說真實感受，也許能有意想不到的效果。就這樣長嶺集團首家推出了「學者證言」廣告。

（資料來源：http://yingyu.100xuexi.com/view/specdata/20121031/0364b783-9a6b-416d-9748-324a977bffef.html）

2. 交際型公共關係

交際型公共關係是在人際交往中聯絡感情、廣結良緣、深化交往層次、建立社會關係網絡的公共關係活動模式。其特點是：節奏快、靈活性強、人情味濃。交際型公共關係活動模式的活動項目有：招待會、座談會、工作晚餐會、宴會、茶話會、聯誼會、會晤、信函往來、開放日活動等。

案例 3-3：北方航空公司的小方布

一個人乘坐北方航空公司的飛機去長沙出差。飛機降落之後，他提著隨身帶的一捆資料，走到了機艙門口。空中小姐在向他微笑告別的同時，遞給了他兩塊小方布，說：「先生，請用小方布裹著繩子，不要勒壞了您的手。」人非草木，孰能無情！這位先生備受感動，從此每次出差或帶家人出門，總是首選北航。一句話兩塊小方布，換來了一生的光顧，真是劃算。不知道這算不算是一種情感營銷，只是覺得這種營銷是那樣地潤物細無聲，所激發的力量大得可怕。

（資料來源：http://wenda.chinabaike.com/html/20101/q953273.html）

3. 服務型公共關係

服務型公共關係是一種以提供優質服務為主要手段，獲得公眾信任與好評，樹立良好組織形象的公共關係活動模式。其特點是：為公眾提供實實在在的服務。服務型公共關係活動模式的活動項目有：諮詢服務、售後服務、消費教育、消費指導、優質服務等。

案例 3-4：IBM 的服務性公共關係

國際商用機器公司（IBM），是一家舉世聞名的美國公司，同時也是開展服務性公共關係活動的典型。其產品在世界計算機市場上佔有 80% 的份額，在同行業中首屈一指。依靠最佳服務占領市場，是 IBM 公司成功的秘訣。

IBM 公司認為：不能在事後才考慮服務，服務必須成為營銷計劃的一個重要部分。從產品開發開始，就要認真考慮服務問題。如果沒有在事前仔細籌劃服務以及進行服務試點，就不應該推出新產品。因此，在產品的最初規劃階段，就要把設計、製造、銷售和服務四個過程集中起來，形成連鎖反應。在開發設計產品時，預見到各種服務問題。

產品一旦售出，IBM 就開始實施預防性維修保養計劃，他們生產的每一種產品都訂有維修日程表，包括打字機、複印機、終端機以及大小型計算機。公司的服務代表經常訪問客戶並檢查設備。有時，訪問是為了實施某項特定的維修程序，或者是因為

某個元件有出麻煩的「前科」，服務人員想要除去隱患；有時，訪問是為了對產品實施全面檢查。一旦故障真正出現，IBM 的維修代表就盡一切可能減少整個停機時間。

其至在新產品生產過程中，維修人員就開始進行訓練。IBM 在肯塔基州的萊克星頓市生產一種新式打字機時，數以百計的維修服務人員在生產線上協助工作，瞭解產品生產情況及可能出現的維修故障。有人說，IBM 每創造一件新產品，就同時發明一種服務方法。

IBM 還發展了一種極為有效的遠程服務網絡。顧客遇到設備故障，前往 IBM 服務中心或者讓公司立即派人檢修都不合適時，可以打免費電話給某一個 IBM 維修中心，向他們說明故障。受過專業訓練並由熟練的技師立即與一個中心數據庫接通，尋找其他地方同類型的設備是否出現類似或相同的故障，並找出故障是如何診斷和排除的。IBM 公司認為：雖然客戶越近問題越容易處理，但不管問題是出現在隔壁還是地球的另一邊，IBM 的責任感都是一樣的。

（資料來源：http://yingyu.100xuexi.com/view/specdata/20121031/0364b783-9a6b-416d-9748-324a977bffef.html）

4. 社會型公共關係

社會型公共關係是組織利用舉辦各種社會性、公益性、贊助性活動塑造組織形象的公共關係活動模式。其特點是：公益性和文化性。

社會型公共關係活動模式的活動項目有：節日慶祝活動、公益贊助活動、慈善活動等。

案例 3-5：聯合利華的社會型公共關係

聯合利華公司曾借助舉辦社會性公共關係活動贏得人們的好感。由聯合利華奧妙品牌與江蘇省婦聯、浙江省婦聯、上海市婦聯、上海東方電視臺聯合主辦，上海視點公共關係有限公司承辦的「尋找新生活的奧妙——2000 奧妙賢內助」評選活動在蘇、浙、滬三地舉行。面向奧妙品牌的主要目標公眾，取得三地婦聯組織的支持，讓原本構成奧妙洗衣粉消費者的一批「賢內助」成為這一活動的主角，登臺亮相，展示風采，促使社會公眾重新思考家庭倫理道德問題，倡導一種既有現代特色又有中國傳統的新型倫理觀念。而作為出資舉辦這一活動的聯合利華奧妙品牌，也更顯其親和力，更加深入人心。

（資料來源：郭惠民. 中國最佳公共關係案例選評（之五）［M］. 上海：復旦大學出版社，2003.）

5. 徵詢型公共關係

徵詢型公共關係是通過輿論調查、民意檢測的辦法採集信息、分析研究信息，為組織決策提供參考意見的公共關係活動模式。其特點是：長期性、複雜性和艱鉅性。徵詢型公共關係活動模式的活動項目有：公關調查、民意檢測、徵集意見、徵集方案等。

案例 3-6：通用汽車公司的特別花名冊

著名的美國通用汽車公司雪佛萊部的車主關係部專門建立了特別用戶名冊，它任意抽選雪佛萊車用戶共 1,200 名，聘為用戶顧問，分客車和卡車兩部分，公司以函件

定期聯繫，徵詢他們對雪佛萊產品及服務的意見，並將這些意見提供給公司的業務部門，作為改進與車主關係的指導。

（資料來源：百度文庫）

6. 建設型公共關係

建設型公共關係是指社會組織為開創新局面而在公共關係方面作出努力的一種活動模式。它適用於組織的開創時期，或推出新產品、新的服務項目時期，如開業慶典儀式、剪彩活動和開業廣告等。

案例3-7：強力膠水店的開張宣傳

中國香港一家經營強力膠水的商店，坐落在一條鮮為人知的街道上。為了招攬生意，在開張前一天，這家商店的店主在門口貼了一張告示：「為了慶祝開業，明天上午九點，在此將用本店出售的強力膠水把一枚價值4,500美元的金幣貼在牆上，若有哪位先生、小姐用手把它揭下來，這枚金幣就奉送給他（她），本店絕不食言！」這個消息不脛而走。第二天，人們將這家店鋪圍得水泄不通，電視臺的錄像車也開來了。店主拿出一瓶強力膠水，高聲重複廣告中的承諾，接著便在那塊從金飾店定做的金幣背面塗上一層薄薄的膠水，將它貼到牆上。人們一個接著一個地上來試運氣，結果金幣紋絲不動。這一切都被錄像機攝入鏡頭。這家商店的強力膠水從此銷量大增。

（資料來源：http://yingyu.100xuexi.com/view/specdata/20121031/0364b783-9a6b-416d-9748-324a977bffef.html）

7. 維繫型公共關係

維繫型公共關係是指社會組織在穩定發展之際用來鞏固良好形象的公共關係活動模式，適用於組織機構穩定、順利發展時期。它有兩個特點：一是採取中低姿態，用漸進的方式向目標公眾施加影響，從而達到期望的目標和要求；二是利用公眾的心理特點，使組織的形象慢慢滲透到公眾的心目中，這種經過長期形成的觀念，一旦發揮效能是不會輕易改變的。

案例3-8：北京長城飯店的「醉翁之意」

1986年的聖誕節，北京長城飯店公共關係部請一批孩子來飯店裝飾聖誕樹。除供應他們一天的吃喝外，臨走時還特地送給每人一份小禮物。這些孩子分別來自各國的駐華使館，他們的父母都是使館的官員，長城飯店是五星級的豪華飯店，顧客主要是各國的來華人士。邀請這些孩子來飯店，看起來是為孩子們舉辦了一項符合西方習慣的傳統活動，但「醉翁之意」是希望通過孩子來維繫長城飯店與各使館的關係。孩子在飯店待了一天，長城飯店的豪華設施在他們幼小的心靈中留下了深刻的印象。他們的父母也一定會問孩子聖誕節在長城飯店過得是否快活，還可能看看贈送給孩子的禮品，對長城飯店的好感油然而生。隨之而來的必然是賓客盈門了。

（資料來源：http://yingyu.100xuexi.com/view/specdata/20121031/0364b783-9a6b-416d-9748-324a977bffef.html）

8. 防禦型公共關係

防禦型公共關係是指社會組織採取主動出擊的方式來維護和樹立良好形象的公共關係活動模式，適用於組織出現潛在的公共關係危機的時候。其特點是以防為主，防

患於未然，避免矛盾尖銳化，同時防禦與引導相結合。

### 案例 3-9：寶潔 SK-II「鉻釹門」危機

2006 年 9 月 14 日和 15 日媒體僅僅停留在「出入境檢疫機構檢出 9 款 SK-II 產品含違禁金屬成分」上，寶潔中國對危機做到了迅速反應，這是其唯一的可取之處。但當消費者與媒體發現寶潔提供的退貨規則障礙重重、缺乏誠意時，危機實際上從產品質量危機演變成了誠信危機。

「鉻釹門」並非 SK-II 在中國發生的第一次質量危機，事實上，各種所謂「揭露 SK-II 美麗的秘密」的說法一直在網絡上流傳，2005 年江西的一名消費者因使用 SK-II 灼傷皮膚而起訴寶潔中國的「燒鹼事件」讓寶潔一度極為被動。在那次危機事件中，寶潔的遲緩反應和孤芳自賞為輿論所詬病。

而在「鉻釹門」危機中，寶潔雖然在第二天迅速作出反應，但是由於它的固執以及固執所讓人感覺的傲慢，從一開始就為寶潔這次危機公關陷入窘境埋下伏筆。

首先是對質量的固執。在產品被出入境檢驗檢疫機構檢出含有違禁成分的情況下，寶潔的公開聲明首先強調 SK-II「把質量和安全放在首位」，緊接著表示「未添加」違禁成分，這樣明顯與事實相悖的說法勢必引來公眾的反感。此後寶潔的態度也一直是輿論的焦點，但即便如此，寶潔直到不得不宣布暫時撤櫃時還是堅持認為其產品是安全的。

有公關界人士認為，任何一家國際性的大企業，當自己的產品或企業發生損害消費者利益的危機時，都必須勇敢為自己的產品負責、為消費者負責、為所在的國家負責，但是寶潔中國的態度很容易讓公眾對其誠信度產生懷疑。

寶潔固執的並不只是質量問題，在危機過程中堅持不撤櫃、不召回也是導致危機失控的原因之一。在整個 SK-II 事件過程中，退貨是消費者最為不滿的環節，有消費者甚至指出，寶潔在辦理退貨環節表現得毫無誠意。從開始的拒不退貨，到後來為退貨消費者提出四大苛刻要求，到後來的讓消費者簽下「產品無質量問題」的證明方可辦理退貨，不管寶潔的出發點如何，為消費者退貨設置障礙的印象已經造成。

（資料來源：http://yingyu.100xuexi.com/view/specdata/20121031/0364b783-9a6b-416d-9748-324a977bffef.html）

9. 進攻型公共關係

進攻型公共關係是指社會組織採取主動出擊的方式來維護和樹立良好形象的公共關係活動模式，適用於組織與環境發生某種衝突、摩擦的時候。其特點是以較高的姿態、較強的頻度、進攻的方式開展工作。

### 案例 3-10：一百萬封「求愛信」

上海普陀旅行社經理陳安華在 8 年內發出了一百萬封「求愛信」。把他寫過的「求愛信」攤平疊起來，有十幾層樓高。

8 年前，陳安華在長壽路一條弄堂口掛出了普陀旅行社這塊不顯眼的小招牌。當時上海已有十多家旅行社，人家設在繁華的外灘、南京路、西藏路、延安路、淮海路、四川路，鍍金的招牌和耀眼的霓虹燈，十分引人注目。陳經理心裡明白，他們擠在「下犄角」，地理條件就先天不足。開張初期，手頭無資金又做不起廣告。憂慮中，陳

經理蹦出靈感：小伙子向姑娘求愛，常用寫信的方法，辦企業為啥不能借鑑？他深情地提起筆，在信中開誠布公地表明：鄙社新開張，希望各方大力支持。信中介紹了旅遊線路、服務項目，並寫明收費標準。陳經理買來鋼板、蠟紙、簡易油印機，開始了「求愛信」的「批量生產」。陳經理和夥伴們日夜忙碌，一寄就是幾萬封。

春、夏、秋、冬，陳經理一年都要發4次「求愛信」，不管對方有意還是無意，陳經理始終一往情深，8年內不間斷發信，有些遊客上門時說：「看在你們一年4封信的情分上，我們也該到你們這兒參加旅遊。」

陳安華每天必看《解放日報》，收集新成立單位的電話、地址，對改名、換地址的單位，他也一一記錄在冊。這幾年，他收集了上海市區和郊縣4萬多家單位的最新郵政編碼和地址，分成4大本，計200萬字。翻開這四大本，每一頁、每一行、每一字都整整齊齊、毫不含糊。這是陳經理利用每天晚上在辦公室等候各地導遊電話的空隙時整理的。陳經理並不滿足上海灘的業務，他還一點一滴地收集了各省市工礦企業和機關學校的地址，目前在手的已有幾十本。事實上，他的「求愛信」早已遍布全國各地。誠招天下客。普陀旅行社的生意越做越興旺。

（資料來源：http://yingyu.100xuexi.com/view/specdata/20121031/0364b783-9a6b-416d-9748-324a977bffef.html）

10. 矯正型公共關係

矯正型公共關係是指社會組織在遇到問題與危機，組織形象受到損害時，為了挽回影響而開展的公共關係活動，適用於組織的公共關係嚴重失調、形象受到嚴重損害的時候。其特點是及時發現存在的問題或潛伏的危機，並通過努力改變或消除這些東西，重塑組織形象。

案例 3-11：克蘭梅風波

感恩節是美國的一個傳統節日。這一天，美國人要吃一種叫作克蘭梅的酸果實做的食品。所以感恩節前夕正是克蘭梅食品的製造商和經銷商賺錢的最好時機。

1959年11月9日，美國衛生教育福利部部長弗萊明突然宣布，當年的克蘭梅作物由於除草劑的污染，在實驗室用老鼠做試驗時發現了致癌病變。雖然還不能證明在人身上是否也會有危害，但是他仍勸告公眾自己要酌情處理。此時，離感恩節已經很近，往年正是克蘭梅的旺銷時節。這個官方公告傳開之後，立即在社會上引起了強烈反響。克蘭梅食品貨架前頓時門庭冷落，已經買了或訂購了這類食品的顧客紛紛退貨。

美國的海洋浪花公司是專門生產克蘭梅果汁果醬的企業。面對巨大的威脅，公司明白，必須澄清事實真相，否則公司和整個克蘭梅食品行業都有可能破產。於是，由公司副總裁史蒂文斯具體負責，邀請紐約著名的BBDS廣告公司公共關係部指導，開始了有目的的一系列公共關係活動，以挽回克蘭梅食品聲譽。

首先，公司成立了一個7人小組，專門對事件發生的整個過程進行深入細緻的調查。他們發現，弗萊明的公告是一種誤解。於是，制訂了一個周密的行動計劃。考慮到弗萊明是以政府官員身分出面說話的，他們認為整個行動必須大張旗鼓，聲勢越大越好，這樣才能更好博取廣大公眾的同情和信任。

第一步：召開記者招待會，公布調查的全部情況；花費重金，在美國全國廣播公司《今日新聞》電視節目中，安排專訪節目，請有關政府官員、衛生、食品方面的專

家、學者，以及克蘭梅食品的長期消費者對克蘭梅食品發表權威性的意見，以消除弗萊明的公告造成的不良影響；還組織記者訪問，強調弗萊明公告的不公正和不恰當。

第二步：發電報給弗萊明，要求他立即採取措施，挽回影響；致電艾森豪威爾總統，要求把所有克蘭梅作物區劃為災難區；同時再發電報給弗萊明，通知他已向政府提出控告，要求他賠償損失 1 億美元。

第三步：利用名人效應進一步打消消費者的疑慮。當時，四年一度的美國大選即將開始。兩位年輕的政客——風流瀟灑的肯尼迪和學識淵博的尼克松，正在進行各種爭取選民的活動。在一次兩人與公眾見面的電視鏡頭中，尼克松吃了四份克蘭梅果醬，肯尼迪喝了一杯克蘭梅果汁。

9 天以后，法庭開庭審理。海洋浪花公司與政府達成協議，對這批克蘭梅作物是否有害於人體，進行科學試驗。克蘭梅又及時地趕在感恩節前夕回到了商店的貨架上。

（資料來源：http://yingyu.100xuexi.com/view/specdata/20121031/0364b783-9a6b-416d-9748-324a977bffef.html）

瞭解公共關係活動模式是公關活動策劃的基礎，策劃人員應根據組織面對的問題、所處的發展階段、具備的條件等各種實際情況策劃相應的公關活動，而所策劃的任何一個公關活動，都可歸類於其中某一種公共關係活動模式。

**模擬實訓**

【實訓名稱】把一個蘋果賣到一百萬

【實訓目的】通過賣蘋果的思維練習，理解策劃是一種智慧創造行為

【實訓步驟】

1. 全班 5~6 人一組，分成若干小組；
2. 以一個普通蘋果為推廣對象，在不考慮任何客觀條件的情況下，設想任何可能的增值方法；
3. 以小組為單位從 5 元開始起賣，不斷提高蘋果的「身價」，看能否達到一百萬元；
4. 每組派代表在全班做總結發言。

【實訓要求】

每小組需要一個組長和一個記錄員；步驟 3 由小組長控製進程，應逐步提高蘋果的「身價」，並由記錄員簡要記錄蘋果增值的方法；小組代表發言著重介紹本小組賣得最貴的那個「蘋果」或本小組認為最具創意的增值方法。

# 學習任務 3.3　公共關係策劃方案

**知識連結**

### 3.3.1　公共關係策劃方案要素

公共關係策劃方案沒有定式，一般根據策劃者的實際需要和文筆風格來撰寫。但

無論方案形式、內容有著怎樣的差別，都應當包括以下幾個基本要素——5W、2H、1E。

  What（什麼）——策劃的目的、內容
  Who（誰）——策劃組織者、策劃者、策劃所涉及的公眾
  Where（何處）——方案實施的地點
  When（何時）——方案實施的時機
  Why（為什麼）——策劃的緣由
  How（如何）——策劃的方法和實施形式
  How much（多少）——方案的預算
  Effect（效果）——方案的預期效果

  這8個要素組合起來就是一份完整的公共關係策劃文案應當具備的基本框架。針對不同組織不同內容與形式的公共關係策劃方案，可圍繞上述8個要素，根據自己的需要去豐富完善和組合搭配，公共關係策劃文案的創意和個性，就體現在對要素的豐富完善和組合搭配的差異之中。

### 3.3.2　公共關係策劃方案格式

  公共關係策劃書可以分為長期戰略規劃、年度工作計劃和專題活動計劃，它們的基本結構和寫作方法大致相同，但也有一些區別。一份標準的公關策劃書通常包括以下五個部分：

1. 封面

  封面是策劃書的「臉面」，是策劃書給人的第一印象。因此，封面不能太隨意，格式要規範、要大方、典雅，要求設計獨到、緊扣主題，可以圖文並茂，也可以用不同顏色、不同規格、不同字體的文字來設計。封面要註明：

  （1）標題。標題應有制訂計劃的組織的名稱、活動的內容、活動方式及文種。如：「美的MPV產品全國巡展策劃書」。

  （2）密級。可以分為秘密、機密、絕密——可分別表示為A、AA、AAA。

  （3）落款。落款中應註明製作策劃書的單位名稱及日期，並加蓋公章。

2. 序文

  序文是指把策劃書內容概要加以整理，簡明扼要，讓人一目了然。序文一般不超過400字，視情況可加些說明，不過也不要超過500字。

3. 目錄

  目錄務必使人讀后能瞭解策劃的全貌，它具有與序文相同的作用，十分重要。

4. 正文

  這是策劃書中最重要的部分。正文的內容因策劃種類的不同而有所不同，但必須以讓讀者能一目了然為原則，切忌過分紛雜。正文的寫作方式以文字為主，也可以配以表格或圖示。內容層次一定要清楚、具體。

  （1）背景分析。這部分的主要作用在於就公關傳播中存在的問題進行陳述與分析，並闡明公關計劃的首要目標。

  （2）本次活動的主題詞。用一句簡練新穎、獨特、有感染力的語言概括本次活動的宗旨、目的、意義，使活動主題更加突出。

（3）本次活動的主辦單位、協辦單位、贊助單位及承辦單位。主辦單位、協辦單位、贊助單位或承辦單位，必須一一「對號入座」，切不可混淆不清而影響責、權、利的劃分。

（4）本次活動的時間、地點、參加者及邀請者。應寫明活動的時間、地點和參加者的來源、人數、具體落實的情況。

（5）本次活動的實施方案。這是策劃書的核心和「重頭戲」，也是本次公共關係專題活動的創意體現和水平檢驗。每項具體活動項目應包括：活動名稱；活動目的及在整個活動中的地位、作用；活動主要內容、方式和基本要求；項目負責人、參與者及分工、項目完成時間及進度表；經費、設備總量和分配；所需的傳播媒介及場地等。

（6）本次活動的成效檢測標準及方法。應寫出負責檢測的主持者與參與者，檢測的各項具體標準以及檢測的多種方法、檢測的程序。

5. 附件

附件主要是指策劃的相關資料。這部分內容可附也可不附，只是給策劃參與者提供參考。資料不能太多，擇其要點而附之。

**模擬實訓**

【實訓名稱】撰寫公關策劃書
【實訓目的】通過訓練使學生掌握公關活動的策劃技能
【實訓步驟】
背景資料：某高校青年志願者協會成立之初，準備策劃一個愛心捐贈活動，倡議廣大同學伸出援助之手，捐贈衣物、文具。

每組5~6人，撰寫活動策劃書。

【實訓要求】策劃書要包含以下內容：公關活動的目的；活動的目標公眾；活動主題；傳播渠道；具體安排（時間、場地、人員、事件、設備等）；經費預算；活動評估等。

**第二課堂**

### 如何做大型公關活動策劃

做大型公關活動策劃首先要弄清楚一些最基本的問題：如何界定大型活動？什麼叫大型活動？或者說在我們公關行業，或者跨出公關和相關行業，哪些使用大型活動？各位在平常工作中經常使用這種手段，我們回過頭來看，到底大型活動有什麼技巧，它的方法、工作程序是什麼，這樣有利於我們把活動組織得更加完善。

在公關、廣告、促銷甚至社會活動中，我們經常見到一些大型活動。像白蘭地酒進入美國市場，是一個很成功的案例，雖然歷史很久遠了，但我們看起來還像白蘭地酒一樣那麼醇香有味，在很多人看起來還是那樣有感染力，這就是大型活動的社會作用。在我們現實活動中有類似的展覽會、宴會、文藝演出，以及眾多的房地產開業，都是在大型活動這樣一種傳播媒體的作用下，把我們重要的信息傳播出去的。從某種意義來說，大型活動本身就是一個媒體，這個媒體為我們集中傳播了大量的各種信息。在這樣一個基礎上，我們給大家做了這樣一個定義：大型活動是一個有目的、有計劃、

有步驟地組織眾多人參與的社會協調活動。首先要有鮮明的目的性。因為，大型活動要耗費很多資金，耗費很多人力、物力。如果一個公司要上市，在上市活動過程中的公關活動，恐怕要花一兩百萬的宣傳費用。

我們經常在現實中遇到這樣一些廠家，看到人家做了一個20年、30年甚至更多的一個廠慶，或者公司慶典活動，就覺得自己也要做，要找公關公司或者找某一個人給策劃一下，把自己的周年活動、慶典也搞得熱熱鬧鬧。但是為什麼搞得這麼熱鬧，在搞廠慶活動過程中要傳播什麼東西不清楚，這個目的不太清晰。

還有一個當然要有計劃性。一個活動要管理好，沒有計劃性是不可能的。

在定義基礎上，我們再分析一下大型活動應該有什麼基本的特點，抓住這些特點我們如何去組織？把這個大型活動組織好，必須有鮮明的目的性，這個已經很清楚了，而且不僅是一般的目的，應該是圍繞整個機構的組織形象、它的宏觀目的而塑造的。

公關的大型活動，或者說大型活動本身就是一個傳播媒體，就如像電視臺、報刊，只不過這個電視臺、報刊在這個活動組織之前是不發生這種傳播作用的，一旦這個活動開展起來，當然它要跟媒介尤其是大眾媒介發生必然的聯繫。但是，由於活動本身就吸引了媒介的參與，吸引了公眾參與，而通過媒介或者是通過公眾把它傳播出去，這個是我們在策劃大型活動的過程中必須考慮的一個很重要的特點。只有這樣才能保證我們把大型活動的信息傳播出去，真正能夠發揮它的作用。

大型活動策劃從程序上看，完全按照公關四步法的要求進行。第一應該有一個立項。我們舉辦大型活動首先應把項目確定下來。要不要做？為什麼做？這個目標一定要很清晰。立項確定以後，要做調查和可行性研究。研究範圍包括我們這個活動的社會需要性是不是一樣，我們的財力是不是足夠大，從效益的角度考慮做這樣的活動是否有利於我們在宣傳方面節省費用。

我們做這樣一個活動，物資水平能不能適應設計和費用？做這樣一個活動，需要哪些應變措施？舉辦一個戶外活動要考慮會不會受天氣情況的影響？如果是戶內活動，可能考慮更多的是安全設施問題。這都屬於危機管理其中的一部分。還有更多的社會環境因素，這都是我們要進行可行性研究的。

接下來要提煉主題，進行個人創意。在進行個人創意的過程中，我們特別強調應該借助群體創意。

后面是我們一些工作程序，所有的策劃要變成文案、方案，大家才能討論執行，或者說作為共同研討的主題。不然始終是某些人腦袋裡的東西。當然，這必須有一個方案論證的過程，還有領導人執行的方案決策。

在策劃決策以後，應該有一個具體操作實施的過程。我們在一個方案確定以後，還要進一步進行深化操作設計；這個操作設計，包括我們如何進行比較準確的財務預算。

還有就是具體操作的設計。在大型活動裡，每一個參與組織的工作人員並不一定就是一個策劃家，並不一定能夠瞭解全局所有的策劃意圖，為此我們應該給他一個指引，在執行方案的過程中做好這類工作。

后面還有一個環節，就是方案的培訓。要把這個活動做好，需要工作人員更好地參與。

一個大型活動的評估應該有一個很準確的標準。現在很多個案做好以後，往往忽

略做評估方案，包括我們的客戶從來沒有要求我們做一個準確的評估，更不願意付出費用讓專業公司為其做出一個評估報告，但是無論如何我都覺得評估的標準在策劃的時候應該把它設計出來，這樣可以讓客戶在完成這個方案以後，可以根據你給他設定的標準自己檢查——到底它的成功之處在哪裡，不成功的地方又在哪裡。這樣的標準我們應該比較清晰地給他點出來。

在策劃方面講兩個技巧性的問題：一個是策劃的「眼」。大型活動策劃需要設計一個非常精彩的地方，像一個文眼、歌眼。我們的活動之眼，這時候往往是我們創意大型活動過程中應該重點考慮的問題，要有高潮，要有精彩的地方，要把這個活動表達得更有傳播性，關鍵看這個高潮是不是設計得好。這應該是關鍵。另一個是應該有一個比較能夠表達我們主題氛圍的設計。在這個過程中，我們可以通過場地的設計、氣氛的設計，突出所要表達的主題。這點很多人不太重視，往往考慮某一個活動環節上的創意，而忽略了場地上的創意。

（資料來源：http://blog.sina.com.cn/s/blog_65d571aa0101qf4y.html）

### 案例分析

#### 杜邦「Nomex」紙借勢造勢進行市場推廣

一、案例背景

「Nomex」——一種合成的芳香族聚酰胺聚合物，是杜邦眾多專利產品中的一種科技含量很高的產品。作為杜邦中國先進纖維部拳頭產品之一的「Nomex」紙是應用於 H 級幹式變壓器的一種高性能的首選阻燃材料。杜邦中國先進纖維部在中國已有十餘年發展歷史，產品範圍廣泛，有非常成熟的經營理念和營銷策略。

中國政府曾計劃在未來兩年內投資 2,800 億元人民幣用於城市電網與農村電網改造工程。中國變壓器行業正在利用這一契機積極進行產品的更新換代，處於由老式油浸式變壓器轉向新一代幹式變壓器的轉型階段。

十餘年來，中國環球公共關係公司與杜邦中國有限公司一直有著友好的合作歷史，其中包括成功地為其高科技產品「特富龍」進行的市場推廣活動。此次杜邦中國先進纖維部再次委託中國環球公共關係公司就「Nomex」紙打入中國市場進行公關策劃與實施工作。結合杜邦中國的市場經營理念，為營造高性能幹式變壓器的市場，直至推廣「Nomex」紙的應用，中國環球公關公司策劃了「Nomex」紙的終極用戶，中國電力企業的行業主管部門——中國電力企業聯合會主辦的「中國城市電網發展與城網改造技術研討會」這一高性能幹式變壓器的推廣與應用的公關活動。

二、公關活動的計劃與實施

首先，採取多種渠道展開調查。利用媒介監控，分析目前「Nomex」紙的直接用戶和終極用戶市場狀況。利用環球資深顧問隊伍，走訪相關政府主管部門。利用新華社國內部的部委報導小組就國家相關行業政策、市場趨勢進行訪談。對數十家綜合類和專業類媒體進行問卷調查。通過互聯網、新華社及其他相關政府部門的信息中心調查產品的詳細情況。

然後，得出結論：目前中國變壓器市場為買方市場，終極用戶——各級電力企業對產品的影響作用遠遠超過「Nomex」紙的直接用戶——幹式變壓器的生產廠家。政

府正在大力推行城網、農網改造，而其中一些輸變電行業中應用的高科技產品正是這一巨大改造項目的突破點。城網改造是國家重點建設項目，高科技產品更是重中之重，政府支持是「Nomex」紙推廣活動成功的關鍵。目前「Nomex」紙在國內媒介中的認知度幾乎為零，在調查的數十家媒介中沒有一家知道杜邦的這個高科技產品。「Nomex」紙是當今歐美最為先進與流行的阻燃材料，具有體積小、重量輕的優勢，是干式變壓器首選的阻燃材料，在日本、韓國也廣泛應用於「紙火鍋」等生活用品中。

同時，也發現了公關難度和現實的問題：「Nomex」紙的直接用戶及終極用戶基本為國有企業，它們計劃性強，對新的高科技產品不易接觸，這為信息導入增加很大難度。時遇政府機構改革，主管電力企業和變壓器生產企業的部門較多，如國家經貿委、國家計委、機械工業部、國家電力公司及其所屬各大電網公司。這為選擇與最終確定活動的合作方造成相當大的難度。由於媒介對「Nomex」產品的認知度低，需要向相關專業類與綜合類媒體逐一介紹情況。為了擴大宣傳廣度與深度，最佳的新聞角度、專業的新聞切入點、適用的新聞材料是媒介工作的難點。「Nomex」紙是杜邦公司長期的科研成果，其專業性強，科技含量高。如何使用戶、媒介對其技術性、權威性有充分的瞭解是這次推廣活動的關鍵問題。

為此，確立公關目標：加強與中國政府主管部門的溝通並向其傳遞信息——新一代的高科技產品干式變壓器必將逐漸成為市場的主流產品。

目標受眾是政府主管部門、輸變電行業、變壓器行業、其他（計委、經貿委）業內人士、電力行業、機械行業、研究人員、研究所、設計院、新聞媒體。

為達到以上目標，中國環球公關公司建議「Nomex」紙推廣活動採用的策略為「借勢造勢」。

經過與行業主管部門商討，並進行大量調研，證明目前中國輸變電市場正在規範化軌道中良性發展。國家政府目前正在大力開展對城市及農村電網輸變電系統的改造工程，並大量引進外資，積極倡導使用世界先進變壓器。這種形勢為「Nomex」紙深入中國輸變電市場提供了恰當的時機。在活動中，突出 H 級干式變壓器的優良技術性能和廣闊的應用前景，達到促使中國政府主管部門對產品的認可和加深廣大最終用戶對產品的認識。

1. 確定活動形式

根據大量的調研及以往高科技產品推廣活動的成功範例，中國環球公關公司建議杜邦中國先進纖維部此次推廣活動以技術交流研討會的形式為主並配合新聞發布會及新聞專訪活動。研討會的形式突出高科技產品在變壓器發展中的重要作用，從正面宣傳「Nomex」紙的同時也淡化了商業氣氛。以研討會的形式可以吸引大量的政府部門、專業用戶、科研機構，提高活動的質量。

確定活動主題：中國城市電網發展與城網改造技術研討會暨變壓器的推廣與應用。以中國城市電網發展與改造為題，集中體現杜邦中國先進纖維部關注中國城網改造的發展，並以自己的高科技產品為中國輸變電事業做出貢獻的願望。

2. 分工與合作

中國環球公關公司經過大量的調查、磋商、篩選工作，為達到將重要信息直接有效地導入終極用戶——國內各大電力企業的目的，建議本次技術交流研討會的主辦方為中國電力企業聯合會。中國電力企業聯合會是國家電力公司下屬的最大的企業協會，

其會員包括了國家電力公司在內的所有大、中型電力企業。國家電力公司第一副總經理時任中國電力企業聯合會的會長。

選擇杜邦中國先進纖維部作為活動的協辦方。杜邦以其高科技先行者的形象作為此次活動的協辦方，為此項活動的專業性提供了保障。

中國環球公關公司作為活動的承辦方。作為新華社下屬企業，中國環球公共關係公司與各級政府部門、媒介有著廣泛、深厚的合作關係。十余年來，對高科技產品的推廣及其對研討會組織工作的豐富經驗，是此次研討會的成功保障。

確定活動內容：中國環球公共關係公司建議採用主體發言的形式進行專題討論和現場問答。這樣增加了研討會的專業性和針對性。演講內容以國家電力行業的發展現狀和產業政策為主，並配以變壓器技術的發展與革新，避免就「Nomex」產品本身談「Nomex」。邀請國外專家現場發表關於國際領先變壓器技術的論文並安排現場問答，增加了研討會的國際性、專業性和權威性。

3. 項目實施

樹立高科技產品的形象。在研討會現場設置照片和實物展板，使產品的高科技形象更加直觀。為了給與會者留下深刻而持久的印象，選用了以杜邦高科技產品為材料製作的手提包及安睡寶作為禮品。邀請美國IIIEE協會變壓器分會絕緣老化組主席在專家研討會上就「Nomex」紙在干式變壓器中的應用進行主題發言。

（1）新聞稿的撰寫。為適應參加新聞發布會的專業媒體的需求，新聞稿的專業部分由新華社的專業記者撰寫。新聞稿中的宏觀部分由中電聯的信息中心提供。新聞稿以國家產業政策及大量數字為依託展開，讓受眾感覺真實可靠。

（2）合理的會務安排。專題發言與現場討論相結合。在閉幕詞中，由中電聯領導致謝杜邦中國先進纖維部。安排主辦方、協辦方在會場休息，閉幕式晚宴及會後合影時充分接觸。

（資料來源：郭惠民. 中國優秀公關案例選評［M］. 上海：復旦大學出版社，2001）

思考討論：

1. 公關策劃目標有哪些類型？本案例中的公關目標是何類型？
2. 公關策劃的方法有哪些？本案例策劃採用的是什麼方法？
3. 本案例體現了公關策劃的哪些原則？
4. 你認為本案例策劃最精彩之處是什麼？

# 項目 4
# 公共關係實施

## 項目目標

**【知識目標】**
1. 瞭解公共關係實施的原則
2. 掌握公共關係實施的具體內容
3. 瞭解公共關係活動實施障礙及排除

**【能力目標】**
1. 會撰寫公共關係實施方案
2. 能組織公共關係活動的實施

## 項目引入

### 美國平等生活保險公司的公關活動

　　美國平等生活保險公司在策劃保健教育宣傳的公關活動時，嚴格遵循統一性的策劃要求，及時調整策劃過程的程序和步驟。最初，保險公司策劃在全國範圍內發行一種預防共同性疾病的小冊子，但是，他們通過國家公共保健局瞭解到，50%以上的學齡兒童已經進行了流行病的防疫，而社會人口中的中下層社會集團卻嚴重地存在著對疾病預防漠不關心的問題。這群人生活範圍狹窄，文化素養較低，很難進行溝通。於是，保險公司決定改變原來設想，將原先長篇宣傳文章改編成文字活潑通俗，並附有詳細圖解的小冊子，為新的目標公眾服務。此后，他們先印刷了 140 份，在一個居民區散發，進行摸底，瞭解公眾的反應，結果，多數公眾表示對這一宣傳手冊不能接受。於是，他們又一次請專業通俗文學作家將文字縮減到 3,000~5,000 字，使之更通俗、更淺顯易懂，從而符合這些公眾的欣賞水平，最終使這次宣傳策劃獲得成功。

　　由此可見，一項公共關係活動策劃方案要經過實施過程的檢驗，並在實施過程中不斷調整，才能取得預期效果。

　　（資料來源：http://blog.sina.com.cn/s/blog_4d24ada601000aar.html）

# 學習任務 4.1　公共關係實施概述

**知識連結**

## 4.1.1　公共關係實施的含義及特點

任何公共關係活動都有一個實施的過程，公共關係活動主體為了實現既定的公共關係目標，需要充分依據和利用實施條件，對公共關係活動實施的策略、手段、方法進行設計、操作和管理。

公共關係實施具有以下一些特點：

1. 實施過程的動態性

公共關係實施是由一系列連續活動構成的過程，是一個思想和行為需要不斷變化、不斷調整的過程。一方面，無論公共關係策劃方案制訂得多麼周密、具體和細緻，它總免不了與實際情況存在著一定的差異；另一方面，隨著時間的推移、實施的進展、環境的變化，實施過程中仍會遇到一些新情況和新問題。因此，不斷地改變、修正或調整原定的實施方案、程序、方法、策略等是實施活動中不可避免的正常現象。

2. 實施活動的創造性

由於計劃的實施是一個不斷變化和需要調整的動態過程，實施者需要依據整個實施方案中的原則和自己所處的環境、面臨的條件確定自己的實施策略。公共關係實施的過程絕不是一個簡單的照章辦事的過程，而是一個由一系列不同層次的實施者發揮主觀能動性的過程。實施人員應該充分發揮自己的積極性、主動性和創造性。

## 4.1.2　公共關係實施的意義及原則

公共關係實施是整個公共關係工作的中心環節，是解決問題的過程，只有通過有效的實施才有可能實現組織的公共關係目標，因此具有重要意義。公共關係活動的實施情況決定了公共關係目標的實現程度，一個好的公共關係策劃方案可能因無效的實施而無法達到預期的效果，反之一個有著欠缺的公共關係方案也會因為有效的實施而得到完善。公共關係實施的結果也是制訂后續計劃方案的重要依據，有較大的參考價值。

公共關係實施過程中應遵循如下原則：

1. 目標導向原則

目標導向原則要求公共關係人員在公共關係實施過程中，確保不偏離既定的公共關係目標，不斷將實施結果與目標要求進行對照，發現差距要及時調整。在實施過程中，由於環境的變化，需要對公共關係策劃方案作一些調整，但這些調整不能改變原來的目標，否則就要重新制訂公共關係策劃方案。

2. 準備充分原則

實施準備是公共關係實施成功的基礎和前提條件，在實施公共關係策劃方案之前，必須做好各種實施準備。準備越充分，公共關係實施就越順利，失誤就越小。在公

關係實施之前，要用足夠的時間做好各種準備工作，確保萬無一失。

3. 控製進度原則

根據整個公共關係策劃方案和目標的需要，按照一定的程序，掌握工作的進展速度。由於公共關係人員的分工不同，能力差異，環境影響，在公共關係實施時，會出現進度快慢不一致的情況，有時會造成工作的脫節。控製進度，就是要使工作同步協調，防止超前或滯後情況的發生，使各項工作內容按計劃協調、平衡地發展，並確保按時完成。要做好預測和及時發現各種可能影響實施工作進度的因素的工作，針對關鍵原因採取有效的預防和應急措施。

4. 整體協調原則

在公共關係實施中，要使工作的各個方面達到和諧、互補、配合、協調的狀態，相互間不產生矛盾；一旦出現矛盾，就要及時協調。這樣才能提高工作效率，減少或杜絕人力、物力和財力的浪費，保證公共關係實施的同步與和諧，提高工作效率與效果。

5. 反饋調整原則

由於公共關係實施的環境和目標公眾是複雜多變的，在實施過程中，必須不斷地把公共關係實施的結果與策劃方案的目標相對照，發現偏差，及時對方案、實施行動和目標作出相應的調整。在計劃實施階段，這種反饋調整始終不斷地進行著，直至計劃目標的實現。

6. 選擇時機原則

正確選擇時機是提高公關計劃成功率的必要條件。要注意避開或利用重大節日，另外，要注意避開或利用國內外重大事件，還要注意不應在同一時間內同時進行兩項公關關係活動，以免其效果相互抵消。

**模擬實訓**

案例資料：精工表的奧運公關

歐米茄是馳名全球的瑞士名牌鐘表。在1964年東京第18屆奧運會之前的歷屆奧運會都使用歐米茄計時鐘表，創下了17次獨占計時權的輝煌歷史。在東京舉辦奧運會的消息傳出后，精工企業集團的員工們個個群情激奮，他們不能容忍歐米茄獨占東京奧運會的計時權，決心要利用這次有利時機同歐米茄一比高下。他們確信精工的技術已經趕上了瑞士，其推出的產品已經進入超越普通鐘表的豪華精工階段。在慕尼黑奧運會期間，精工企業為了摸清瑞士歐米茄的詳情，派出考察隊前往考察情況。通過這次考察，他們瞭解到歐米茄的計時裝置幾乎都是機械式鐘表，只有幾部是石英表而且還都笨重不堪，得出了歐米茄不足懼的結論。

精工企業集團在取得了東京奧運會計時權后，調集下屬3家公司的20多名技術精英組成計時裝置開發隊伍。派出了3,000多名技術人員，耗資30億日元，策劃了日本精工走向世界的重大方案，要在各個比賽項目中，都以精工表計時。如此一來，精工表不僅映入百萬現場觀眾的眼簾，而且世界各地億萬觀眾都通過電視屏幕認識了精工表。

精工表果然不負眾望，在東京奧運會上大出風頭。當來自非洲的運動員阿貝貝在馬拉松比賽中飛奔過終點時，精工瞬間數字跑表立即定格，準確地指向2小時12′11″2。

阿貝貝以 2 小時 12 分 11 秒 2 創造了奧運會馬拉松賽的最好成績。當各項比賽結束時，優秀運動員的名字就顯示在精工表旁，獲獎選手所代表國家的國旗也在精工表的上方冉冉升起。奧運會期間，所有的裁判員都佩戴精工表。精工表在奧運會上一鳴驚人，很快便為人們所熟悉。

（資料來源：曾琳智．新編公關案例教程［M］．上海：復旦大學出版社，2006）

【實訓名稱】公關實施案例分析
【實訓目的】瞭解公關實施的內涵
【實訓步驟】
1. 學生 5~6 人為一小組，討論案例資料；
2. 每小組結合對公關實施內涵的理解形成案例分析總結；
3. 每小組選派一位代表在全班進行交流。
【實訓要求】
案例分析要結合所學知識點有一定的深度。

## 學習任務 4.2　公共關係實施方案

**知識連結**

公共關係實施方案又稱為公共關係技術文案或公共關係策劃實施文案，其核心是策劃與創意的具體操作方法。同樣的策略、創意，不同的操作方法可能產生不同的效果。因此，公共關係實施方案也需要進行精心策劃與設計。

1. 實施工作項目與內容

一種公共關係策劃的實施，往往要做多方面的工作。我們把「一個方面的工作」叫作一個工作項目，這是一級工作項目，一級工作項目又可以分解為若干個二級工作項目，二級工作項目同樣可以分解為若干個三級工作項目……直到不能再分解為止。我們把不能再分解的工作項目稱為工作內容。

2. 實施工作要求

公共關係實施工作要求是指各項公共關係實施工作內容的操作目標、原則和注意事項，它對具體工作方法設計和實際工作過程具有重要指導作用。因此，在公共關係實施工作內容設計完成後，就要對每項工作內容提出工作要求，根據這一要求設計具體工作方法，也就是要對每一個具體的工作內容提出具體的操作方法。

3. 公共關係實施時機

一項公共關係策劃的實施，往往有若干項工作內容，其中與公眾發生關係的工作內容的實施開始與結束的時間特別重要，必須準確把握、科學決策。

公共關係實施的最佳時機，有時表現為一時一刻，有時表現為一個較長的時間段，如幾日、幾周甚至幾個月等。這些時機，有的是日常性的，有的是固定的，而有的則具有偶然性。較好地把握公共關係實施的最佳時機將會取得事半功倍的效果。公共關係實施進度是在確定公共關係實施時機後，對各項公共關係實施工作內容所需要的時間規定並進行日曆進度安排。必須保證在所確定的最佳開始時間啟動有關工作，在最

佳結束時間完成操作。實施進度安排，要充分估計各種因素的干擾，要留有餘地。最直觀的時間進度安排方式就是擬出時間進度表。

　　4. 實施工作機構及人員

　　公共關係實施機構，是專為完成某一項公共關係任務、實施公共關係目標而建立的組織。一般應按照精簡、統一、節約、高效的原則來構建公共關係實施機構。以領導中心機構為核心，下設相應的執行、反饋等機構。確保將每一項工作內容落實到具體人員。一項工作內容安排兩個以上的人員操作時，要確定一個負責人，並進行相應分工。一個人負責多項工作時，要考慮工作之間的內在關係，使其運作起來高效、方便。

**模擬實訓**

背景資料：

　　濟南某中檔餐廳進行了餐廳開業公共關係策劃，針對其目標公眾——中檔收入居民家庭，提出公共關係策劃是「公開成本，請顧客自己定價，最低定價不低於成本價」。根據這樣一個公共關係策劃思想，策劃方案主要包括了三部分內容：

　　（1）特殊菜譜。通過菜譜形式告訴顧客每種菜的原料價格、餐廳成本價格和餐廳市場價格。

　　（2）宣傳工作。要將「公開成本，顧客定價」的消費方式、消費吸引力和本餐廳開業、歡迎顧客光臨的信息傳達給本餐廳附近的居民家庭。

　　（3）諮詢工作。向顧客解釋、說明與活動有關的各種問題。

【實訓名稱】擬訂公共關係實施方案

【實訓目的】結合背景資料，掌握公關實施方案的制訂技能

【實訓步驟】

（1）事先按照5~6人一組的原則對學生進行分組；

（2）根據背景資料分組形成完整的公共關係實施方案；

（2）各組匯報交流，並評出最佳實施方案。

【實訓要求】

要求公關實施方案能涵蓋基本的構成要素，具備可實施性。

## 學習任務 4.3　公共關係實施障礙

**知識連結**

### 4.3.1　公共關係實施主題障礙

　　主題障礙是指公共關係活動策劃方案中主題定位不明確甚至不正確，缺乏可操作性或方案制訂偏離目標而給實施帶來的困難。

　　主題障礙主要有下列五種可能情況：①目標是否切合實際並能夠實現；②是否具有可行性和可控性；③檢查是否體現所期望的結果；④是否是實施者職權範圍內所能

完成的；⑤完成期限是否合適。

排除主題障礙的根本方法是要求策劃部門修正目標並使之正確、明確和具體。而在實施過程中應當將目光牢牢盯住目標，一切活動以實現目標為準則。同時要嚴格控製工作進度，保證整個實施能按計劃規定的基本步驟進行。不能一遇到沒有料到的問題或障礙就立即改變目標或改變實現目標的基本步驟，那遲早會被複雜易變的形勢弄得無所適從，被新冒出來的問題和障礙擾亂陣腳，使工作陷入迷途，陷入「頭痛醫頭，腳痛醫腳」的被動應付局面。

### 4.3.2 公共關係實施溝通障礙

公共關係活動方案的實施過程實質上就是傳播溝通的過程。在實施過程中，往往會因為語言、習俗、觀念、心理等差異而產生各種溝通障礙。因此要善於化解障礙，減少摩擦，保證活動過程的連貫、暢通。

1. 語言障礙

語言障礙主要指語意表達不清、寓意差異或語言不通而造成的誤解和隔閡。公關活動中要求主體語意表達清楚，熟悉地方語言，積極採用公眾樂於接受的方式進行交流，避免溝通受阻。

2. 風俗障礙

風俗是特定社會文化區域內歷代人們共同遵守的行為模式或規範。人們往往將由自然條件的不同而造成的行為規範差異稱為「風」，而將由社會文化的差異所造成的行為規則的不同稱為「俗」。所謂「百里不同風，千里不同俗」恰好反應了風俗因地而異的特點。風俗對社會成員有一種非常強烈的行為制約作用，受到他們的信奉和尊重，是社會道德與法律的基礎。冒犯地方風俗必然會遭到排斥，受到冷落，甚至攻擊。違反地方風俗而導致公共關係失敗的事例屢見不鮮，社會組織實施公共關係活動時應深入瞭解目標公眾的風俗習慣，「入境而問禁，入國而問俗，入門而問諱」，絕對不能違反相應的道德、禮儀、傳統習俗。

3. 心理障礙

這是指心理因素所引起的障礙。個體的人格差異，使得在態度、思想、處理問題的方法及情緒等方面，均具有個別差異。這種個別差異常導致溝通雙方對問題的看法和態度的不一致，往往引起溝通上的嚴重障礙。另外，接收者若對信息發送者抱有不信任感、心懷敵意，或由於緊張、恐懼，而影響接收效果，或歪曲了對方傳達的內容等，均會造成溝通上的嚴重障礙。在溝通中，活動主體應懂得揣摩對方的內心世界，善於察言觀色，通過準確把握對方的心理活動，選擇適當的溝通手段，達到共鳴的溝通效果。

4. 組織障礙

這是指在組織管理方面出現的障礙，主要是組織機構重疊、分工混亂、責權不清、溝通渠道單一、信息不暢等內部機制不健全造成的內訌和矛盾。具體表現為機構臃腫、決策緩慢、信息失真、責任推諉等。克服組織障礙的有效手段是：首先，在組織結構上減少層次，減少信息傳遞的環節；其次，建立多種信息傳遞及反饋通道，做到及時傳遞、及時反饋；最后，健全組織結構，健全體制，明確責權，理順關係，建立高效、快捷的信息傳遞機制。

### 4.3.3 公共關係實施環境障礙

公共關係是在一種複雜多變的社會環境、市場環境中實施的。環境既可從正面促進公共關係實施，也可能成為公共關係實施的障礙因素，制約、對抗和干擾公共關係的實施。環境因素主要包括政治、經濟、社會文化環境和自然環境等因素，它們的變化都會對公共關係活動實施造成不同性質、不同程度的影響。

**模擬實訓**

【實訓名稱】公關活動實施訓練

【實訓目的】通過對具體活動的實施，掌握活動實施的步驟和實施管理方法。

【實訓步驟】

1. 以小組為單位，策劃一個「建設安全校園」為主題的公關宣傳活動；
2. 對該公關活動製作實施計劃並實施；
3. 提交活動實施情況報告。

【實訓要求】

要求在實施情況報告中說明實施的步驟和對實施過程的控制，克服的障礙和實施的效果。

**第二課堂**

### 公共關係的「規定動作」和「自選動作」

尋求公關服務的客戶分為兩類：一類是尋求長期合作的公關合作夥伴，另外一類就是因為一件急事兒需要幫忙；兩者的需求差別主要在於前者是需要你在公共關係的「規定動作」和「自選動作」上提供長期幫助，后者則主要希望你幫助其在「自選動作」上拿到高分。問題是，甲方乙方在規定動作和自選動作的理解上存在著差異，而且這種差異越大，合作的風險就越高。其典型的差異表現在：

（1）把公共關係的戰術職能作為規定動作，把戰略職能作為自選動作。郭惠民教授在其《談和諧平衡的公共關係職能》一文中，談及了國內公關界在看待這個問題上的發展脈絡，從早期的內求團結、外求發展，到後來的品牌管理、關係協調和信息傳播。但具體到每一個個體的認識，卻未必如此。有些機構迄今認為，公共關係的規定動作就是基於戰術層面的信息傳播，而基於戰略層面的品牌管理、關係協調、內部溝通等都屬於自選動作。持這種觀點的甲方乙方合作起來可能是愉快的，但我們也不要期望這樣的合作能夠產生出類似聯想的創新技術大會，或者 CNNIC（中國互聯網絡信息中心）的互聯網十週年慶典這樣經典的品牌推廣來。

（2）把打擊競爭對手視為規定動作，把建立品牌作為自選動作。樂此不疲地研究競爭對手，並不斷通過公共關係的運作給競爭對手製造麻煩，實施打擊，而對於面向消費者的產品或品牌公關營銷則靠拍腦子，如果說對於處在挑戰位置的品牌還有情可原的話，我們的很多領導品牌竟也如此。

（3）把前臺的作秀作為規定動作，把后臺的準備作為自選動作。把一年在行業或社會領域中製造幾個「大案要案」，引爆幾顆「重磅炸彈」作為公共關係運作的規定

動作來要求，這種誤區導致的是在公共關係運作過程中，第一是言必談「牡丹坊」（張藝謀《英雄》六個城市的首映秀），一定要轟轟烈烈，殊不知其實公共關係運作的精妙之處有時就在於「潤物細無聲」。在我的印象中，星巴克好像就沒有什麼轟轟烈烈的公共關係舉動，但是其品牌的影響力和消費者對於其品牌的忠誠度卻是顯而易見的。第二是重前臺而輕后臺，殊不知其實只有后臺規定動作到位，前臺的自選動作才能到家，CEO 在《對話》中的一個小時表演，可能意味著公關專業人員 20 個小時的精心準備和這位 CEO 的事先演練。大凡在前臺作秀演砸了而使得自身形象和機構形象都受損的，很多都是在這個問題上的錯誤認識造成的。

（4）把稿件的發布作為規定動作，把和媒體的溝通作為自選動作。公關就是溝通溝通再溝通，通過溝通達成內部和外部的和諧，這是公共關係的精髓，也是它區別於廣告的最大優勢所在。廣告購買的是版面，公關運作的是新聞，但是經常看到的很多甲方乙方都是為了一個月發出多少篇稿件而不遺餘力，偏偏忽視和媒體進行觀點的交流和溝通，這種不是基於新聞規律和溝通基礎的硬發稿實際上是在破壞性地使用公共關係資源，而且這樣的傳播其影響力也是大打折扣的。

（5）把公關的實施作為規定動作，把前期的調研、策劃、創意以及后續的評估均作為自選動作。其實，一個優秀的公共關係實施首先要基於調研基礎上的策略思考，基於策略思考基礎上的創意表達。通俗一點說，要想做到別人做不到，先要看到別人看不到（策略），然後想到別人想不到（創意）。甲方在物色乙方時，首先要問清楚自己，需要的是一個負責公關實施的拐棍兒，還是需要一個有智慧的外腦？而智慧也分策略的智慧和創意的智慧，你最缺哪一環？

這裡僅僅列舉經常碰到的一些關於規定動作和自選動作的典型誤區。當然還有許許多多這樣的誤區，諸如把危機管理（預防、預警、處理）作為自選動作，其實在現代商業社會中，任何一個機構都應該把危機管理作為規定動作來看待，這樣才會有良好心態，才會有戰勝危機的足夠信心和力量。否則，危機處理總是成為突發事件下的一種倉促應對。

公共關係正在為越來越多的人所熟悉，公共關係職能在各行各業正在從「選件」變成「標配」。但是，關鍵在於標配之後公共關係做什麼。我們清楚地認識規定動作和自選動作的區別、因果，首先有助於讓我們去從事基於戰略的大公關（PR），而不是基於戰術的小公關（pr）；其次，不論是對於甲方還是乙方來說，先在公共關係的規定動作和自選動作上達成共識，有助於后來雙方合作的默契和高效。

（資料來源：http://www.17pr.com/64494/viewspace-6252.html）

**案例分析**

### 國際化公司的本土化
——聯合利華公司的中國本土化公關

聯合利華公司是世界上最大的跨國公司之一。該公司成立於 1930 年，由荷蘭的尤尼麥格林公司與英國利華兄弟公司組成。目前，聯合利華公司在全世界擁有 500 多家分公司，1997 年全球銷售額超過 500 億美元，在世界大型跨國工業企業中列第 20 位左右。聯合利華公司在全球執行同樣的準則，即成為一個「本土化的跨國公司」，聯合利

華公司在中國同樣遵循這一準則。早在1932年，聯合利華公司就在上海開辦了第一家工廠——上海制皂廠，生產「日光牌」香皂。1986年，它重新回到中國投資建廠。截至1997年，聯合利華公司在華總投資超過6.4億美元，投資行業為日用消費品和食品。1997年以前，聯合利華公司每年向中國政府交納稅收5億元人民幣。

為了達到本土化的目的，1998年，聯合利華公司針對中國市場醞釀了一系列重大的舉措。首先，調整聯合利華公司內部的組織結構，中國分公司被提升為一個業務集團，同時把區域性總部從新加坡轉移到上海；其次，動用大量資金，準備採取多種形式發展包括「中華牙膏」「京華茶葉」「老蔡醬油」等多個中國民族品牌；再次，準備對在華的聯合利華公司企業進行資產重組，成立一系列控股公司，達到資本優化，提高市場競爭力；最后，組織有才華的中方雇員到海外接受培訓，實現本土化管理。在此基礎上，聯合利華公司認為，在今后一段時間內，運用各種手段，實現由聯合利華公司控股的公司在中國上市，其本土化進程才能實現階段性成功。優化外部環境，為本土化進程鋪平道路，成為聯合利華公司1998年乃至今后公共關係工作當中不可迴避同時也是最為重要的任務。基於強烈的本土化願望，聯合利華公司1998年在中國的各項工作都圍繞這一主旨展開。經過詳盡的調研分析，聯合利華公司針對存在的問題展開了以下公關：

一、爭取政府認同

首先，面對聯合利華公司大規模的收購計劃，政府主管部門的態度顯得十分重要。其次，聯合利華公司處在食品及日用工業品行業，並不屬於中國政府希望優先注入外資的行業。從這個意義上講，與中國政府的溝通顯得十分必要；另外，當時針對外資或合資企業在華上市的問題，中國還沒有明確的政策。為此，解決上述問題，首先要進行政府遊說工作，獲得政策的支持，即公開表示允許外資控股公司上市。在條件成熟的情況下，允許聯合利華公司作為第一批外資控股公司上市。

二、忍受重組「陣痛」

在準備實施大規模收購計劃的同時，聯合利華公司準備將在中國的資產進行重組。資產重組必然帶來部分企業的關閉以及企業與部分員工提前解除勞動合同，勢必帶來地方經濟利益的損失和人員下崗。在當時的社會條件下，各方面對「下崗」問題十分敏感，一旦處理不當，將激化矛盾，「下崗」問題有可能對聯合利華公司的資產重組行使「一票否決權」。

三、面對輿論壓力

在國內，保護國有資產和國有品牌的呼聲很高，有些媒體甚至發出「狼來了」的感嘆。其實，聯合利華公司的做法實際上是把引進外資與保護國有品牌統一起來，既發展自己，同時也為民族品牌注入新的生命力。但這種做法容易產生誤解，需要必要的輿論支持。

四、轉變社會心理

在對待外資的本土化問題上，公眾在心理上接受需要一個相對較長的實施公共關係的過程。在這個層面上，聯合利華公司還需做長期、細緻的工作。

公關實施：

在1998年6月，聯合利華公司的兩位總裁同時訪問中國。聯合利華公司這次破天荒的舉措，再次表明聯合利華公司在中國長期投資的信心與誠意，進而通過以下舉措

完成既定公關目標。

### 1. 會見

1998年6月10日下午，國務院總理朱鎔基接見了聯合利華公司兩位總裁。會談期間，聯合利華公司表達了在中國長期投資的信心，同時就本土化進程中的一些問題與朱總理交換了看法。在早些時候，上海市市長徐匡迪也接見了聯合利華公司的兩位總裁。借此機會，聯合利華公司向徐匡迪市長通報了將總部設在上海，並就聯合利華公司資產重組問題與徐市長交換了意見。

### 2. 宴請

1998年6月10日，聯合利華公司的兩位總裁在人民大會堂宴會廳宴請中國有關政府機構的負責人、中方合作單位代表及社會知名人士。全國人大常委會副委員長王光英、全國政協副主席曹志、中共中央統戰部部長劉延東以及國家計委、經貿部、國家工商總局、輕工總局等有關部門領導人出席了盛大的宴會。同時，兩位總裁借此機會宴請聯合利華公司的退休職工，表達關愛之情。

### 3. 公益活動

1998年6月10日，聯合利華公司出資200萬元人民幣，資助125名貧困大學生。這125名「聯合利華希望之星」來自江西、陝西、雲南、湖南和重慶市的三峽庫區，每名學生每年獲得4,000元的資助。

### 4. 媒體宣傳

1998年6月10日下午，聯合利華公司在人民大會堂河北廳舉行新聞發布會。兩位總裁及來自北京34家新聞單位的42名記者出席了新聞發布會。會議期間，兩位總裁透露了聯合利華公司在中國進一步發展的設想並回答了記者感興趣的問題。在早些時候，在上海舉行了同樣內容的新聞發布會，會議上著重強調聯合利華公司將總部遷往上海的理由，從而獲得了上海媒介的認同。

聯合利華公司兩位總裁於1998年6月10日在天安門前與中國少年兒童共同品嘗「和路雪」，同時邀請在京主要新聞單位的攝影記者到現場採訪。兩位總裁以這種輕鬆、獨特的方式「亮相」，巧妙地表達了聯合利華公司對中國的友好與親近，預示著聯合利華公司在華實施本土化戰略的強烈願望。當日，聯合利華公司兩位總裁接受中國中央電視臺「世界經濟報導」欄目的專訪。利用中央電視臺的金牌經濟欄目，集中發布聯合利華公司的訴求，可以系統地闡述聯合利華公司在中國發展的長遠設想，全面地表達了本土化的意願，對中國有關方面產生了影響。

(資料來源：郝樹人. 公共關係學 [M]. 大連：東北財經大學出版社，2006)

思考討論：

本案例公關實施過程中精彩之處在哪裡？

# 項目 5
# 公共關係評估項目

**項目目標**

【知識目標】
1. 瞭解公共關係評估標準
2. 掌握公共關係評估方法及內容
3. 瞭解公共關係評估程序

【技能目標】
1. 能選擇恰當的方法進行公共關係評估
2. 能撰寫公共關係評估報告

## 項目引入

### 樂不起來的噓噓樂
—— 一次不成功的公關宣傳活動

一次諾瑪特賣場內有個叫「噓噓樂」的紙尿褲商正在開展活動。眾人等待了大約5分鐘后，活動終於開始，活動內容是穿紙尿褲比賽，在主持人千呼萬喚之下，最終有三個媽媽參賽。主持人耐心宣布比賽規則時，三個媽媽已經把孩子褲子脫光，為獲得比賽勝利全力以赴。一聲令下，比賽開始了，冠軍媽媽只用三秒鐘就結束了比賽，動作最慢的媽媽也用了不到五秒的時間。五秒鐘后比賽結束，又進入了漫長的下一輪比賽的等待。

縱觀整個活動，持續時間不到一分鐘，還沒等觀眾明白怎麼回事就結束了。圍觀的觀眾最多不超過十人，而且絕大多數觀眾是一頭霧水，因為沒有任何信息告訴大家哪個廠家在這裡開展什麼活動。參加活動的三個媽媽也在比賽結束后領取了幾片紙尿褲便匆匆離去，其中還有一位母親比賽一結束就將參賽時穿在孩子身上的噓噓樂紙尿褲取下，似乎擔心孩子穿著不舒服。

活動過後，舉辦方發現本次活動並未取得預想中的效果，對其活動評估如下：

1. 活動選址出現錯誤

一般來講，觀眾參與性強的活動應盡量選擇在商場前的小廣場，那裡人流量大，能形成較廣的傳播面，同時，廣場上寬闊的場地也便於大家觀看或參與活動。而此次

噓噓樂的「穿紙尿褲比賽」活動選擇在諾瑪特賣場內進行，狹小的空間讓人無處立足；賣場內喇叭聲、周圍營業員的叫賣聲、旁邊電視機裡播放的音樂等等，幾乎淹沒了整個活動。更糟糕的是，活動場地極為簡陋，找了幾塊泡沫拼在地上就成了媽媽們的賽場。既沒有舞臺背景告訴大家主辦企業、活動內容，又不利於觀眾觀看。

2. 宣傳面窄，傳播不到位

活動場地本身就限制了活動的傳播面，而工作人員卻在那裡坐等顧客上門，導致整個活動一直斷斷續續（因為很難等到活動現場有帶小孩的人經過）。如果當時主辦方派幾個人到諾瑪特前熱鬧的廣場上邀請帶小孩的家長前來參加活動；如果事先跟賣場溝通好，用賣場內的廣播進行宣傳；如果在廣場上張貼幾張海報進行宣傳；如果⋯⋯然而歷史是不能假設的。

3. 人員分配不合理

縱觀整個「穿紙尿褲比賽」活動，工作人員只有三個——一個主持人、一個主持人助理（協助主持人記錄，計時等工作）、一個獎品分發人，既沒有工作人員負責協調整個活動進程，也沒有人在活動現場安撫等待參賽的選手，更沒有工作人員向周圍的觀眾介紹活動或宣傳產品。

4. 活動設計過於簡單

整個活動進行階段不過短短五秒，嚴重頭重腳輕（等待時間遠遠長於活動進行時間）。分析原因在於活動設計得過於簡單：穿紙尿褲—后臺領獎—結束。造成的結果是活動現場始終聚集不起人氣，而且也無法將品牌或活動效應傳播或擴散出去。

公共關係評估是公關活動中的重要組成部分，從公共活動準備工作入手，結束於公關活動完成之後。對於噓噓樂活動舉辦方來講，及時總結這次失敗的原因並妥善補足短板是其重要工作內容之一。

（資料來源：http://www.emkt.com.cn/article/317/31755.html）

## 學習任務 5.1　公共關係評估概述

**知識連結**

公共關係的評估是對公關計劃實施工作的總結和最終效果的評價。它是公關活動的最后一個程序，也是下一輪策劃的開始。通過公關評估，可以總結成功的經驗，分析失敗的教訓，進一步提高公關活動質量與水平；同時可以發現公共關係活動的缺陷與不足之處，並作為組織今后公共關係具體目標政策和行為調整的依據。因此，公共關係評估有其重要的作用。

### 5.1.1　公共關係評估標準

公共關係評估應從公共關係工作開展的準備過程、實施過程和實施效果三方面進行。因此，評估標準應包括這三個方面的標準。

1. 公共關係工作準備過程的評估標準

（1）背景材料是否充分——主要檢驗前幾個程序中是否充分利用資料和分析判斷

的準確性；重點是及時發現在環境分析中被遺漏的、對項目有影響的因素。

（2）信息內容是否正確充實——主要檢驗所準備的信息資料是否符合問題本身、目標及媒介的要求。檢驗時強調的是信息內容的真實性與合理性。

（3）信息的表現形式是否恰當——檢驗傳遞的有關信息資料及宣傳品設計在文字語言的運用、圖表的設計、圖片及展示方式的選擇方面是否合理、新穎，是否能達到引人注目、給人以深刻印象的要求。

2. 公共關係工作實施過程的評估標準

（1）發送信息的數量。評估在實施過程中在電視廣播講話的次數、發布信件及其他宣傳材料以及新聞發布的數量，以及宣傳性工作如展覽等進行與否及其努力程度。

（2）信息被傳播媒介所採用的數量。報刊索引和廣播記錄一直被用來作為查對傳播媒介採用信息資料數量的依據。其他宣傳活動如展覽、公開講話的次數，也反應了組織為有效地利用各種可能渠道將信息傳遞給目標公眾的努力程度。

（3）接收到信息的目標公眾數量。將收到信息的各類公眾進行分類統計，從中找出目標公眾的數量及其結構。可以借助於報紙雜誌的發行量、會議及展覽的出席人數等作為評估的參考數據。

（4）注意到該信息的公眾數量。瞭解傳播信息的實際效果。

3. 公共關係工作實施效果的評估標準

（1）瞭解信息內容的公眾數量。

（2）改變觀點、態度的公眾數量。

（3）發生期望行為和重複期望行為的公眾數量。

（4）達到的目標和解決的問題。

（5）對社會和文化的發展產生影響。這種影響同其他各種因素共同作用，並在較長時間裡以複雜的、綜合的形式表現出來。

### 5.1.2 公共關係評估內容

公共關係評估是對公關活動的全方位檢測，組織希望得到的不僅是總體的印象評估，而且是非常具體的和準確的評估結果。一般而言，專項公共關係活動的全面評估內容主要包括以下方面：

1. 公共關係目標檢驗

評估總體目標是否正確，圍繞這個目標的各種實施目標是否具體，檢驗目標是否成為現實，或者在多大程度上成為現實，組織內部成員對活動的目的是否透澈瞭解，組織內部各部門對活動是否積極合作和大力支持。

2. 公共關係計劃檢驗

分析公共關係計劃的可行性和計劃的實現情況等，發現公共關係計劃制訂得是否正確合理、是否周密，計劃實現的程度、範圍、效果怎樣，計劃實施方法、程序是否需要調整或修正，主體是否明確且富有號召力，計劃預算是否適當。

3. 公共關係經濟效益檢驗

通過評價公共關係活動，檢驗組織的產品銷售量是否有所增長、增長多少。

4. 公共關係社會效益檢驗

通過評估公共關係活動，檢驗組織的知名度和美譽度是否有所提高、提高了多少。

**模擬實訓**

背景資料：

某報紙編輯部的電話響起，來電者自稱是知名外企 IT 廠商 A 公司的員工，因其所在公司發郵件通知大家第二天下午兩點都要在座位上，雖然通知上沒說是什麼重要的消息，但該員工肯定地說：「一定是有關裁員的事，而且人數很多，肯定超過 100 人，但公司並沒有向勞動和社會保障局報告。」

他打電話的目的是，希望報紙報導這則「新聞」，而這家 IT 企業對於員工的揭發還全然不知。

【實訓名稱】公關評估的背景材料分析
【實訓目的】瞭解公關評估的標準和內容
【實訓步驟】

1. 學生 5~6 人為一小組進行分組。
2. 引導學生站在報社的角度進行相關實訓——如果你是記者，你會怎麼做？對此次事件的發展可能出現的情況予以分析。
3. 出現情況一：A 公司員工所提供信息失事，對此進行討論。
4. 出現情況二：A 公司員工提供信息屬實，A 公司大量裁人而沒有向勞動和社會保障局報告。

【實訓要求】對此次事件結果進行預見，分析評估此次事件對企業的影響。

## 學習任務 5.2　公共關係評估實施

**知識連結**

### 5.2.1　公共關係評估方法

公共關係評估的方法主要有以下五種：

1. 觀察反饋法

觀察反饋法是指由評估人員直接參與實施過程，進行實地考察，記錄各個環節實施的狀況和順序以及進展情況。

2. 目標管理法

目標管理法是指以預先設定的目標作為評估分析的主要依據，根據實施效果和目標對照考核，進行衡量。

3. 輿論和態度調查法

輿論和態度調查法是指在公共關係活動的前後分別進行一次輿論調查，檢查公共關係活動對公眾的態度、動機、心理、輿論等方面的影響。通過輿論與態度調查，借助「組織形象地位圖」，檢查組織知名度和美譽度的改善情況；運用「組織形象要素調查表」，檢查組織形象要素的具體構成有了哪些進步；通過「形象要素差距圖」，檢查組織實際形象與期望形象之間的形象差距有多少改善。

4. 內部及外部評估法

內部及外部評估法是指根據組織內部各職能部門的資料和組織外部廣大公眾的信息反饋來評估。可以通過從不同渠道匯報上來的各種資料，如數據、圖表、報告，作為評估的重要依據。

5. 新聞報導分析法

新聞報導分析法是根據組織在新聞媒體的見報情況來評估公共關係效果的方法。新聞輿論的敏感度很高，是反應組織形象的一面鏡子。根據新聞傳播的數量、傳播的質量、傳播的時間、傳播媒介的影響力、新聞資料的使用等方法來進行評估，可獲知本組織形象的狀態。

上述各種評估方法都有自己的特點，不同組織可根據自身的實際情況具體選擇和運用這些方法。也可以綜合運用，通過幾種方法相互比較、相互引證，得到一個全面的、綜合的評估結論。

### 5.2.2 公共關係評估程序

一般地講，評估工作可分為以下四個階段：

1. 評估準備階段

在評估準備階段，應確定評估的目標和標準，安排評估的人員和時間進度。

2. 全面評估階段

在全面評估階段，應運用各種評估的具體方法，全面收集各種所需的評估資料和信息。

3. 整理分析階段

在整理分析階段，應參考評估標準對所收集的各種資料或信息進行分析比較、統計對照，檢查既定公共關係目標是否達到，檢查預算執行情況與效果，並在評估分析的基礎上，提出計劃實施中尚存在的沒有解決或新發現的問題，並進一步分析產生這些問題的原因。

4. 撰寫報告階段

在全面檢查、評估分析、提出問題的基礎上，公共關係人員應根據情況和需要調整工作計劃和目標，並向決策部門報告分析結果，以便領導者統籌考慮組織的目標和任務。同時，還要針對新問題並根據組織的總目標、總任務，設定公共關係下一個階段目標。

**模擬實訓**

背景資料：評估KFC「秒殺門」事件

2010年4月5日，中國肯德基公司（KFC）計劃於2010年4月6日10時、12時、15時分三次在淘寶上發布各100張半價優惠券，共推出300張「超值星期二」半價優惠券讓大家「秒殺」，憑此優惠券可以享受購買上校雞塊、全家桶（外帶全家桶原價64元）和香辣雞腿堡、勁脆雞腿堡半價優惠，打印、複印均可使用。

2010年4月6日上午，第一輪「秒殺」順利舉行，很快就有人持券前往餐廳購買該輪優惠的上校雞塊。然而，中午時分，第二輪和第三輪活動尚未開始，有數家餐廳報告稱，一些消費者已經拿到了全家桶套餐半價券和香辣/勁脆雞腿堡半價券，一些員

工因不瞭解情況，已半價出售產品。

鑑於這一情況，肯德基於4月6日下午臨時取消后兩輪「秒殺」。不過，當天晚上在淘寶上依然可以看到，還有賣家叫價出售優惠券，而在不少網站上，這三張優惠券及其引發的問題仍是熱門話題。不少不知情的網友表示要打印後前去餐廳使用，還有些網友則將自己被拒經歷記錄下來，呼籲其他人不要上當。對此，肯德基官方聲稱，流傳在網絡上的全家桶套餐和香辣/勁脆雞腿堡優惠券均為假券，餐廳一律拒收，后續活動舉行時間尚待確定。

投訴帖飛遍網絡，肯德基行為遭質疑。肯德基「秒殺」活動突然暫停之後，投訴肯德基的各類帖子開始在網絡上盛行，網友對肯德基的這一行為紛紛表示不滿。「誰動了我的全家桶？」

「KFC『秒殺門』，涉嫌詐欺消費者」成為網絡熱帖，而肯德基優惠網站的網頁長時間處於無法顯示狀態。

【實訓名稱】採用合適的方法對 KFC「秒殺門」事件進行評估
【實訓目的】考查學生對公關評估方法和評估程序的掌握
【實訓步驟】
1. 學生5~6人一組，分析此次公共關係活動對公眾的態度、動機、心理、輿論等方面的影響；
2. 對此次公共關係活動前後 KFC 的知名度和美譽度進行模擬評估；
3. 根據模擬評估結果提出對 KFC 的建議。
【實訓要求】
公關評估方法要選擇合適，最終給出的意見和建議要切實可行。

# 學習任務 5.3　公共關係評估報告

**知識連結**

### 5.3.1　撰寫公共關係評估的原則

公共關係評估報告是對已開展過的公共關係工作的書面總結和評價，因此，評估報告的撰寫除了要遵循科學性、真實性、公正性的要求之外，還應遵循以下幾項原則：

1. 針對性

公共關係評估報告的針對性很強，評估報告面對的人群不同，其評估內容側重點也不相同。一般來講，無論受眾是哪種對象，評估報告都要緊緊圍繞著公共關係方案目標是否實現、公共關係問題是否解決以及組織形象是否確立來撰寫，不可遊離於主題之外談無關緊要的枝節問題。

2. 完整性

評估報告應反應以下主要內容：對評估工作的目的、對象、標準、方法、過程、結果進行全面的概括；正文內容與附件資料要配套，附件資料要能有效地說明和補充正文內容；被評估的範圍和對象做到完整無缺，沒有遺漏。

3. 及時性

公共關係評估報告具有很強的時效性，它貫穿於公共關係活動的整個過程，在每個階段的評估都需要迅速有效，最終在整個公共關係活動結束后及時撰寫公共關係評估報告，如果時間相隔太久，公共關係評估報告就失去了評估的意義。

4. 客觀性

公共關係評估報告來自於組織的公共關係實踐活動，又要指導組織今後的公共關係實踐活動，因此，評估報告的撰寫要站在客觀的立場上，立足於問題的解決、經驗教訓的闡發以及今后工作的建議等，否則，評估報告的意義將失去。

5. 獨立性

在撰寫公共關係評估報告的過程中，經常要與組織的領導和員工接觸，評估人員要做到客觀觀察、獨立評判，避免受到外界的干預和影響，力戒片面與掩飾。評估報告必須反應評估人的獨立結論。

### 5.3.2 公共關係評估報告的內容

公共關係評估報告因評估的目的不同、評估的項目和對象不同，其具體內容也千差萬別。但作為一個完整的評估報告，還是應具備一些特定的構成要素：

（1）評估的目的及依據，即為什麼要進行公共關係評估，通過評估解決什麼問題，以及評估所依據的標準是什麼。

（2）評估的範圍。公共關係活動涉及面比較廣，因此在評估方面需要做到有的放矢，必須確定一定的範圍，從而達到突出重點、濃縮精華的目的。

（3）評估的標準和方法。在報告書中，應說明評估的標準或具有可測量的具體化的目標體系以及評估過程所採用的方法，比如直接觀察法、問卷調查法、比較分析法、文獻資料法等等。

（4）評估過程。簡要說明評估過程是怎樣進行的，分哪些階段。從閱讀報告書的過程和採用的方法等方面可以判斷評估是否科學、系統、規範、完整等。

（5）評估對象的基本情況。在公關評估報告書中，必須明確評估對象本身的情況，包括活動或項目名稱、開展時間、實施的基本情況與特點。

（6）內容評估、分析與結論。評估報告中必須明確寫出公共關係內容的評估，並且根據評估內容進行分析，從而得出客觀公正的結論。

（7）存在的問題及建議。評估人員根據評估內容歸納分析后，提出公共關係中所存在的問題，並提出改善建議。

（8）附件。一般情況下主要包括附表、附圖、圖文三部分。

（9）評估人員名單。一般情況下，公共關係評估工作量大，它是由一個團隊完成的。通常情況下，評估報告包括評估負責人以及評估人員的姓名、職業、職務、職稱等。有時候為了方便評估人員與閱讀者的交流，評估人還需要把通信方式、通信地址、郵政編碼等寫好。

（10）評估時間。公共關係活動處於動態中，不同時間評估所得出的結論有可能不同。因此，評估報告必須寫明評估時間或者評估工作開展的階段，便於閱讀者綜合評定評估報告。

### 5.3.3 公共關係評估報告的格式

對於形象評估報告的撰寫者來說，完全可以盡情施展才華、妙筆生花，使評估報告更加通順、流暢。但是，撰寫評估報告必須遵循評估報告的格式要求，否則寫出的報告就不成其為評估報告了。一般來說，評估報告的基本格式包括以下部分：

（1）標題。標題是評估報告的眼睛，它高度概括了評估報告的內容，是不可缺少的一個組成成分。它要求文字比較嚴謹，注重正式性和規範性。

（2）前言。它往往以精練、簡短的文字，概括性地介紹公關活動的基本情況和實施背景，為評估報告正文的寫作奠定基礎。

（3）正文。正文是評估報告的主體和精華。它由事實材料、統計數據和圖表等組成，主要描述活動的具體實施過程、活動取得的效果、出現的失誤及其原因、下一步的努力方向等。

（4）附件。附件一般是將報告裡面輔助性的內容以后附頁的形式體現在報告的后面。比如為了強調媒體覆蓋率，報告后面可以將公關活動報導的相關媒體的調查數據附在后面。

（5）后記。評估報告的結尾一般由相對獨立的總結性文字來完成，要麼對公關活動作出最后的結論，要麼對將來的活動進行展望。如某一評估報告的后記這樣寫道：「總之，這是一次成功的公共關係活動。可以相信，只要我們按照公共關係的客觀規律，繼續切實有效地運用公關手段，那麼，我們一定能內求團結，外求發展，把我們的公關工作開展得更有生機，更有成效。」

**模擬實訓**

背景資料：價格欺騙事件之后

2011年年初，經記者曝光，家樂福、沃爾瑪等超市存在價格詐欺行為。比如，長春市家樂福新民店銷售「七匹狼」男士全棉橫條時尚內衣，價簽標示原價每套169元，促銷價每套50.70元，經查實原價應為每套119元；上海市家樂福南翔店銷售弓箭球形茶壺，價簽標示每個36.80元，實際結算價每個49.00元；銷售丁香吉祥茶壺，價簽標示每套36.90元，實際結算價每套66元。此后引發了連鎖反應，全國多地的家樂福、沃爾瑪超市被查出存在價格詐欺行為。

2011年1月26日，國家發改委公開通報了多地家樂福、沃爾瑪超市存在的價格詐欺行為，並責成相關地方價格主管部門依法予以嚴肅處理。近日，北京、遼寧、吉林、黑龍江、上海、湖北、湖南、重慶、廣西、雲南等地價格主管部門根據價格法的相關規定，嚴格履行法定程序，分別對涉案的19家超市門店各處以法定最高額度50萬元的罰款，罰款總額950萬元。目前，各項罰款均已由相關地方價格主管部門收繳財政。

家樂福自1月26日起先后發表三份聲明，公開回應價格詐欺，認為存在人為失誤，公布改善措施。國家發改委曝光家樂福、沃爾瑪涉嫌價格詐欺的第二天，沃爾瑪曾發表聲明就此事向受到影響的顧客致歉，但未出抬相關賠償舉措。

沃爾瑪（中國）宣布稱如果再次發現價格誤差，將嚴格執行「5倍差額」的賠償政策，即按商品收銀價格高於標示價格差價的5倍給予賠償。聲明中還再次向受到影響的顧客表示誠摯的歉意。

家樂福、沃爾瑪雖然在價格欺騙事件后進行了一些舉措，但仍未能挽回其信譽，使其信譽度大幅降低。

（資料來源：百度文庫）

【實訓名稱】撰寫公關評估報告

【實訓目的】掌握公關評估報告撰寫的技能

【實訓步驟】

1. 分析背景資料，擬出案例分析提綱；
2. 小組討論，形成小組案例分析報告；
3. 班級交流，教師對各小組的案例分析報告進行點評；
4. 在班級展出附有「教師點評」的各小組案例分析報告，供學生比較研究。

【實訓要求】

要對如何挽回家樂福、沃爾瑪聲譽，提升其信譽度提出自己的建議和看法

## 第二課堂

### 公關效果評估的關鍵指標

公關效果評估，即對公共關係活動的效果進行評估。它是整個企業公共關係活動流程的最后一個階段，同調查研究階段首尾相連，使企業公共關係活動呈現出一個有始有終的完整過程。關鍵指標主要包括覆蓋率、有效率、千人成本、準確性、傳播力度、傳閱率、公關指數提升、銷售提升等方面。

1. 覆蓋率（Gross Impression）

覆蓋率是廣告效果評估中常用的一個詞語，用在公關中也一樣，特別是對傳播、活動的效果評估，必須搞清楚覆蓋到了多少人群，如果不清楚覆蓋率，制訂的媒體計劃以及活動都是盲目的。

有些企業老板特別有意思，認為A媒體好，就一定要上A媒體，全然不顧A媒體的覆蓋率，這樣的傳播必然是有問題的。

所謂覆蓋率也不僅僅是指一家媒體的覆蓋率，比如一家企業的市場遍布全國，通過中央媒體的宣傳是不是就能覆蓋100%呢？當然不是。一家發行量才5萬的中央媒體，肯定不如一家發行量10萬的區域媒體的覆蓋率，前提是企業在那個區域有市場。

當某次宣傳結束后，我們可以用一個粗糙的公式來表達覆蓋率：

覆蓋率＝傳播受眾÷市場所屬區域的受眾

傳播受眾就是我們通過媒體影響到的受眾，包括直接影響到的和間接影響到的，這個我們后面會提到。而市場所屬區域的受眾很好理解，如果企業只在北京有市場，就不要把宣傳做到河南去，或者用中央媒體在全國範圍內做。

顯然，如果按著100%的覆蓋率去做宣傳，必然會有一些重複，所以又涉及一個有效率的問題。

2. 有效率（Effective Reach）

有效率是指，雖然覆蓋到了，但有可能重複覆蓋，或者覆蓋是不一定有效的。

重複的不多說了，談一談無效覆蓋。比如，在北京市場做宣傳，選擇《娛樂信報》，娛樂信報的發行量號稱20萬，首先這20萬人裡面不是全部有效的——這20萬

什麼人都有，我們需要的只是其中一部分，比如只有5萬是有效的。其次，這5萬人是不是全部都會看到我們的信息，這和版面有一定的關係。

所以，針對不同的企業，每份報紙雜誌都會有其不同的有效率，企業當然要選有效率高的。通常，很多的企業顧及了有效率，又忘記了覆蓋率，我們需要的是兩者兼顧。

這裡還要提一下品牌發展指數，即品牌在一個地區的銷售占總銷售的比率除以該地區占總人口的比率，用以評估品牌在該地區的相對發展狀況。我們都知道農村的消費能力是不能和城市相提並論的，在某些地區發行量很大的媒體，由於經濟發展落後有效率就很低。光看發行量，不問有效率，這是一種錯誤。

綜合覆蓋率以及有效率，即可得出有效受眾，它可以直接用來表述宣傳效果。

3. 千人成本（CPM-Per Thousand）

這也是廣告術語，指媒體載具每接觸1,000人所需支付的金額，可以媒體單價除以接觸人口，再乘以1,000計算得到。

它的計算方式有兩種：

千人成本＝總成本÷總受眾

千人成本＝總成本÷有效受眾

顯然，第一個計算方式是被公關公司普遍採用的，因為它通過分母的基數降低了千人成本，但這個不能反應問題。真正能反應問題的是第二個公式，「錢要花在刀刃上」說的就是這個意思，只有考慮了有效率的千人成本才是有意義的。

再做得細一點，可以結合千人購買率、千人利潤率，來計算以某個成本進行傳播值得不值得。比如通過宣傳，每千人中預計會有10人購買產品（即購買率為1%），每件產品的利潤是10元，那麼千人利潤總額就是100元，宣傳推廣的成本當然不能大於這個數。

以千人成本，還能計算出企業推廣需要的總費用，以企業的總目標受眾除以千人成本，就是宣傳總費用。企業在做年度宣傳預算的時候，可以此為依據進行推算，費用要求達不到時選擇重點市場進行建設。

4. 準確性（Correctness）

失之毫厘，謬以千里。準確性的評估，是不可缺少的一個內容，兼顧了覆蓋率、有效率，效果還是不好，原因可能就是準確性差。

信息被有效覆蓋了，不等於被有效傳遞了，準確性包括的主要內容有傳播定位的準確性、媒體策略的準確性、發布內容的準確性、傳播方法的準確性等。

定位的準確性不用說了，一件產品如果沒有找好賣點，一個企業沒有在產業中找到自己的位置，傳播的主基調不正確，這些都會造成效果低下。媒體策略的準確性，主要是指發布時間、發布週期，比如促銷信息的發布、新品的上市，特別是一些策略性發布，對於媒體策略的要求是十分嚴格的，如果不準確，效果必然要大打折扣。發布內容的準確性是指，該說的說清楚，該突出的突出重點。

準確性是無法量化的一個東西，但這個也是考核公關公司實力的一個重要因素。很多競標書上都會把策劃方案的策略、定位作出很高的要求，原因就在於此。而對公關評估，自然不能缺少這一環，因為計劃趕不上變化，一開始認為正確的也許就是錯誤的。

### 5. 傳播力度（Power）

業內也有人稱之為爆破力，或者說引爆。當然，這不能全部說明問題，爆破力只能說明在某段時間內的爆破，但傳播力度還包括長時間的影響。

爆破力，主要是指在某段時間內讓企業的信息迅速充滿媒體，並持續一段時間，這也是公關常用的一種方法，通常的營銷就屬於此類。通過對信息的占領，可以一下子吸引關注，並加強人們的記憶或者好感，從而達到公關的目的。關於爆破力的統計，可以選取一段時間，以媒體發布的數量、轉載的數量、媒體跟進報導的數量進行分析統計，其中媒體跟進報導的數量能集中體現傳播力度。

除了一段時間內的傳播量，還有一些能有效「量化」傳播力度的標誌，如網站的首頁、平面媒體頭版或者頭條等。很多企業比較注重網站的首頁，或者頻道首頁，以及一些版面的頭條或者關鍵位置——這都能表明傳播力度。

另外，關注度也是傳播力度的一個表現，比如在一段時間內，行業內共發生了幾個值得一提的新聞，給這些新聞排個名，再結合自己企業在市場的排名，就知道傳播的力度夠不夠。對於一個企業而言，制訂了年度計劃，亦可回顧一下有沒有哪個新聞值得一提，如果沒有，說明沒有傳播力度。

一些企業年年做宣傳，但是所做的宣傳都不值一提，就像小學生記流水帳一樣，這就是沒有力度的原因。

### 6. 傳閱率（Pass Along Rate）

在統計覆蓋率的時候，雖然傳閱率也會被統計進去，但這個仍然是很容易被忽略的問題，特別是在網絡時代。

搜索引擎的興起，使得網絡上文章內容被二次、三次閱讀的遠大於當日發布時的閱讀量。特別是一些選購、評測、體驗類的文章，被搜索到後再被閱讀，其影響消費者購買決定的作用十分明顯。因此，當人們在購買汽車、IT等產品時，通常要上網查一查相關信息，這時候傳閱率就顯得比覆蓋率更為重要。因此，在效果評估時，以搜索引擎的搜索結果作為評估手段也已經成為重要的手段。

比如，使用百度搜索「MP3選購」，在宣傳之前第一頁搜索結果沒有相關品牌的內容，而做完宣傳之後出現了相關的內容，這表明傳閱率很大，效果當然也會很好。

另一方面，我們發完一個消息以後，有時候會引起媒體的廣泛報導，這事實上也叫傳閱率。可見，傳閱率既可以以人們對同一張報紙的多次閱讀來做統計，也可以以搜索引擎上被搜索到的多次閱讀量來做統計，還可以以后續媒體自發跟進的報導來做統計。

很多時候，傳閱率並不被計入公關服務的收費項目，因此長期被忽視，但它無疑是公關效果的重要組成部分。

### 7. 公關指數提升（Improvement of PR）

前面我們講的多是以傳播為主的一些效果評估，當然公關絕不僅僅是傳播，比如一些公眾關係維護、項目遊說、危機處理也都屬於公關的範疇，對於這些內容的效果顯然需要特殊的方法，我們認為公關指數是一個較好的評估方法。

比如，很多企業都需要建立和維護媒體關係，通過與公關公司的合作，一定在媒體關係層面獲得一定的提升。打個簡單的比方，如果企業不能做到媒體在刊出負面報導之前就得到相關消息，說明媒體的關係還不夠到位。這可以量化為一共建立了多少

家核心媒體的關係，也可以從單家媒體的關係提升上取得評估。

至於項目遊說，工作的進展就是很好的評估，這裡不予贅述。而對於危機管理，目前通常以「拿」掉了多少篇負面報導來衡量，這是不完整的。從公關指數的理解來看，在處理完危機之前，企業與消費者的關係、企業與媒體的關係、企業與渠道的關係，這些有沒有產生變化，如果這些關係弱化了，說明危機並沒有處理好。同理，如果關係得到提升了，說明危機處理得非常好。必須重點說明的是，看一篇報導是否為危機公關，也要看企業的公關指數有沒有變化；如果一篇文章只有幾十人看，影響面窄、影響力弱，就不叫危機。很多危機本不是危機，只是小噪音，結果被公關公司一搞反而真成了危機，這樣的例子屢見不鮮。原因就在於，一開始的時候，危機並沒有導致企業的公關指數下降，而處理危機的過程中出現了這個指數的下降，也就是失敗的公關。

可見，在進行公關效果的評估時也要考慮這一點。公眾關係是否弱化，這也是迴歸到公關的本質，不能因為要見個頭版，結果把和記者的關係搞得一團糟，這對企業來說就得不償失了。說白了，企業建立的各種關係不能輕易動的，一件小事就想上頭版，大事來了更想上，長此以往，再好的媒體關係也要被搞砸。

8. 銷售提升（Improvement of Sale）

有些企業完全將銷售的增長寄希望於公關，我們認為這是不可取的。公關在某些時候可以對銷售有刺激性的幫助。比如：北京富亞塗料的老板喝完塗料後，消費者指名要買能喝的那種塗料；我們在網絡上發布某個特殊電話號碼後，會明顯感受到來電的增多；Mapabc 在發布手機位置查詢的代碼後，一天內增長近萬用戶……但是，我們不能指望所有的公關都能產生這樣的效果，畢竟廣告有公關永遠取代不了的作用。

當然，即便不能直接統計公關對銷售增長的幫助，亦可以通過間接的方法獲得銷售增長的數據。用總增長排除廣告、促銷等手段對銷售增長的刺激作用，就可以得出公關對銷售的增長作用。菲利普的《市場營銷管理·亞洲版》對此有更為詳細的說明，有興趣的朋友可以研究一下。

正因為公關效果中，很多企業對銷售的提升看得很重，所以像網通、移動這種企業，所做公關經常被業界嘲笑，業績依然很好。像蒙牛的「超級女聲」，批評者也不少，但是很多人將它看作是好案例……試問一下，有誰真正科學地統計過「超級女聲」對蒙牛的貢獻？有時候，服務那些年年掙錢的企業，就算案例再爛，也可以拿得出手；服務那些虧損的企業，案例再精彩，拿出去也覺得丟人。

（資料來源：百度百科）

## 案例分析

### 城市讓生活更美好
——上海申博案例

一、項目背景

當今社會國際商品交換的擴大和科學技術與經濟發展之間的緊密聯繫使世界博覽會這一國際經濟、科技、文化的奧林匹克盛會顯得舉足輕重。中國正以她前所未有的發展速度和在世界政治、經濟、國際事務中的影響和作用，為世人所矚目，舉辦一屆

成功的世界博覽會顯得極其重要。能否成功舉辦世界博覽會，不僅反應出一個國家的建設成就和綜合國力，更顯示出主辦國邁向新世紀的決心和信心。

二、項目調查

作為中國最大的經濟中心城市，擁有1,300多萬戶籍人口的上海，2002年人均國內生產總值超過4,900美元，綜合經濟實力達到中等收入國家水平。經過20多年不懈努力，上海的市政基礎設施建設、舊區改造、產業結構調整都取得了重大進展，城市綜合素質大大提高。特別是經過1999財富全球論壇、2001年亞太經合組織會議的洗禮，上海舉辦大型國際活動的能力得到進一步增強。上海正在成為國際經濟、金融、貿易和航運中心。中國如果申博成功，對長江三角洲影響巨大。上海周邊城市將迎來一個擴大對外開放，活躍人流、物流、信息流，帶動相關產業發展的歷史性機遇。世博會從申辦到舉辦，整個過程長達10年，上海市初步估計要投資30億美元用於世博會園區建設。1美元的會展投資，將拉動5～10美元的城市相關產業投資，這對江浙兩省無疑是一個極好的機遇。江浙兩省作為經濟大省、建築大省，為上海發展出力，接受上海輻射，是江蘇、浙江的區位優勢。目前，上海進行的上萬個建築工程中，有無數的江蘇、浙江人在竭誠奉獻。2010年上海世博會，預計有7,000萬參觀者，其中30%～35%將繼續在華東地區遊覽。這意味著上海周邊100公里以蘇州、周莊為代表的江南水鄉，150～200公里的無錫、杭州，300公里內的南京、揚州、鎮江，以至中國最為富庶的整個華東6省1市，都將被上海世博會直接帶動。

對於民眾支持度的調查，申博辦委託上海城市經濟調查隊對全國50個城市的民意調查顯示：89.4%的人認為中國有必要申辦2010年世博會，94.4%的人擁護中國申辦2010年世博會，92.6%的人認為中國有能力申辦2010年世博會，78.6%的人相信中國申辦2010年世博會會成功。一次廣泛的網上調查也證明，92.3%的人支持上海舉辦2010年世博會。

三、項目策劃

1. 公關目標

（1）塑造上海國際大都市形象，展現上海魅力；

（2）最終奪取2010世博會主辦權。

充分發揮上海的五大優勢是申博取得成功的保障，所以貫穿整個公關策劃的就是突出優勢、體現個性、展示魅力。

2. 五大優勢

（1）參觀人數多。如果2010年世博會在上海舉行，超過7,000萬人次的參觀者將創世博會歷史紀錄。2010年上海世博會將成為各國人民的盛大集會。

（2）上海為世博會選定了合適的主題，「城市，讓生活更美好」的主題能得到各國廣泛關注。

（3）選址符合世博會的宗旨，做好了合理的選址場館規劃。世博會場址選在黃浦江濱水區，規劃控製面積540公頃，世博園區面積規劃400公頃，通過場館建設，促使舊城改造，並在舉辦後，使該地區今後成為經濟、科技和文化的交流中心。

（4）上海改革開放以來累積的經濟實力完全有條件舉辦世博會。

（5）社會穩定，秩序良好。上海舉辦世博會得到了民眾的極大支持。調查結果顯示，上海世博會的民眾支持率在百分之九十以上。

圍繞這五大優勢系列公關一一展開，讓世界認同「上海是最好的選擇」。

四、項目執行

2001 年 9 月前以發放宣傳冊為鋪墊，之后展開了大規模、全方位的宣傳：

(1) 開展世博會知識網絡電視競賽。
(2) 舉行申辦 2010 年上海世博會新聞通氣會。
(3) 世博主題文藝演出。
(4) 開展「萬人支持申博網上簽名」活動。
(5) 開展「上海市民騎車申博萬里行」活動。
(6) 2010 名上海市民代表宣誓。
(7) 開展「長江三角洲申博之旅」活動。
(8) 徵求申辦徽標、口號、招貼畫。

通過宣傳徵集徽標 165 個、海報 470 幅、口號 6,140 條。最終決定入圍海報 10 幅、入圍口號十條、入選口號「中國如有一份幸運、世界將添一片異彩」。

(9) 進入社區舉行「世博會向我們走來——世博知識巡迴展」。
(10) 派遣 37 個組團出國訪問了 87 個 BIE 成員國，其中包括 9 個非建交國家。
(11) 進行國外媒體宣傳。世界各大主流媒體都對上海申博表示熱切關注，分別以專題、專刊專版的形式給予追蹤報導。英國《泰晤士報》、天空電視新聞頻道以及星空傳媒新聞頻道，對上海市地方政府領導人進行了聯合採訪，表示了對上海申辦世博會的支持。
(12) 成立支持中國申博「企業后援團」。

活動主體：

(1) 2001 年 6 月 6 日國際展覽局第 129 次成員國代表會議在巴黎舉行。時任上海市常務副市長在會上進行了中國申博首次陳述，確定申博主題以及選址。

啟用申博市民代表袁鳴做誠懇的介紹，現身說法談上海發展為人類提供實現價值的環境，以情動人，形式創新生動。

(2) 2001 年 11 月 30 日國際展覽局舉行第 130 次成員國代表大會，時任上海市市長徐匡迪作了申辦陳述。

瑞士羅氏制藥有限公司總經理以一名外資商人身分談自身在上海的投資回報，證實了中國政府的承諾是絕對可以信任的。

(3) 2002 年 3 月 10 日~16 日，中國作為申辦國之一，第一個接受了國際展覽局代表團的考察，通過一系列的陳述報告、實地考察，與各界人士交流溝通，國際展覽局充分瞭解到上海的優勢、能力、舉辦條件和各項準備工作。

(4) 2002 年 7 月 2 日國際展覽局舉行第 131 次成員國代表大會，時任國務委員吳儀、外交部部長唐家璇、中國貿促會會長俞曉松等作了申博陳述。唐家璇部長代表中國政府承諾中國將投入 1 億美金支援發展中國家和地區前來參展。對參展國建立永久性展館，中國政府還將給予建館資金 25% 的補貼。此外設立用於大會各項評獎的獎勵基金。

(5) 2002 年 12 月 3 日國際展覽局舉行第 132 次大會，時任國務院副總理李嵐清、國務委員吳儀等進行最后一次陳述，再次肯定了中國政府對於承辦 2010 年世博會的信心與態度。會上以一部充滿上海市民熱切期盼的實地拍攝申博紀錄片充分展示了上海

的無限魅力。

當日國際展覽局成員國對 2010 年世博會主辦國進行投票表決，中國獲得 2010 年世博會的主辦權。

五、項目評估

活動影響：

（1）韓國 YTN 電視臺在新聞報導中高度評價中國申辦成功，認為這顯示了中國經濟發展的實力，提高了中國在國際社會上的威望和地位。

（2）香港貿發局認為上海世博會將為港帶來商機。

（3）西班牙《世界報》把上海定為 2002 年世界最知名城市，將成功申辦 2010 年世博會作為其中關鍵的一條。

（4）法國《世界報》評論稱中國拿到 2010 年世博會主辦權是眾望所歸。

（5）國際展覽局官員評論稱當今世界誕生了一個偉大的希望。

有了北京申奧的成功經驗，上海申博活動開展得相當不錯，整個申博過程中，政府牽頭的國際公關為上海贏得了不少加分。

首先，在國際展覽局成員國會議上的四次陳述形式有重大突破，給成員國代表以耳目一新的感受。其次，1 億美金援助基金的提出也是史無前例的，充分表現了中國政府的誠意以及上海努力辦好國際性世博會的意願。最重要的是，公關活動抓住了上海的五大優勢展開，揚長避短，展示了上海開放、包容的鮮明個性，最終吸引了世界的目光。

思考討論：

1. 結合本案例，說說上海申博過程中是如何把握公共關係工作的四個基本步驟的。
2. 本案例中的項目評估有何獨到之處？

# 項目 6
# 公共關係專題活動

## 項目目標

【知識目標】
1. 瞭解公共關係專題活動的具體操作步驟
2. 掌握公共關係專題活動的程序

【能力目標】
1. 能制訂新聞發布計劃，主持新聞發布活動
2. 能策劃組織慶典活動，能對慶典活動效果進行較好預測
3. 能策劃組織贊助活動

## 項目引入

### 資生堂世博會贊助活動新聞發布會

資生堂為了支持2010年上海世博會成功舉行，於2009年6月30日在資生堂（中國）投資有限公司舉辦了世博活動新聞發布會。現場共有近50家中外媒體共同見證了此次活動，世博局的朱詠雷副局長、日本總領事橫井先生也前來致辭，表示了對資生堂贊助世博活動的大力支持。資生堂的社名來源於中國古典「易經」中的「至哉坤元，萬物資生」，新聞發布會以中國元素為主要線索，表達主辦方對中國的感恩之情，並有效地告知公眾其成為上海世博會的項目贊助商。為了紀念上海世博會的開幕，感受上海的味道，提升上海城市的形象，新聞發布會上展示了資生堂專門為上海世博會設計的限定版香水。此款香水取名為「SHANGHAI BOUQUET，上海花漾」，其瓶身設計的靈感來自於上海市花「白玉蘭」那優雅的白色花瓣，香味也是以白玉蘭的花香為基調。香味有兩個款式：一個是清靈香水；另一個是鬱怡香水。此款香水也可以作為來上海旅遊的遊客觀光留念、饋贈親友的禮品，預計在6月中旬開始在上海的觀光點和以酒店為主的10多個定點開始銷售。新聞發布會上，資生堂還啟動了「世博城市之星」活動，以尋找「世博城市之星」為核心內容，號召廣大市民從日常的節能環保做起，培養積極健康的生活方式，從而實現上海世博會的宣傳理念。

（資料來源：資生堂（中國）網）

# 學習任務 6.1　舉辦新聞發布會

## 知識連結

案例 6-1：教育部 2010 年第 1 次新聞發布會
時　　間：2010 年 1 月 27 日 10：00
地　　點：教育部北樓二層報告廳
主持人：教育部新聞發言人續梅
發言人：教育部科學技術司司長謝煥忠、教育部人事司副巡視員趙丹齡、清華大學科研院常務副院長姜培學、四川大學科技處處長李彥
內　　容：介紹高校通過科研項目吸納畢業生就業工作有關情況

續梅：各位記者朋友大家上午好！很高興又和大家見面了。今天我們召開的是教育部 2010 年第一次新聞發布會。新年要有新氣象，所以我們對發布會的時間作了一點小小的調整，從下午挪到上午，希望能夠方便各位記者發稿。

各位記者朋友對我們教育部的新聞發布工作一貫給予高度的關注和支持，經常來參加我們的新聞發布會，僅僅去年一年，出席我們新聞發布會、新聞通氣會、採訪團的記者就有 1,500 多人次。借這個機會，我代表教育部新聞辦對各位記者朋友對教育新聞宣傳工作給予的大力支持和幫助，表示衷心的感謝！（略）

謝煥忠：各位新聞界的朋友上午好！非常高興給大家介紹從去年開始以來一直在做的一項工作，即通過科研項目來吸納畢業生就業的有關情況。（略）

續梅：謝謝李彥處長，下面的時間留給記者朋友，歡迎大家提問。
（記者提問時間　發言人回答略）

續梅：由於時間關係，為了不占用更多記者的時間，個別記者還有問題可以會後再問。

剛才謝司長介紹了后天我們教育部還要召開科研項目吸納大學畢業生相關座談會，歡迎各位記者朋友們關注。今天發布會到此結束，感謝臺上的嘉賓，也感謝各位記者朋友的光臨。下次再見。　　（來源：中國教育網）

### 6.1.1　新聞發布會概述

新聞發布會又稱記者招待會，是政府、企業、社會團體和個人把各新聞機構的有關記者邀請來，宣布某一或某些重要消息，並讓記者就此進行提問，然後由召集者回答的一種具有傳播性質的特殊會議。社會組織召開新聞發布會可以達到兩個目的：一是廣泛傳播有關本組織的重要信息；二是與新聞界保持密切的聯繫。

新聞發布會具有如下特點：
1. 權威性強
社會組織以記者招待會的形式發布組織信息，其形式比較正規、隆重，而且規格比較高，有極強的權威性。

2. 針對性強

新聞發布會上，答問是活動的主要形式，在活動中記者就自己感興趣的話題進行提問，針對性強；同時，在提問中，記者們還可相互啟發，能更深層地掌握信息。

3. 較高的價值性

舉辦新聞發布會一般在組織急需情況下進行，要求緊迫，這樣導致召開新聞發布會的信息，必然具有較高新聞價值，值得新聞媒介和廣大公眾廣泛重視和報導。

4. 難度大、要求高

召開新聞發布會不僅成本高，而且占用組織者和與會記者的時間也較長，對組織發言人和主持人的要求較高，如要求發言人和主持人頭腦清晰、思維敏捷、邏輯性和應變能力強，因此舉辦記者招待會與其他專題活動相比，難度較大。

5. 有利於感情交流

在新聞發布會上，主持人或主要發言人與記者進行面對面的交流，可就一些問題達成共識，從而加強組織與新聞記者的溝通。

### 6.1.2 新聞發布會的組織和實施

1. 認真研究、慎重決策

由於新聞發布會的舉辦需要一定的條件，因此舉辦之前必須進行可行性論證，分析一下將要發布的消息是否非常重要，是否具有廣泛傳播的新聞價值，是否非常緊急，此時舉行新聞發布會是否合適，所花費的代價與所取得的效果是否成比例，等等。一般而言，可以舉行新聞發布會的事件大都是組織發生的，對社會有較大影響的，或非常緊迫的事件，如企業轉向、重大科技產品試製成功、重大災害性事故等。只有在充分論證的基礎上才能慎重決策，確定是否召開新聞發布會和發布會的內容。

2. 遴選發言人，認真培訓

新聞發布會對發言人的要求很高，必須瞭解全面情況，思維敏捷，反應迅速，口才較好。由於記者的職業習慣，所提的問題大都尖銳深刻，有些甚至很棘手，回答時有很大的難度。因此，必須認真遴選發言人。發言人最好由組織的高級領導人擔任。只有高級領導人才瞭解組織的全面情況，其發布的消息和回答的問題也才具有權威性。如果組織的高級領導人中沒有合適的人選，也可委派合適的人選充當新聞發言人。新聞發言人至少是中層幹部，否則對全面情況不瞭解，容易出偏差；層次太低也缺乏權威性，不論是高層領導人還是其他人充當新聞發言人，事前都要加以培訓。可由公關人員充當記者，找出各種各樣的問題提問，讓發言人回答，回答不滿意時幫助其修改、補充和完善。經過這種訓練，新聞發言人在正式會議上就可以應付自如。

3. 確定主題、準備材料

新聞發布會必須圍繞一個主題。這個主題要圍繞本次公共關係的目標而定。主題確定后，要組織專門班子起草發言提綱，並估計記者可能提出的問題預先作答。在準備提綱時，要在組織內部統一口徑，對該主題的宣傳有一種說法；否則，組織內部說法不一，就會引起記者的混亂和猜疑，給組織造成不利影響。要廣泛地收集有關主題的各種情報和資料，做成卡片，供發言人參考。

除發言人的提綱外，還要圍繞主題，準備輔助性的宣傳材料，包括文字、圖片、模型、聲像製品等。比如，可以將有關情況寫成介紹性文章，並附上照片和圖片；準

備好產品的模型或樣品以備現場展示；把某一事件發生的經過攝成錄像片或錄音帶，現場播放或分發，以增強發言人的宣傳效果。

4. 選擇時機，邀請記者

新聞發布會的時機要選擇好，最好不要在重大節日或社會上發生重大活動時舉行。此時記者非常忙碌，難以抽身參加。要鄭重地向記者發出請帖，請帖上要註明新聞發布會的時間、地點、機構名稱及電話等，最好附上回執以瞭解能否出席。要考慮給記者採訪提供方便，如錄像、拍照的燈光，視聽的輔助工具，即時播發消息的通信工具等，均應有所準備。如果時間和財力許可，亦可考慮邀請記者參加午（晚）餐會，或參觀組織現場，以作進一步的溝通。

### 6.1.3 新聞發布會的注意事項

舉辦新聞發布會，會議過程要安排得詳細、緊湊。新聞發布會的舉辦涉及組織者、公眾尤其是新聞界等多方面的人士，因而活動要求嚴密、規範，富有新意，既有規可循，又不拘泥於陳舊的形式，活動現場要嚴謹。舉辦新聞發布會是組織向社會公眾展示自身實力、提高組織形象的較好時機，工作人員的形象也是展現組織形象的窗口，充分利用自己的人格魅力增加信息的可信度，引導公眾心理傾向，使公眾對組織產生良好的印象。

發布會現場道具安排一定要由專人管理。主要的道具是麥克風和音響設備。一些需要做電腦展示的內容還包括投影儀、筆記本電腦、連接線、上網連接設備、投影幕布等，相關設備在發布會前要反覆調試，保證不出故障。

新聞發布會現場的背景布置和外圍布置需要提前安排。一般在大堂、電梯口、轉彎處有導引指示歡迎牌。可以事先安排禮儀小姐做好迎賓準備。如果是在企業內部安排發布會，也要酌情安排人員做好媒體記者的引導工作。

正式發布會前提前一到兩個小時，檢查一切準備工作是否就緒，將會議議程精確到分鐘，並制定意外情況補救措施。

在新聞發布會正式舉行的過程中，往往會出現這樣或那樣的確定和不確定的問題。有時還會有難以預料到的情況或變故出現，要應付這些問題就需要主辦單位的全體員工齊心協力、密切合作，更重要的是代表主辦單位出面應付來賓的主持人、發言人要善於沉著應變、把握全局。

**模擬實訓**

【實訓名稱】新聞發布會模擬訓練
【實訓目的】瞭解新聞發表會的作用、類型、內容以及程序
【實訓步驟】
1. 全班5~6人一組，分成若干小組；
2. 以小組為單位，討論新聞發布會的作用；
3. 以小組為單位，討論新聞發布會上所要提及的主題和內容、材料的準備、發布會的時空選擇、人員的安排、嘉賓的邀請；
4. 以小組為單位自設內容，模擬新聞發布會。

【實訓要求】

說明「新聞發布會的作用」要求語句及內容完整，表述清楚；步驟 3 要求經過討論，明確新聞發布會各環節所要考慮和準備的內容，以書面形式提交提案；步驟 4 要求小組成員進行新聞發布會演練，邀請其他組同學客串媒體。

## 學習任務 6.2　舉辦展覽會

知識連結

案例 6-2：2011 年第二屆中國上海國際冰淇淋冷凍食品工業展覽會

上海是最具活力的經濟城市之一，世博會的舉辦，更極大地提升了上海在世界經濟中的地位。由中國食品工業協會、北京新京貿國際展覽有限公司組織的國際冰淇淋冷凍食品工業展覽會，2011 年 9 月 15~17 日在上海光大會展中心隆重召開；展覽會必將為國內外的企業增添更多商業機會，成為全世界冰淇淋、冷凍食品產業進行貿易洽談、經銷合作、信息交流最快捷、高效的首選平臺。參加上海本屆展會能與海外冷食採購商、生產商面對面地交流；樹立公司品牌形象，開拓國內外冷食產品市場；體驗冷食的多渠道成功銷售模式；維護、加強您的銷售網絡及與新老客戶的關係；聆聽海外專家談國外冷飲、冷凍食品市場動態，瞭解這些產品未來的發展趨勢；直面終端消費者，瞭解新品上市前的市場反饋信息，最快地獲取市場動態；商機項目推廣頒獎——凡參加展覽會的客戶均可參與評獎活動，大會將邀請相關行業權威人士進行評選。

（資料來源：中國會展網 2011 年第二屆中國上海國際冰淇淋冷凍食品工業展覽會//http://www.expo-china.com/pages/exhi/201012/34412/exhi_detail_gaikuang.shtml 2011-4-14）

### 6.2.1　展覽會的類型

展覽會形式各異，按不同的角度有以下幾種類型：

1. 按展覽會的規模劃分

（1）大型展覽會。如世界博覽會，這類展覽會是綜合性的，參展的組織多，展出的項目多，涉及面也廣，需要有較高的專業技術水平才能辦好。

（2）小型展覽會。規模較小，常常由一個組織自己舉辦，展出的項目比較單一。

（3）微型展覽會。這是最小規模的展覽會。如商店櫥窗的商品展覽。

2. 按展覽會內容劃分

（1）綜合性展覽會。綜合展示一個國家、一個地區或一個組織的建設成就，既有整體概括，又有具體形象，觀眾參觀后會有一個比較完整的印象。例如世界著名的「日本築波國際博覽會」、中國舉辦的「改革開放成果展覽會」等，都是在世界範圍內全面展示一個國家、地區的優秀成果的展覽活動。

（2）專題性展覽會。介紹某一些專業或專題的情況，雖不要求全面系統，但也要內容集中、主題鮮明、有一定深度。例如中國舉辦的「中國酒文化博覽會」，就是專門

以酒為核心，通過酒來展示企業文化和中國傳統的酒文化的展覽活動。

3. 按展覽會性質劃分

（1）貿易性展覽會。舉辦這種展覽會的目的是促進商品交易，展出的也是一些實物產品和新技術等。

（2）宣傳性展覽會。通過展品向觀眾宣傳某一思想或觀點，或讓觀眾瞭解某一史實，其特點是重在宣傳，沒有商業色彩，展品通常是照片、資料、圖表及實物等。

4. 按展覽會時間劃分

（1）長期展覽。展覽形式是長期固定的，如故宮博物院等。

（2）定期展覽。展出內容定期進行更換。

（3）短期展覽。這是一種展出時間較短、展覽結束後即行拆除的展覽會。

5. 按展出地點劃分

（1）室內展覽。在室內舉行，不受天氣影響，不受時間限制，可展出較為精致、價值很高的展品。

（2）室外展覽。在室外舉行，規模可以很大，布展也比較簡單，但會受到天氣的影響。

（3）巡迴展覽。這是一種流動的展覽，往往利用車輛運往各地巡迴展出。

### 6.2.2 展覽會的組織

在舉辦展覽會之前，首先要分析其必要性和可行性。展覽會是綜合性的大型公關專題活動，需投入較多的人力、物力、財力，如不對其必要性和可行性進行科學的分析論證，就有可能出現不良后果：一是費用開支過大而得不償失；二是盲目舉辦而起不到應有作用。

在確定舉辦展覽會之后，應認真做好各項會務工作。組織展覽會的一般原則是：展覽會主題思想明確，佈局結構合理，布置美觀大方、經濟、新穎，解說精練、流暢、動人，給人以深刻印象。

在舉辦展覽會的過程中，應該考慮以下問題：

（1）明確主題思想。明確展覽會的主題和目的、展覽會的傳播方式和溝通方式，確定整個展覽會的領導者、策劃者、執行者和工作人員。

（2）確定參展單位、參展項目和展覽會類型。舉辦者可以採取廣告或給有可能參展的單位發邀請函的方式吸引相關單位參加，廣告和邀請函要寫清展覽會的宗旨、展出項目類型、展覽會的要求和費用以及對參觀人數和類型的預測等，給潛在參展單位提供決策所需的資料。

（3）明確參觀者的類型。使展覽會的策劃者和講解人有針對性地準備材料。

（4）選擇展覽會的時間和地點。有些展覽會要顧及時間性和季節性。在選擇地點時要考慮如下一些情況：方便參觀者；展覽會地點的周圍建築是否與展覽會主題相得益彰；輔助設施是否容易配備和安置等。

（5）培訓工作人員。展覽會工作人員的素質和展覽技能的高低對整個展覽會效果有重要影響。因此必須對展覽會工作人員如講解員、接待員、服務員和操作員等進行良好的公關意識和技能培訓，並就展覽會內容進行必要的專業知識培訓。

（6）成立專門對外發布信息的機構。該機構負責與新聞界聯繫的一切事宜，並要

制訂信息發布的計劃，如確定發布的內容、時機、形式等，公關人員應發掘展覽會上有新聞價值的東西，以擴大展覽會的影響。

（7）準備展覽會所需的各種輔助宣傳資料，如錄音帶、錄像帶、光碟、幻燈片、各種小冊子、展覽會目錄表、招貼畫等。

（8）準備展覽會的輔助設施並提供相關服務。如業務洽談室、合同簽訂室、文書業務、影視、音響、燈光、展櫃、廣告欄及銀行、郵政、海關、檢驗、交通運輸、停車場等。

（9）布置展覽廳。在展覽廳入口設置諮詢服務臺和簽到處，並貼出展覽會平面圖，作為參觀指南；展覽會布置應考慮角度、方向、背景、光線等綜合因素，要使展品展出后整齊、美觀、富有藝術色彩，給人以美感。

（10）設計製作展覽會徽標，備好展覽會紀念品，以強化對展覽會的印象。

（11）制定展覽會經費預算。具體列出展覽會的各項費用，加以核算，有計劃地分配展覽會的各項經費，防止超支和浪費。

**模擬實訓**

【實訓名稱】舉辦企業標示展覽會
【實訓目的】通過模擬訓練讓學生掌握展覽會的組織和相關禮儀
【實訓步驟】
1. 全班5~6人一組，分成若干小組；
2. 每小組一塊展板，安排一名代表講解。
【實訓要求】
盡可能多地收集一些企業標示；精心設計展臺，每個小組不要重複。

# 學習任務6.3　舉辦贊助活動

**知識連結**

案例6-3：海爾集團成為2008年奧運會白色家電贊助商

2006年8月12日，海爾集團公司在青島與北京奧組委簽約，正式成為北京2008年奧運會白色家電贊助商。海爾也是與北京奧組委簽約的第四家贊助商。

作為北京2008年奧運會贊助商，海爾集團將為北京2008年奧運會和殘奧會、北京奧組委、中國奧委會以及參加2006年冬奧會和2008年奧運會的中國體育代表團提供資金和白色家電產品及服務。

北京奧組委執行副主席王偉在簽約儀式上表示，作為「海爾」的誕生地，青島正在積極籌備北京奧運會帆船比賽。「相約奧運，揚帆青島」，表達了青島人民對北京奧運會的熱情期盼。海爾集團成為北京奧運會贊助商，將會給北京奧運會的籌辦工作帶來積極影響，同時也必將對青島的城市建設和經濟發展發揮更大的促進作用。通過奧運會這個全球最有影響力的載體，海爾一定能把自己的良好形象更加真實、全面地展

現給中國和世界，為企業獲得更大的發展空間。

海爾集團首席執行官張瑞敏在致辭中表示，海爾參與北京奧運會，是海爾打造企業文化和樹立企業精神的必然選擇。作為中國民族品牌的代表，海爾一直強調企業的社會責任感，2008年奧運會在北京舉行，海爾積極參與，正是這種企業精神的充分體現。同時，奧運文化與海爾企業文化息息相關，奧運的精神是「更快、更高、更強」，這與海爾「不斷挑戰自我，勇於突破，不斷創新」的文化核心一脈相承。海爾將有義務也有能力在白色家電產品及服務等諸多方面為北京奧運會提供優質服務。

（來源：新浪財經 http://finance.sina.com.cn/chanjing/b/20050812/10381882309.shtml）

### 6.3.1 贊助活動的類型

公關贊助的範圍很廣，凡屬對社會有益的事件或活動，都可作為贊助的內容。但確定贊助活動的內容要與公共關係目標結合起來，為樹立組織形象服務。公關贊助的主要類型有：

1. 贊助體育事業

贊助體育事業包括贊助體育比賽、贊助運動隊、贊助體育人才培養、體育基地建設和體育器材設備、贊助體育廣告等。這樣做，可以使組織在更大的範圍內和更多的方面提高知名度，對公眾施加影響。

2. 贊助文化生活

贊助文化生活包括贊助文藝競賽、文藝演出、影視劇播映，贊助文化藝術節、音樂節、書畫節、贊助專場晚會、遊園會、聯歡會、燈會、謎會，贊助群眾性文化娛樂活動等，以培養與公眾的美好感情，提高組織的品位和檔次。

3. 贊助科技教育事業

這包括資助失學青少年，扶持貧困大學生，設立獎學金、助學金、特種教育基金，專款獎勵有突出貢獻的科技人才和教育工作者，資助教育設施的建設，資助科研項目等。這項贊助可以獲國家、政府和廣大民眾的誇讚，體現組織的社會責任和遠見卓識，對提高組織的聲譽意義極大。

4. 贊助宣傳用品的製作

這包括贊助年鑒、手冊、地圖、技術書籍的出版，贊助地方宣傳畫冊的印製，贊助地方性報紙、雜誌的出版等，以擴大組織的社會影響。

5. 贊助建立職業獎勵基金

對於一些社會上不太重視、后繼乏人的職業，如環衛、綠化、工藝、鑄造等加以扶持，體現組織對社會的關心和肩負的責任，爭取公眾的好評。

6. 贊助社會福利事業

這包括對殘疾人事業、老年康復保健事業、社會保險事業以及對貧困職工和貧困地區居民的救助，對災民的救濟，贊助社會福利設施如老年大學、青少年宮、兒童樂園、街心花園、立交橋、候車亭等的建設，以加強與政府和社區的聯繫，在社區內樹立好的形象。

7. 贊助展覽和競賽活動

這包括贊助產品展覽、貿易展銷、書畫攝影展覽、藏物展覽、風情展覽、史料展覽、地區成就展覽、愛國主義教育展覽；贊助各類選拔人才的競賽活動，選拔科技尖

兵、生產能手、優秀教師、最佳營業員、最佳服務員、最佳主持人、最佳模特等等，以結交更多的朋友，發掘更多的人才。

8. 贊助學術活動

這包括贊助各類學會、協會、研究會的活動，贊助專門項目的研究，贊助中外學術交流，贊助學術著作的出版，以密切和社會名流、專家學者的關係，提高組織的層次和社會影響。

### 6.3.2 贊助活動的組織實施

1. 前期調研

調研主要圍繞組織形象和戰略目標入手，選擇正確的贊助對象、贊助主題、贊助形式以及具體的贊助活動內容，充分做好贊助活動的可行性分析報告。對贊助成本和效益進行預期分析，確保企業、贊助對象以及社會同時受益。

2. 制訂計劃

在贊助研究的基礎上，根據企業的贊助目的，公共關係部門制訂詳細的可行性贊助計劃。贊助計劃的內容一般包括：贊助目的、贊助對象、贊助形式、具體的贊助方式、贊助的費用預算、贊助活動的時間、預計效果評估等具體事項。

3. 具體實施

根據計劃由專門的公關人員負責贊助活動的各個環節內容。在實施過程中公共關係人員要充分發揮自身的潛能，有效地採用公共關係手段和方法，盡可能擴大贊助活動的社會影響力，使贊助活動產生最佳的效果。

4. 效果評估

每一項贊助活動完成以後，都應對照計劃進行贊助活動效果評估，總結各項指標，找出未完成或未達標的原因，分析本次活動的成敗之處，為以後的贊助活動提供經驗、參考和借鑑。

### 6.3.3 贊助應注意的事項

（1）確定贊助活動的主題要符合企業自身的品牌定位。企業應該選擇與目標消費群體關聯度較高以及與企業品牌形象傳播相匹配的贊助活動。通過贊助活動來傳達企業理念或品牌理念。

（2）贊助活動要符合企業的長期目標。要考慮企業的長遠目標，堅持長期的品牌戰略方針，讓該品牌以及本企業深入人心，以最小的投資贏取最大的回報。

（3）贊助活動的對象很多，通常選擇規模大、影響力大的活動，如奧運會、世博會等。另外更應先考慮對慈善事業、福利事業、公共設施、教育事業等進行贊助。這樣更能夠贏得觀眾的信任，也能表明企業對社會盡了相應的責任和義務。

（4）贊助活動的方式要選擇正確。贊助活動主要包括出錢、出物、出人等形式。這就要求根據實際情況選擇一種項目，也可以綜合運用多種手段。例如，對於希望工程可以贊助捐贈教科書、桌椅等教學用品，可以設立企業助學金，還可以聘請優秀教師支教等。

（5）處理好贊助關係。贊助有兩種：一種是企業主動進行贊助活動；另一種是被動贊助，也就是說對方提出贊助要求，企業實施。企業應該注意掌握贊助的主動權，

根據贊助對象的實際情況和企業目標進行選擇，對於不合理的要求，可以婉言拒絕。

（6）贊助活動不等於廣告。不能以贊助為由向對方提出自私要求，如為企業做廣告。不能只把贊助活動看作是一種廣告宣傳，否則違背了贊助活動的宗旨，失去了效果，所以應區分純粹的廣告宣傳和贊助活動的差異。贊助活動強調的是使人們能夠更深層次地、更徹底地瞭解品牌，強調品牌與消費者之間的聯繫。所以贊助活動既有廣而告之的作用，也具備打造品牌的功效，更是建立社會良好形象的有效途徑。

**模擬實訓**

【實訓名稱】春風行動——某某公司贊助希望工程活動
【實訓目的】瞭解贊助活動的作用、類型、基本流程
【實訓步驟】
1. 全班4~5人一組，分成若干小組；
2. 以小組為單位，先確定「春風行動」屬於哪一類贊助形式；
3. 以小組為單位，設計贊助活動的方式；
4. 每組派代表在全班做總結發言。

【實訓要求】設計贊助活動的方式前要求明確贊助活動的作用和意義；步驟2的目的在於經過討論掌握贊助活動的主要形式；步驟3要求經過討論瞭解贊助的方式有哪些；步驟4要求小組將討論結果整理成書面材料，教師進行點評。

## 學習任務 6.4　組織開放參觀活動

**知識連結**

案例6-4：2009中國航海日船舶開放參觀活動

2009中國航海日主題為「慶祝新中國60周年 迎接航海新挑戰」。航海日活動秉承科學發展觀的要求，突出體現時代性、創新性、群眾性，進一步提高全民的航海意識、海洋意識、海洋國土意識，以航海日為載體，努力提振港航業化危為機、戰勝困難的信心。除慶祝大會、鄭和與航海國際論壇等主題活動外，還新增航海日系列活動和大連特色活動，豐富航海日活動內涵以及擴大航海日的影響力，讓更多的市民瞭解航海日的內涵，瞭解海洋的知識以及航海知識。按照2009中國航海日活動大連組委會統一部署和要求，由大連市港口與口岸局承辦航海日船舶開放參觀活動。

（資料來源:新華社大連舉行2010中國航海日船舶開放參觀活動http://www.gov.cn/jrzg/2010-07/10/content_1650722.htm,2010年07月10日）

開放參觀活動，指的是社會組織邀請內外公眾（主要是外部公眾）參觀本組織的工作條件、環境設施、成就展覽等。它是公關實務中經常使用的一種團體性專項公關活動。其目的是增進組織與某類重要公眾之間的雙向瞭解；消除某些公眾對組織的一些偏見和誤解；親善社區或鄰里關係，增強組織與公眾的聯繫。

### 6.4.1 開放參觀的組織實施

要使開放參觀活動取得良好的公關效果，必須做好周密的組織工作。

1. 開放參觀前的準備工作

（1）確定開放參觀的時間，注意開放參觀時間的合理性。

（2）準備好宣傳資料。這主要指供參觀用的小冊子及說明書，要求內容簡明扼要，可介紹參觀的一般過程及本單位的基本情況。小冊子要帶有紀念意義。還須準備好介紹組織情況的幻燈片、錄像片和電影資料等。

（3）準備好展覽用的實物和模型。展示一些實物可以起到引導參觀的作用。

（4）準備好輔助設施和紀念品，如停車場地、休息場所、會議廳等。

（5）挑選和訓練工作人員。這主要指挑選和訓練接待員、陪同員和講解員。

2. 參觀過程中的接待工作

（1）先給參觀者放映介紹組織情況的幻燈片、錄像片和電影資料等，分發說明書、宣傳小冊子，並請組織負責人講話，幫助觀眾瞭解組織的概況。

（2）引導並陪同參觀者沿預定路線參觀，同時作必要的介紹、解說，回答提問。

（3）時間較長的參觀，中間要安排適當的休息。

（4）參觀結束後，可與參觀者座談，最後分發紀念品。

（5）在參觀過程中，如果參觀者提出特殊要求，工作人員要先與有關管理人員或負責人商討後再作答復，以免妨礙正常工作或發生意外問題。

### 6.4.2 開放參觀應注意的事項

1. 人員安排

從有開放參觀的構想起一直到活動的結束，都應有高層主管人員參與。組織大型的參觀活動，最好成立一個專門的活動籌備委員會。委員會成員應包括：企業領導、公關人員、行政和人事部門人員等。還要根據參觀的不同目的，選擇不同的人參加；如果參觀的目的是強調服務或產品，還要請銷售部門人員參加。

2. 準備宣傳材料

要想使開放參觀獲得成功，最重要的是做好各種宣傳工作，準備一份簡單易懂的說明書或宣傳材料，發給參觀者。

3. 規劃參觀線路

提前規劃好參觀線路，防止參觀者越過參觀所限範圍，出現不必要的麻煩和事故。有些組織的主管人員往往顧慮開放參觀活動會使某些秘密技術或某些製造過程的細節洩露，其實，只要安排得當、向導熟練，就可以防止洩露事件。因此，不必在這方面有過多的顧慮。

4. 做好接待服務工作

對參觀者應熱情周到地做好接待工作，如安排合適的休息場所，備好茶水飲料；需要招待用餐的，也要事先做好安排；如果邀請的對象有兒童，更要特別小心，要準備點心、休息場所、必要的盥洗設備等，也可送一些印有介紹組織情況的玩具。

**模擬實訓**

背景資料：學校新生對於大學校園格外陌生，為了盡快對本校園有一個體驗式的瞭解或對本校園中新的亮點進行瞭解，擬開展一次校園文化的專業講解，安排一次校園參觀活動。活動內容包括：參觀展覽室或觀看相關影片，瞭解校園的發展歷程；參觀各系；參觀后勤設施，瞭解高年級同學的業餘生活等。

【實訓名稱】新生校園參觀活動
【實訓目的】瞭解開放參觀活動的組織與實施
【實訓步驟】
1. 全班分成兩個大組；
2. 以小組為單位，擬定參觀路線、校園各系參觀時間和相關聯繫人、被參觀部門及負責人；
3. 組織實施參觀活動。
【實訓要求】運用多種最新的通信和網絡技術手段，以及傳統的傳單、海報作為宣傳基礎手段；參觀單位責任人要安排專人做好接待，並進行介紹。

# 學習任務 6.5　舉辦慶典活動

**知識連結**

案例 6-5：北大百年校慶專列

1998 年，北京大學舉行百年校慶。之前，給母校怎樣的賀禮，是北大未名生物集團的人早就開始考慮的問題。幾位北大校友原來曾想過更換未名湖畔的舊椅子，為北大幼兒園添置新設施等方案，但后來都覺得沒有發一趟校慶專列好。因為北大的百年是與祖國風雨同行的百年，她的每一件大事都與中國的大事件緊密相連，而最能表達這個意境的就是一列列車。這是一列實際列車，儘管有顛簸，有風雨，但始終是向前的。另外，專列還象徵著時代列車。深圳是改革開放的前沿，專列從深圳始發，象徵著祖國沿著改革開放之路滾滾向前。

開這個專列還有一個切實的考慮：校友們畢業后即奔赴四面八方，從事不同的工作。工作繁忙，使他們很難有機會相聚暢談，專列運行 32 個小時，校友們可以盡情暢談交流。

基於以上種種考慮，百年校慶專列的大膽設想形成了。

這個創意得到了鐵道部及下屬單位的大力支持。鐵路部門作出一個前所未有的決定：專列的起始站改到深圳，然后走京廣線。他們還專門組織召開了有關鐵路部門與北大校慶籌備委員會參加的聯席會議，會上專題研究了北大校慶籌備委員會提出的有關車內彩旗、橫幅等宣傳布置問題，車上就餐問題，車上廣播娛樂活動，老弱病殘服務問題以及列車安全問題，對這些問題雙方逐一進行了協商。同時為了保證落實，於當日下午，由廣州客運段陪同北大校慶籌委會人員到站實地察看了 16 次列車車廂，為

他們做好準備工作提供了條件。

1998年4月30日20：05，專列在盛大的歡送隊伍的註視下順利發車，激昂的情緒始終伴隨著大家。「北大往事」演講最初由一個車廂推舉一人參加，后來則是大家踴躍報名，搶著要說。一名校友為百年校慶做了幾首歌，一上車，他就教大家唱，許多車廂開始對歌。由三節硬座車廂組成的「長明教室」，使很多人回憶起學校徹夜開放的教室。大家聊天、唱歌，很晚都不肯去睡。在長5米、寬1米的條幅上簽名留念，使校友們激動歡喜，這條簽名條幅將送到北大校史館收存。列車每到一站，車上的校友就敲鑼打鼓下車迎接上車的校友，「歡迎北大專列『新生』」的橫幅令每一個準備上車的校友備感親切。已經60多歲的一位老校友說：「『新生』兩個字讓我想起了剛入學的情景，仿佛自己又是一個無知的青年，再次回到北大懷抱。」（資料來源：http://www.prywt.com/455.html）

### 6.5.1 慶典活動的流程

慶典，是各種慶祝儀式的統稱。在商務活動中，商務人員參加慶祝儀式的機會是很多的——既有可能奉命為本單位組織一次慶祝儀式，也有可能應邀去出席外單位的某一次慶祝儀式。社會組織一般會在內部發生值得慶祝的重要事件時，在人們共同慶祝的重大節日裡舉行隆重的慶典活動。這種慶典活動實際也是一種展示組織形象、提高社會知名度的公關活動。

慶典既然是慶祝活動的一種形式，那麼就應主要以慶祝為主，慶典活動應盡可能組織得熱烈、歡快而隆重，突出慶典活動的宗旨——塑造社會組織的形象，顯示本企業的實力，擴大企業的影響力。組織一次慶典活動至少要注意兩大內容：一是慶典的準備工作；二是慶典活動的程序。

1. 紀念慶典活動的準備工作

（1）確定主題。確定慶典活動的主題，要精心設計策劃，主題明確、有創新，並在前期要做好宣傳工作，比如海報、廣告等。

（2）邀請賓客。邀請的賓客一般包括政府官員、社區相關人員、社會賢達、社團代表、單位員工代表、同行代表、公眾代表以及新聞媒體。活動主辦方一般在活動前兩周寄送精美的請柬，並在前三天再電話核實，對於特別重要的嘉賓應提前一天電話核實，確保其當天能夠準時出席。

（3）擬定程序表。程序包括確定主持人、簽到、安排人員搞好接待工作、介紹重要嘉賓、重要來賓致辭、剪彩、安排參觀活動或文藝演出等。此外，還要準備一些與會材料、宣傳單、廣告單等。

（4）布置場地。會場一般選擇場外，例如本企業的大門口，或者可以選擇較為寬敞的大廳。過道以及儀式舉行的地方可以鋪上紅色地毯，以示莊重和熱烈；會場四周可以懸掛彩帶、燈籠、氣球、標語等，兩側可以擺放贈送的花籃。慶典活動還需要準備音響、照明設備。根據慶典活動的內容的需要，還要考慮一些特殊場地的需要，比如菸花爆竹燃放區等。

（5）安排接待工作。接待工作主要針對嘉賓。特別重要的嘉賓可以安排專人接待；如果接待人員有限，就要做好指示引導牌，分區域進行服務。接待人員胸前佩戴明顯的職責牌，可以方便來賓，提供更好的服務。

（6）安排禮儀小姐。可以安排禮儀小姐列隊迎賓；如遇開業儀式或奠基儀式安排的人數應比邀請剪彩的嘉賓多一人。禮儀小姐應統一著裝，一般選擇紅色旗袍或簡潔的禮服；髮式整齊統一，一般梳典雅的髮髻；還要求禮儀小姐化淡妝。

（7）準備饋贈禮品。慶典活動上的饋贈禮品是一次很有效的宣傳活動，所以所選禮品要具備四個特點：①獨特性。所謂獨特性就是別人沒有的，禮品講究個性，突出禮品與眾不同，使嘉賓留下深刻印象。②象徵性。送禮品是為了能夠紀念該次活動，並且可以保存，所以就要求禮品具備一定的象徵性，可以從禮品的外形或內涵中體現，能夠反應慶典活動內容。③紀念性。所送禮品要具備紀念價值，可以保存，而且讓人看到禮品就可以想到企業的慶典活動。④宣傳性。企業可以把禮品作為宣傳本企業的載體，可以在禮品上印上組織的標誌、開業時間、廣告語等視覺識別系統的內容，起到對外宣傳的作用。

（8）提前發放宣傳資料。舉辦慶典活動不僅是為了慶祝，更重要的是可以提高組織的知名度和美譽度，擴大社會影響力，所以相關的宣傳資料應該準備充分，並置於方便取閱的地方。

2. 慶典活動過程

對於一次比較熱烈、隆重、節約的慶典活動，應盡可能地按照預計的策劃方案實施。程序通常是：簽到—接待—主持人宣布開始—介紹主要來賓—本公司負責人致辭—嘉賓致辭—剪彩—文藝演出—參觀活動—酒會等。

簽到是正式慶典活動開始前的工作，是可以渲染慶典活動的有效方法，其能夠提供一個相互交流的平臺，所以不要忽略簽到臺的布置，為此要求有較為大氣的門廳、通暢的走道以及便於嘉賓交流的場所。

典禮開始之前，應採用靈活的方式渲染現場的氣氛，主持人應在恰當時機宣布典禮開始。

介紹嘉賓時要注意，可以由組織內部地位較高的人員逐一介紹來賓，以表示慶典的規格，也可以請主持人負責介紹嘉賓。特別要注意的是，介紹時要根據嘉賓的身分高低排序，遵循地位高者先介紹的原則。

致辭是慶典活動中很重要的一個環節，最好準備書面的致辭稿，當然也允許邀請嘉賓即興發揮。

剪彩活動一般是新開業的企業常用的一種形式。該活動一般由嘉賓參與，增加參與性，形式要求規範隆重，把慶典活動推向一個高潮。

文藝演出、參觀活動、酒會、助興節目都是慶典活動常選用的模式，正式的慶典活動時間不宜太長，要求結合慶典的主要目的和內容安排符合主題的活動。這個活動可以擴大組織與公眾之間的直接交流，密切雙方的關係。

6.5.2 慶典活動應注意的事項

慶典活動絕不只是熱熱鬧鬧、吹吹打打，放幾掛鞭炮，擺幾桌酒席的單純的交際活動，而是寓公關目標於慶典活動之中的專門活動形式。它並不像有些人理解的只要場面大、客人多、吃得好、紀念品豐厚就達到了目的，而是有一定技巧和藝術的活動，需要公關人員精心策劃、認真組織、仔細協調。在舉行慶典活動時，需要注意以下問題：

1. 必須有一個明確的目標

慶典活動不能只是為了製造氣氛或例行形式，必須有明確的目標。目標的選擇可以是單一的，也可以是多元的。就總體而言，這類活動的目標主要是擴大影響，提高知名度和聯絡公眾。具體而言，不同的慶典活動又有不同的目標。如慶祝活動的目標主要是加強宣傳，擴大影響；而紀念活動的目標除此之外，還有宣傳某種觀念，解釋某個問題，澄清某些事實等。一般而言，每次活動必須有一個主要目標，其他目標則處於從屬的地位，不要面面俱到，平均用力，否則便會衝淡主題，影響活動的效果。

2. 妥善安排活動的內容

慶典活動的內容很多。慶祝活動的內容必須是本組織發生的值得慶祝的事件，如開業、竣工、廠慶、獲獎、中標、超額完成任務、新產品面世、技改成功、企業升級、節能降耗、安全生產、機構變動、組織發展等等。紀念活動的內容除了是本組織值得紀念的事件以外，還可以是社會上值得紀念的事件。當然，社會上值得紀念的事件必須是和本組織有一定聯繫，並且是為本組織服務的事件。否則，就不是公關活動，而是政治活動或社會公益活動了。這種紀念活動，幾十年前伯尼斯策劃過。1929 年 10 月 21 日是世界上科學發明家愛迪生發明白熾燈泡 50 周年紀念日。這時，伯尼斯受美國通用電器公司和威斯門豪斯公司之托，策劃了「燈光 50 周年」紀念活動。這一天，全世界大多數公用事業公司都在同一時刻停電 1 分鐘，向愛迪生致敬，感謝他的發明為人類帶來了光明。當時的美國總統胡佛和不少達官顯貴出席了紀念活動。美國郵電局為此還發行了一枚紀念郵票。其實，這次活動並不是真的為紀念愛迪生，而是為了宣傳生產和推銷電燈泡的通用電器公司和威斯門豪斯公司。

3. 正確選擇活動的時機

慶典活動的時機不能機械和呆板，慶祝和紀念活動舉辦的時間當然是值得慶祝和紀念的時日。如果活動時間正好與社會上某些重大活動重合，二者將會發生矛盾衝突。本組織的活動將會被社會上的重大活動衝淡而黯然失色，事倍功半。遇此情況，就應將時間適當調整，一般可提前進行。慶祝和紀念活動的時機要與活動的目標和內容相適應。特別是慶祝活動，何時舉辦適宜完全可以由組織決定。這就要從主客觀兩方面來考慮。既是宣傳效果最好的時間，又是所邀請的公眾較適合的時間，還要讓公關部門有充分的時間來準備。

4. 挖掘活動的深刻主題

慶典活動決不能只圖形式，做表面文章，而要挖掘深刻的主題，使活動具有強烈的社會意義，以增強社會效果。挖掘主題既要與活動內容相結合，更要與社會熱點問題、公眾關心的問題、能引起強烈反響的問題相結合。兩者的結合要自然、協調，不露痕跡，避免生拉硬套，畫蛇添足。如某商場擇定 6 月 1 日開業，只舉行了簡單的儀式。其特邀嘉賓是聾啞學校的師生代表。慶典活動上，商場總經理宣布，將原來準備搞大型慶祝活動的經費節省下來資助聾啞學校和學生，贈送該校 100 套文具，當場舉行了捐助儀式，在社會上傳為美談，新聞單位則作了專題報導。

5. 巧妙構思活動的形式

慶典活動通常有較固定的程式。一般是主持人、來賓、領導講話、剪彩或揭牌，宴請或娛樂活動。這種老一套的程式很難給人留下深刻的印象，也缺乏新聞價值。因此，要巧妙地構思一些健康向上的、富有意義的、能達到預定目標又花費不多的新穎

活動。比如某汽車廠舉行廠慶 40 周年活動時，選擇了 10 輛不同年代製造的汽車，配上當時流行的裝飾，由當年的生產工人代表乘坐，再配以彩車和鼓樂車，在市內進行預定線路的遊行。這既讓公眾看到該廠發展的概貌，又在較大範圍內宣傳了工廠，具有強烈的社會效果和新聞價值。

6. 做好活動中的協調工作

慶典活動規模較大，參加人數較多，有時活動的範圍也不小，協調工作就顯得十分重要。會前應做好充分準備，如會場的地點、設備的配置、環境的布置、座次的安排、資料和紀念品的準備、程序的安排、發言人的確定、與會者的邀請、新聞單位的聯繫等等。會議工作人員必須明確分工，各司其職，同時要有人負責聯絡和協調。如：接待處要與主會場隨時聯繫，報告賓客到達情況；各項目進行時要有人安排落實下一個項目的各種事宜。會議接待人員要明確自己的接待對象，並貫徹始終，不要顧此失彼，厚愛一部分賓客而冷落另一部分賓客。活動中要注意組織的整體形象，組織各方面的工作都要以新的面貌展示出來。

7. 加強與新聞單位的聯繫

慶典活動意義重大，一般都應邀請新聞單位參加。通常的做法是兩次邀請，即提前發出書面邀請，臨開會前再派人或以其他形式落實新聞單位派員採訪事宜。要給新聞單位人員安排座席，並給他們的工作提供方便。

**模擬實訓**

【實訓名稱】某某公司十周年紀念慶典活動

【實訓目的】通過任務的學習，掌握慶典籌備方式、議程安排及慶典的規範服務，瞭解慶典活動的類型，理解慶典活動的整體策劃、組織並能熟練應用與慶典活動相關的技能。

【實訓步驟】

1. 全班 5~6 人一組，分成若干小組；
2. 以小組為單位，討論十周年紀念慶典活動的準備工作；
3. 以小組為單位，討論十周年紀念慶典活動的具體內容；
4. 以小組為單位，討論十周年紀念慶典活動的儀式程序；
5. 每組派代表在全班做總結發言。

【實訓要求】

首先討論十周年慶典有沒有必要舉行；步驟 2 要求經過討論，明確慶典活動的準備工作有哪些，要求思路清晰，表達清楚；步驟 3 要求經過討論有具體的活動方案提綱，要求具有創新性；步驟 4 要求經過討論設計慶典活動的儀式程序，要求流程合理。

**第二課堂**

**新聞發言人制度**

新聞發言人作為一種「制度」，其內容涉及政府的重大事項、重要活動、社會關注的熱點問題、海內外關注的問題、重大突發事件、公共政策、公共服務、政府決策等所有與公眾利益直接相關的問題，針對這些內容提供的一種接受公眾公開諮詢、質詢

和問責的制度安排。

西方新聞發言人制度最早可以追溯到美國總統新聞發言人。19世紀20年代，美國普通民眾獲得了選舉權；19世紀30年代，便士報出現。新聞發言人正是誕生在這樣一個政治改革、經濟增長、傳媒大眾化的年代。新聞發言人制度的正式出現是在美國第28任總統伍德羅·威爾遜任期（1913—1921年）內。

中國新聞發言人制度的出現是在1982年。第一位新聞發言人是時任外交部新聞司司長的錢其琛同志。1983年2月，中共中央宣傳部、中央對外宣傳領導小組聯合發文《關於實施〈設立新聞發言人制度〉和加強對外國記者工作的意見》，要求外交部和對外交往較多的國務院各部門建立制度，定期或不定期地發布新聞。1983年3月1日，新任外交部新聞司司長齊懷遠被正式任命為第一任外交部新聞發言人，並舉行了首次新聞發布會。1983年4月23日，中國記協首次向中外記者介紹國務院各部委和人民團體的新聞發言人，正式宣布中國建立新聞發言人制度。

2003年SARS疫情暴發后，從2003年4月初到6月24日，衛生部連續舉辦了67次新聞發布會，是舉辦新聞發布會最密集的時期，也是全國全面建立新聞發言人制度的標誌。

如今從中央國家機關到地方政府、從社會團體到群眾組織都紛紛建立了新聞發言人制度。

（資料來源：百度百科）

### 案例分析

**安徽指南針教育管理中心向高校提供贊助**

安徽指南針教育管理中心是指南針教育管理（集團）下屬的一個大型專業教育管理培訓諮詢服務機構，主要業務範圍為教育、商務和就職前信息諮詢等。

安徽指南針教育管理中心與高校各個教育媒介的長期合作，使安徽指南針的品牌持續增值並發揚光大。自2004年起，安徽指南針教育管理中心連續四年贊助安徽師範大學、蕪湖職業技術學院、安徽工程科技學院、安徽商貿職業技術學院，並成為2006年安徽師範大學校運動會主贊助商。2007年，中心贊助了由各高校聯合舉辦的蕪湖市首屆大學生英語角大賽，引起了強烈的反響。中心還與各高校聯合實施改善在校貧困大學生學習、生活條件的「陽光工程」。

一、公關目標

（1）進一步提高中心的知名度和美譽度，維護中心的良好社會形象；

（2）爭取廣泛的媒介覆蓋率，擴大活動的影響。

二、公關策劃

（1）「陽光工程」旨在改善在校貧困大學生所面臨的困難狀況，引起社會各界對在校貧困大學生所面臨的困難問題的高度關注，並利用部分社會資源，有效地解決在校貧困大學生所面臨的困難問題。同時有效地傳播中心的人文理念。因此，這一工程要能產生較大的社會影響和號召力。

（2）這次工程為了產生預期的傳播效應，策劃了廣告語「關注在校貧困大學生，關注社會的未來精英」。同時，中心派出了工作人員到各高校和相關單位製作宣傳片，

意欲造成強烈的視覺效果。在安徽師範大學和蕪湖職業技術學院等高校舉行的捐贈儀式上，邀請媒體進行現場報導。

三、項目實施

「陽光工程」活動由安徽指南針教育管理中心與各高校聯合發起，為長年開展的贊助活動，面向各高校在校貧困大學生，旨在關注和解決在校貧困大學生所面臨的困難問題，為社會的未來培養一批職場的主力軍。「陽光工程」希望愛的陽光灑滿每一個本應充滿希望的在校貧困大學生。

四、活動形式

（1）安徽指南針教育管理中心與各用人單位繼續為在校貧困大學生提供勤工儉學的工作機會。

（2）該活動由安徽指南針教育管理中心與各相關單位協作捐款，有關部門負責監督。實施方案以年度為單位，下一年度方案視當年實施情況做具體調整，內容由安徽指南針教育管理中心和各高校協商確定。

五、活動進程

（1）2007年3月1日，安徽指南針「陽光工程」新聞發布會召開，到會嘉賓有安徽師範大學王校長、安徽工程科技學院李院長、皖南醫學院張院長、蕪湖職業技術學院宋院長、安徽商貿職業技術學院方院長、安徽指南針教育管理中心王主任以及蕪湖世紀華聯、蕪湖中原物流、深圳華強、蕪湖偉星、蕪湖中域全方位、蕪湖融匯、蕪湖海螺、蕪湖長江輪船公司副總經理等。出席新聞發布會的新聞媒體有安徽電視臺、蕪湖廣電總臺、安徽日報、江淮晨報、新安晚報、安徽商報、蕪湖日報、大江晚報。駐皖媒體有新華社安徽通訊分社、《人民日報》安徽編輯部、《中國青年報》安徽編輯部等。

（2）3月22日起，安徽電視臺「陽光工程」活動宣傳片開始播出。

（3）4月2日，首筆捐贈款項從指南針教育集團送出，共有8所高校接受了首筆捐贈。每所高校無償獲得用於解決在校貧困大學生困難的贊助款項，價值共計262,228元。與此同時，各相關用人單位也與8所高校簽訂了在校貧困大學生勤工儉學的合作協議，為在校貧困大學生提供改變命運的機會。

六、項目評估

隨著安徽指南針「陽光工程」新聞發布會的召開和安徽電視臺活動宣傳片的播出，「陽光工程」引起了社會各界和群眾的廣泛關注。「陽光工程」新聞發布會有11家權威媒體參加，僅安徽師範大學捐贈儀式就有7家媒體參與報導。

這些活動有效地確立和輸出了中心的形象，充分體現了中心關心下一代，不斷回報社會的高度社會責任感；使中心關注人文的理念更加深入人心；增強了中心在公眾中的親和力，為中心的長遠發展創造了更為良好的環境。

（來源：安徽指南針教育）

通過分析上面的案例，回答下面問題：
1. 安徽指南針教育的贊助活動有何借鑑之處？
2. 從本案例中分析贊助的目的及其重要意義。

# 項目 7
# 組織形象塑造

## 項目目標

【知識目標】

1. CIS 的基本構成元素
2. CIS 設計方法

【能力目標】

能對一個組織進行簡單的 CIS 設計

## 項目引入

### 「百家講壇」的形象定位

「百家講壇」曾是在中央電視臺考核「生死線」上徘徊的節目，能夠「起死回生」並創造輝煌，離不開其形象的多次調整。

一、學者的「百家講壇」

在早期的定位中，「百家講壇」走的是「文化品位，科學品質，教育品格」的路線，是一部電視版的「百科全書」。「百家講壇」將觀眾群基本定位在受教育程度較高、欣賞品位不俗的知識階層，主講人選也瞄準了全國最好的學者、教授。

中央電視臺推出的「欄目警示及末位淘汰」考核機制中規定，一年內連續兩次或累計三次被警示的欄目，或收視率最低的節目就會被淘汰。和后來消失的「讀書時間」「美術星空」一樣，「百家講壇」收視率屢次位於頻道后列。

二、放下學術架子

2003 年，「百家講壇」幾度停播。為提高收視率，「百家講壇」不得不放下「學術」架子，將具有中學文化水平的群體作為主要收視人群。在節目上也做了大的改變。比如：為高考的學生做了為期一個多月的「備戰高考」系列節目，開始請人做專題演講；請龍應臺、李銀河、陳丹燕等人主講「女人說話」；請紅學家周汝昌、蔡義江、王蒙等人講 16 集「新解《紅樓夢》」。此外，在節目的可視性上也下了很大功夫，加強畫面資料的運用。

這些努力收效不大，后來「百家講壇」提出了放棄「百科全書」，重點強化人文類節目系列專題，注重演講人表達能力而非權威資歷，在內容上注意懸念和起承轉合，

在節目的結構上注重包裝，使其更生動，以貼近觀眾來提高收視率。

在這一指導思想下，「百家講壇」2004年推出了「品讀《水滸傳》」「2004 女人說話」「天文系列」「民法系列」「清十二帝疑案」「中國電影百年史」等多個演講專題。慢慢地，「百家講壇」的收視率開始攀升。自閻崇年始，「百家講壇」走出低谷。「清十二帝疑案」講完，閻崇年又開始講「清十二帝疑案總說」「清十二帝疑案答疑」，創下了當時科教頻道 0.75%的最高收視率。「清十二帝疑案」創下的收視率讓「百家講壇」的策劃人很振奮，欄目策劃人由此開始抓歷史文化選題。

三、初中生的「百家講壇」

「閻崇年現象」令人深思，由此「百家講壇」得出結論：「百家講壇」要找的老師第一要會講，第二才是學術功底。

在「生存還是死亡」的壓力面前，「百家講壇」的欄目定位從人文、自然和社會轉向中國傳統文化和歷史，還把講臺搬到了室內演播室，加強了內容結構的組合和包裝。比如閻崇年講皇太極時，編導會插入皇太極的畫像。電視畫面除了主持人的身影，還有主持人的解說詞字幕、優美動聽的音樂。

在「百家講壇」講課的劉心武、易中天、紀連海、王立群都有過這樣的經歷。為了讓節目更精彩，每個名家在錄製節目前，都必須進行試講。通常情況下，只有初中文化水平的打字員是第一道評審。如果他覺得打字很累了，說明這個老師講的效果不太好。如果他聽得很帶勁，打字不覺得累，那麼證明老師講得效果好。這樣做的結果是，「百家講壇」把一個學者變成了說書人、講故事的高手。

特別是劉心武、易中天等人的講說還引起了各方的爭議，甚至批評。但這些在節目策劃人的眼裡都無關緊要，從傳播效果上講，爭議正是一副助燃劑。現在的「百家講壇」不再是給高級知識分子開的學術論壇，而是「一座讓專家通向老百姓的橋樑」，主要是給初中以上文化程度的普通觀眾看的。

從「百家講壇」欄目一開始的「學者的『百家講壇』」到「初中生的『百家講壇』」的變化發展，說明形象有一個再定位的問題，就是說建立推廣以後還有必要檢測、矯正和鞏固。

（資料來源：朱崇嫻. 公共關係原理與實務 [M]. 北京：高等教育出版社，2008）

## 學習任務 7.1　組織形象概述

**知識連結**

### 7.1.1　組織形象的含義與特徵

所謂組織形象，就是社會公眾對組織綜合評價后所形成的總體印象。組織形象包括的內容很多，如組織精神、價值觀念、行為規範、道德準則、經營作風、管理水平、人才實力、經濟效益、福利待遇等。組織形象是這些要素的綜合反應。

組織形象具有以下幾個方面的特徵：

1. 整體性

組織形象是一個有機的整體，形象是由組織內部諸多因素共同作用的結果。以一個企業為例，企業形象包括：

（1）企業歷史、社會地位、經濟效益、社會貢獻等綜合性因素；

（2）員工的思想、文化、技術素質及服務方式、服務態度、服務質量等人員素質因素；

（3）產品質量、產品結構、經營方針、經營特色、基礎管理、專業管理、綜合管理等經營管理因素；

（4）技術實力、物資設備、地理位置等其他因素。

這些不同的因素形成不同的具體形象，但這些具體形象只是構成企業整體的基礎，而完整的企業形象是各個形象要素所構成的具體要素的總和，這才是對組織具有決定性意義的寶貴財富。

當然，對有些組織而言，可能會因某一方面的形象比較突出，進而掩蓋其他方面的形象，導致組織形象片面性或不完整性。其實這也是正常的，因為組織宣傳有側重點，公眾也不可能全面瞭解組織的所有情況，他們的印象大部分都是源於他們所能接觸到的組織的一個或少數幾個方面的情況，這就要求組織要認真對待每一個方面、每一個環節，從而在公眾心目中形成良好的總體印象。

2. 主觀性

組織形象是公眾對組織的意見或看法，因而是一種主觀性的東西。因為社會公眾本身具有差異性，他們的社會地位、價值觀念、思維方式、認識能力、審美標準、生活經歷等各不相同，他們觀察組織的角度、審視組織的時空維度也不相同，這樣社會公眾對同一企業及其行為的認識和評價就必定有所不同。「公說公有理，婆說婆有理」就是這個道理。此外，在形象塑造和傳播過程中，必然要發揮組織員工的主觀能動性，滲透企業員工的思想、觀念和心理色彩，因此，組織形象是主觀的。

3. 客觀性

形象是一種觀念，是人的主觀意識，但觀念的反應對象卻是客觀的。也就是說，組織形象所賴以形成的物質載體都是客觀的，建築物是實實在在的，產品是實實在在的，組織的員工也是具體的，組織的各種活動也是實實在在的。所以，組織形象作為客觀事物的反應，是不以人的意志為轉移的，不能在虛幻的基礎上構築組織形象。

我們說組織形象是客觀的，還是基於一種統計規律。組織形象是公眾的意見或看法，這個公眾不是單個的人或少數群體組織，而是一個公眾的集合。個人的意見是主觀的、可變的，但作為一個整體的公眾或大多數公眾的意見則是客觀的。雖然大多數人也可能被誤導或因其他原因而產生錯誤看法，但這也正是公關狀態的一種反應。如果不從整體公眾來理解組織形象，便無法形成組織形象。因為做得再完美的企業總有反對者，再蹩腳的公關也會有人拍手叫好。

4. 相對穩定性

當社會公眾對組織產生一定的認識和看法以後，一般會保持一段時間，而不會輕易改變或消失，這就是組織形象的相對穩定性。要在公眾心中留下一個印象並不容易，特別是在當今產品眾多、廣告泛濫的年代；然而，要改變一種產品或一個組織在公眾心中的形象就更難了。組織形象的這種相對穩定性可能會產生兩種結果：其一是組織

因良好形象被維持而受益；其二是組織因不良形象難以改變而受損。當然形象不是一成不變的，但要改變一種形象總是不容易的。

### 7.1.2 組織形象的種類

組織形象是多層次、多維度的，因此我們也應該從不同角度來把握組織形象。

1. 按組織形象的內容可分為特殊形象和總體形象

特殊形象是某個或少數幾個方面給公眾留下的印象，或者組織在某些特殊公眾心中形成的形象。如企業的良好服務使某些顧客形成了組織「優質服務企業」的形象，企業的某一次慈善捐款給公眾留下了樂善好施、熱心公益事業的形象。特殊形象對企業很重要，因為公眾是不可能全方位、全面地瞭解組織的。組織在他們心中留下的往往就是這種特殊形象，而且某些公眾就是因為組織在某些方面的獨特形象而支持組織的，如歌迷之於演唱會、球迷之於球星等。因此，特殊形象是組織改善形象的突破口。正如前面所言，總體形象就是企業各種形象因素所形成的形象的總和，也是各種特殊形象的總和，但兩者又不是簡單的總和。一個比較極端的例子是：某個員工工作敬業、技術一流，人際關係也好，深得領導和同事的讚許，但不喜歡他的人們可能說，他沒有個性或沒有特長雲雲。對一個組織而言，就應該努力追求總體形象和特殊形象的統一和諧。

2. 按照組織形象的真實程度可分為真實形象和虛擬形象

真實形象是指組織留給公眾的符合組織實際情況的形象；虛擬形象則是組織留給公眾的不符合企業實際情況的形象。虛擬形象形成的原因是多方面的，既有傳播信息過程中的失真，也可能有公眾評價的主觀性、偏向性原因。需要說明的是，真實形象不一定就是好形象，而虛擬形象也未必等於壞形象，如企業經營偽劣產品被曝光在公眾心目中形成的一個不好形象是真實形象，而一個騙子在被揭穿之前的公眾楷模形象往往是虛擬形象。一些企業也通過虛假統計數據而在上級部門那裡形成了一種好形象，但這肯定是虛擬的。對企業來說，應當追求真實的良好形象，而避免虛假的、不好的形象。

3. 按照組織形象的可見性可分為有形形象和無形形象

有形形象是指那些可以通過公眾的感覺器官直接感覺到的組織形象，包括產品形象（如產品質量性能、外觀、包裝、商標、價格等）、建築物形象、員工精神面貌、實體形象（如市場形象、技術形象、社會形象等），它是通過組織的經營作風、經營成果、經濟效益和社會貢獻等形象因素體現出來的。無形形象則是通過公眾的抽象思維和邏輯思維而形成的觀念形象，這些形象雖然看不見，但可能更接近企業形象的本質，是企業形象的最高層次。對企業而言，這種無形形象包括企業經營宗旨、經營方針、企業經營哲學、企業價值觀、企業精神、企業信譽、企業風格、企業文化等。這些無形形象往往比有形形象有價值，如對麥當勞、可口可樂、索尼、勞斯萊斯等企業而言，企業信譽等無形資產比那些機器設備和廠房要重要得多。

4. 按組織形象的現實性可以分為實際形象和期望形象

期望形象是組織希望在公眾中擁有的形象。它往往是理想化的、高於現實的。期望形象為組織的發展提供內在動力，一個組織的期望形象越高、它驅動力就更強，付出的努力就越大。實際形象就是社會公眾對一個組織的真實看法和評價，這是客觀的、符合實際的。瞭解組織的實際形象是制定公共關係計劃目標的基本依據。

此外，還可以把企業形象劃分為內部形象（內部員工對組織的總體看法）和外部形象（組織外部公眾對組織的看法和評價）。

### 7.1.3 組織形象的構成要素

組織形象的構成要素主要有三個方面：

1. 組織的總體特徵與風格

組織的總體特徵與風格是指組織最為顯著的、能代表整體情況的一些特點，是社會公眾對組織及其行為的概括性認識。組織的總體特徵與風格分為內在總體特徵與風格和外在總體特徵與風格。

組織的內在總體特徵與風格指組織的精神風格、組織的價值觀、組織的凝聚力、辦事效率和組織的實力，如組織的人才、技術、資金、企業等級等。

組織的外在特徵與風格包括組織的建築、設備、環境的美化和保護、員工的儀表、服飾、態度、辦公用品、標誌、廠旗、廠徽、廠歌、特有的色彩等。

組織的內在特徵與風格和組織的外在特徵與風格是一個範疇的兩個方面。內在特徵與風格是外在特徵與風格的支柱和依據，它決定著外在特徵與風格的價值取向。外在特徵與風格是內在特徵與風格的直接表現，很直觀，易給人留下較深刻的第一印象，使公眾迅速瞭解組織的特色。因此，塑造組織形象時，二者不可偏廢。

2. 知名度與美譽度

評價組織形象最基本的指標有兩個：知名度和美譽度。知名度是一個組織被公眾知曉、瞭解的程度。這是評價組織「名氣」大小的客觀尺度。但知名度是一個中性詞，沒有好壞之分。美譽度是一個組織獲得公眾的信任的程度，是評價組織社會影響好壞程度的指標。

知名度和美譽度分別從量和質兩個方面評價組織形象。一個組織的知名度高，其美譽度不一定高；知名度低，其美譽度不一定低。因此，一個組織要想樹立良好形象，就必須同時把提高知名度和美譽度作為追求的目標。

3. 組織形象的定位

組織形象定位是組織在社會公眾中確定自身形象特定位置。這個特定位置通常是特定組織與同類組織相比較而確定的。因此，組織形象定位總是根據組織自身的特點、同類組織的情況和目標公眾的情況三個要素來實施。

組織形象定位是公共關係實務或者公共關係策劃的重要內容之一。一個組織選擇什麼樣的總體特徵與風格，在不同時期的知名度、美譽度要達到多高，都有一個定位才能形成組織形象。組織沒有統一的組織形象，就無法開發形象資源。而準確的組織形象定位，就為組織的成功奠定了基礎。

**模擬實訓**

【實訓名稱】撰寫前景宣言

背景資料：

北京王府井百貨大樓（集團）股份有限公司為了建立和推廣組織形象，發表了公司的前景宣言：

走過38年，輝煌已就，功業已就……風雨我們同舟，興榮我們與共，在「一團

火」企業精神的凝聚下，廣大職工無私奉獻、團結友愛、艱苦奮鬥、開拓進取，用我們的光和熱去溫暖每一個人、每一顆心。

隨著我們股份有限公司的改組，歷史將我們再一次放到了起跑線。這是機遇，這更是挑戰。再度的輝煌需要我們去鑄就，嶄新的形象需要我們去塑造。為此，我們要造就一個充滿友愛、親情、溫馨的祥和的寬鬆氣氛，造就一個海闊憑魚躍、天高任鳥飛的大舞臺，造就一個得得得、失俱失，全身心投入，充滿歸屬意涵的大氛圍。我們更要在全社會以至全世界造就一個全新、鮮明、溫馨、祥和、永遠向前的北京王府井百貨大樓（集團）股份有限公司的新形象。

任重而道遠，增強現代經營理念、現代管理意識。使全體大樓人愛業、學業、敬業精神再一次得到昇華；使外部公眾對公司形象在更高層次上進一步給予美譽，是我們實施企業形象系統工程的明確主旨。它將對我們走入國際慣例管理體系、進一步光大我們的整體形象起到重要的推動作用。

再騰飛，咫尺可見；再輝煌，曙光已破曉。願每一位大樓人真誠投入，全心參與，殫精竭慮，積極進取。讓我們共同創造更加美好的未來，與公司共享輝煌。

（資料來源：李道平. 公共關係學［M］. 3版. 北京：經濟科學出版社，2008）

【實訓目的】深刻瞭解什麼是組織形象

【實訓步驟】

1. 全班5~6一組，以小組為單位進行實訓；
2. 參考背景資料，選擇一家企業分組討論並撰寫一份前景宣言；
3. 各組派代表宣講前景宣言，評出「最佳宣言文稿與宣言風采」。

【實訓要求】前景宣言一定要清晰地體現出該企業的企業形象。

# 學習任務 7.2　組織形象塑造

**知識連結**

案例 7-1　安達信公司的企業形象

1988年，諮詢部門從阿瑟·安達信公司獨立出來後，一直沒有宣傳過自己的身分和形象。在1994年，他們交給揚·羅必凱公司一項任務：為安達信諮詢公司在歐洲建立一個獨一無二的全球適用的企業形象、一個消費者明白無誤的形象。

安達信公司堅持認為首要任務是強調其業務的完整性，即對客戶的戰略、經營、信息技術和人員構成進行綜合的分析和重組。廣告活動將顯示安達信公司的業務發展方式是在不斷調整適應市場需求的過程中發展壯大。

第二個主題是宣傳它的全球服務一致性理念。在樹立安達信作為全球性諮詢公司形象的同時，還要使客戶確信他們在世界各地的分公司可隨時為他們提供同樣的服務，小公司也可獲得與跨國公司同樣的幫助。

作為世界優秀的大型諮詢公司，安達信非常重視對客戶現有的各種條件和資源進行綜合、全面的瞭解和分析，然後將客戶現有的各種條件和資源進行合理、靈活的搭

配與組合，從而增強他們的整體實力。揚・羅必凱在設計和調查了多種廣告創意后，與安達信一致認為：使用魚群組成的鯊魚形象是勝利的關鍵。電視廣告、印刷廣告、機場廣告及其他形式廣告的中心都集中在具有潛在危險的水域裡遨遊的這群魚身上。魚群為保護自己免受捕食者的威脅，團結在一起並排列成鯊魚的形狀，借此形象說明：合理的組織機構加上創造性的思維，可以靈活、巧妙地迎接任何日常的挑戰和威脅。安達信的「組合鯊魚」廣告還向客戶提出了這樣一個問題：「你的生意是什麼形狀？」

與這個廣告創意相配的是同樣新穎、精確的媒介策略。廣告瞄準經挑選的目標受眾，如有影響力的業務經理和總裁們，因而使用了《經濟學家》《金融時代》《財富》《商業周刊》等國際性雜誌。同時也在影響力較大的泛歐洲電視臺播放廣告（平日在CNN，週末在歐洲體育臺），這些都是接近這類有限受眾的好辦法。

為什麼用電視？揚・羅必凱公司是想先通過印刷媒介這種傳統方式把信息傳達給他們，再在他們的閒暇時間一般不考慮生意的時候，用電視廣告接近他們。機場廣告也很關鍵，因為客戶和安達信的雇員都是此地經常出差的人，機場廣告可以讓客戶感到他們去哪裡，哪裡就有安達信。

「組合鯊魚」廣告發布後，果然擊中目標。根據廣告跟蹤調查，傳播產生了預期的影響。目標受眾抽樣表明：安達信在歐洲的品牌認知度已超過70%，在英國已達到全面覆蓋，遠遠超過了它的競爭對手。

「組合鯊魚」為安達信樹立了一個清晰可辨的企業形象，使客戶能馬上聯想到它所傳達的新穎、有創建的信息；突出其在同行中的領導地位，並通過前所未有的廣告活動告訴客戶安達信諮詢公司為何有質的不同。

（資料來源：http://www.docin.com/p-278070622.html）

### 7.2.1 塑造組織形象的原則

組織形象對現代社會中力求不斷發展的組織而言是十分重要的。由於現代的競爭越來越激烈，而競爭已由原來的質量、價格的競爭，升格為組織整體形象的競爭，因此很多人都形成了這樣的觀念，即一個組織的良好社會形象是這個組織最主要的無形資產，可以使組織得到公眾的肯定和支持，使組織的產品和服務更易為他們所認同和接受，也能使組織獲得更多、更好的投資支持和合作機會，不斷增強組織內部的向心力和凝聚力，使組織更順利地發展。所以，很多組織都把設計與塑造良好的組織形象，作為組織公關部門和組織全體人員的頭等大事。

組織形象設計的原則是組織制定、實施組織形象戰略必須遵循和貫徹的指導思想，是塑造組織形象的行為準則。

1. 質量為本原則

當代企業之間的競爭是產品質量、價格、服務和信譽的全方位競爭。企業組織的產品形象是樹立企業良好形象的關鍵。在服務行業，服務質量就是樹立企業形象的關鍵。企業如果不注重產品開發，不注重產品的質量管理，不注重優質服務，即使是名牌、老牌子也會砸掉。經營者永恆的主題就是以質量取勝，以質悅人。

2. 信譽至上原則

良好組織形象的核心指標是信譽。信譽，是企業的生命，是無可替代的財富。信譽好的企業和名牌商品會在消費者心目中樹立了牢固的形象。真正的企業家寧可承受

經濟上的損失，也不會放棄信譽。而企業要取得信譽絕非一日之功，需要長時期地重視質量。既要有優質產品，又要有優質服務，這樣，才能塑造良好的企業形象。

3. 全局統一原則

塑造良好的組織形象是一項全方位的工作，這是由組織形象整體性特點決定的。整體性的特點體現在組織形象目標的全面性、組織形象的塑造需要全體人員共同努力、塑造良好形象應運用多種方法幾方面。正因為塑造良好的組織形象涉及組織的許多方面，所以要求組織不能各自為政，一定要從全局出發，制定統一的公共關係政策來協調組織內部的公共關係活動；若需要對外開展公共關係活動，組織公關部門應事先爭取各有關部門的支持、配合，求得協調一致，以防止出現重複甚至自相矛盾的做法從而導致不良后果甚至毀壞組織的整體形象。

4. 注重傳播原則

良好的公共關係活動必須有有效的傳播。這就是說，必須通過適當的渠道宣傳自己，使本組織的形象盡可能在更多的公眾心目中留下好的印象。因此，可借助必要的傳播渠道、有創意的傳播形式，把真實、美好的自己介紹給公眾，在公眾心中形成良好的深刻印象。

### 7.2.2 塑造組織形象的方法

如何才能塑造良好的組織形象呢？一般來說，要塑造良好的組織形象，組織應該做好以下幾方面的工作：

1. 消除組織形象塑造中的誤區，樹立正確的組織形象觀

儘管組織形象的重要性已為越來越多的組織領導層所認識，但在實際中，還是存在著對組織形象的若干認識誤區。例如組織形象無用論、組織形象萬能論、組織形象趨同化、組織形象盲目化等。

針對上述組織形象塑造過程中的誤區，組織在進行形象塑造時必須樹立正確的組織形象觀，努力避免或消除對組織形象的不正確看法。既不要因看不到組織形象的作用而輕視，也不要因組織形象有作用而人為拔高，同時在組織形象設計和實施過程中要注意特色，注意針對性和代表性，只有這樣才能真正搞好組織形象的塑造工作。

2. 捕捉組織形象塑造的有利時機，以達到事半功倍的效果

不同的時期，組織形象塑造的途徑和方法會有所不同，如能巧妙地把握時機，因勢利導，就能收到事半功倍的效果。

（1）新組織創立時期

新組織創建開業時，還未能與社會各界建立廣泛聯繫，知名度不高。這時，組織如能確立正確的經營理念，完善組織和員工行為規範，設立獨特的視覺識別系統，選擇最佳的傳播方式和媒介，就能給公眾留下美好的第一印象。

（2）組織順利發展時期

這時應致力於保持和維護組織的形象和聲譽，鞏固已有成果，再接再厲，進一步提高知名度和美譽度，以強化組織在公眾心目中的良好形象。當組織處於順利發展時期，其各方面運轉往往較好，因此，可供利用的宣傳機會和「揚名」機會當然也會多些。經濟效益上臺階，文化生活闢新路，組織榮譽接踵至，主要公眾讚揚多，此時都是可以利用的極好契機。

（3）組織處於逆境時期

組織的發展不可能一帆風順。當組織處於逆境時，公關人員更需要沉著、冷靜，善於捕捉組織中的亮點，然后抓住有利時機，採取靈活機動的宣傳策略，以贏得組織內外公眾的支持、理解和合作，助組織順利渡過難關。就算是組織處在最困難時期，只要公關人員勤於思考，敏於發現，總能找到一些組織的亮點。如某企業可能因經營不善出現虧損，經濟效益下滑，員工福利受到影響，外部的公眾如供應商、代理商、顧客組織的支持力度也有減弱的趨勢，組織看起來很困難。這時，公關人員便要努力尋找組織亮點，如企業雖暫時處於困境，但企業有雄厚的基礎，或者有良好的企業形象或者有超強的技術開發實力，或者有誘人的發展前景，或者有樂觀自信的員工……這些都可作為對內對外宣傳的突破口，作為使組織重新贏得公眾信心的催化劑。正如一句流行語所說：「只要思想不滑坡，辦法總比困難多。」

（4）組織推出新產品、新服務項目、新的方針政策或經營方式時

這時組織面臨的最大挑戰就是如何消除公眾的觀望與等待態度。由於受人們消費慣性的影響，社會公眾在組織推出新產品、新服務或新舉措時，往往會持觀望和等待態度。這表明消費者對這些新產品、新服務、新舉措還不瞭解，還有疑慮，還存有戒備心理。因此，這時公關部門應主動出擊，採取有針對性的措施，如現場產品（服務）展示、操作示範、廣告宣傳、顧客承諾等，消除公眾的疑慮和搖擺態度，把公眾的注意力盡快地吸引到組織上來。

3. 統籌兼顧，全面安排，保持組織形象的統一性和連續性

在塑造組織形象過程中，組織要統籌兼顧，全面安排，以保證組織形象的統一性和連續性。許多經營不佳、形象不好的企業，並不是因為沒有去塑造組織形象，而是因為缺乏連貫一致的組織形象。它們今年強調成本低、價廉物美，明年強調服務好、體貼入微，后年又強調革新、創新制勝，不僅內部職工無所適從，而且也導致外部公眾無法對其形成一個穩定的印象。我們再看國際上那些知名公司，它們在這方面就很值得借鑑學習。如 IBM 在其成長過程中，產品不斷更新，管理體制也發生了變化，但我們從它最近公布的組織目標及目前所強調的基本信念來看，仍然沒有離開其第一任領導老托馬斯·沃森最初的設想；日本松下公司所遵循的整體企業精神，仍然是公司創始人松下幸之助所擬定的一些信條。可見，保持組織形象的一貫性、連續性，對於一個企業的長遠發展至關重要。

**模擬實訓**

【實訓名稱】組織形象塑造
【實訓目標】

通過實地調查，分析比較不同企業的形象，掌握組織形象塑造的原則與方法，進一步強化學生的形象意識。

【實訓步驟】

選擇同一行業中三家在規模、經營方式、實力、形象等方面相當的組織（如鞋業的專賣店——奧康專賣店、康奈專賣店、紅蜻蜓專賣店），比較分析其形象塑造的得失，並寫出報告。

1. 按 5~6 人一組，將全班分成若干小組，每組確定 1 人負責；

2. 對學生進行行業選擇和調查培訓；
3. 學生按組展開調查分析，並寫出分析報告；
4. 各組在班級進行交流、討論。

【實訓要求】
1. 展示獲得的調查分析資料；
2. 每個小組提交一份 3,000 字以上的分析報告；
3. 每個小組提交實訓總結（PPT 形式）。

## 學習任務 7.3　CIS 策劃

**知識連結**

CIS 是「Corporate Identity System」的英文縮寫，是一個發展的、動態的概念，不同地區、不同國家由於不同的文化背景，會有著不同的理解。CIS 在美國直譯為「企業識別系統」，在英國被稱為「組織身分計劃」，在日本被稱為企業形象戰略。CIS 就是通過統一的設計和傳達識別系統，讓社會公眾和內部成員更好地認知其組織理念、價值觀，進而建立優良的個性化組織形象的一種有效方法。當前社會中，CIS 作為一種建立識別系統的形象塑造方法得到了普遍運用。

案例 7-2　海爾集團的 CIS

海爾集團的迅速發展與企業實施名牌戰略，通過導入 CIS，借以提高企業形象是分不開的。海爾集團原來是由兩家小廠組合而成，10 年後這家廠已成為全球著名的企業，員工近萬人，業務涉及家電、電腦、小家電、通信等行業。

海爾集團很實在、很現實，他們並沒有把 CIS 裝扮得花裡胡哨，而是實實在在地看到 CIS 是一項投資。這場投資是明智的、有巨大成效的，它實際上是在營造企業「自身營銷」的氛圍，在一個有益的可信賴環境之中。

海爾抓住了 CIS 的實質，CIS 本身並不是靈丹妙藥，CIS 必須與產品質量相依存。形象的關鍵在於產品質量。產品質量過硬，再加之 CIS 的宣傳、系統化、一體化，那麼企業形象就可以真正提升。如果光實施 CIS，光是作視覺形象識別，實質上產品仍不過關，那是徒勞而不能長久的。

面對眾多的領域，複雜、龐大的產品家族，沒有完整、系統的品牌定位戰略，無疑會導致品牌及企業形象上的混亂。海爾的做法是首先將集團品牌劃分為企業牌（產品總商標）、產品牌（產品類別名稱）、行銷牌（產品銷售識別名）三個層次。從家電的長線產品考慮，將各類家電產品統一到「Haier 海爾」總商標，最大限度地發揮了「Haier 海爾」名牌的連帶影響力，大大降低了廣告宣傳中的傳播成本。

海爾將英文「Haier」作為主識別文字標誌，集商標標誌、企業簡稱於一身，信息更加簡潔直接，在設計上追求簡潔、穩重、大氣、信賴感和國際化。為推廣「Haier」，以中文「海爾」及兩兒童吉祥物「Haier」組合設計輔助推廣，力求建立長期穩固的視覺符號形象。這種拋開抽象、具象圖形符號標誌，追求高度簡潔的超前做法，順應了

世界設計趨勢，為企業國際化奠定了形象基礎。在此基礎上，我們把企業識別系統看作一個過程，而非一種固定的表現形式。在企業發展中，以務實的態度不斷完善企業視覺識別各要素，經過改進、否定、再改進的不斷反覆過程，以求完美的表達。

（資料來源：中國 CI 網）

### 7.3.1　理念識別系統（MIS）

企業理念是企業長期發展中形成的基本精神和獨有個性的價值體系，是企業哲學、企業精神的集中表現，包括企業的經營宗旨、經營理念和企業文化等方面的內容。它是一種意識形態的深層組織文化，是 CIS 戰略實施的基礎，是 CIS 的核心所在。理念識別賦予企業生動的人格魅力，從經營觀念上與別的組織區別開來，並指導和規範著組織的行為方式識別系統和視覺識別系統。

企業理念識別系統（Mind Identity System，MIS）在內容上由企業願景、企業理念、企業精神、企業經營哲學、管理理念、企業道德、企業作風、企業核心價值觀及系列價值觀等組成。

經營宗旨：是企業經營的最高目標和根本目的，體現了企業的理想和追求，可以分為四個層次——經濟目標（利潤最大化）、社會目標（良好的社會效益）、文化目標（注重文化建設，開發深層的社會精神財富）、生態目標（維護生態平衡，保護生態環境）。比如：日本松下電器公司的經營宗旨是「產業報國」；中國太陽神集團的經營宗旨是「振興民族工業，提高中華民族的健康水準」。

經營方針：經營宗旨回答「為什麼」，經營方針則是回答「怎麼做」。經營方針又稱企業經營戰略，是企業運行的最高原則。企業經營方針必須突出行業特點，並且隨著時代的變化而改變。如日本大榮百貨公司的「低價方針」（追求商品價廉物美→觀念高檔化）。除了變動性之外還應具備個性，不同行業有不同的側重點。如「任何人隨時都可來住宿」與「熟悉的顧客才會來住宿」。

企業價值觀：價值觀在企業中占主導地位，為企業絕大多數成員所認同和共有，是整個企業理念系統的基石，它決定、支配、指導著企業宗旨、經營戰略以及企業理念的其他構成要素。作為共同的價值觀，其勢必對全體員工有一定的約束力。相對於硬性的規章制度而言，它是一種由內向外的「軟性」系統，先讓員工認同，然後使員工自覺地去服從。企業價值觀包括企業的創造觀（不斷創造，追求卓越）、質量觀（質量是企業的生命）、服務觀（用戶永遠正確）、人生觀（我們先製造人，后製造機器）、生態觀（創造一個清新、潔淨、秀美的環境）、競爭觀（商場如戰場）、信譽觀、政策觀、法律觀、財稅觀等。

組織理念內容來源於優秀的民族文化精神、先進的社會文化、企業的優良傳統和國外先進的企業理念，不能憑空而為。只有做到民族歷史文化傳統與現代化管理思想相結合，先進的社會文化與企業文化相結合，組織歷史、現狀和未來發展要求相結合，才可能提煉和設計出具有組織特色、立足時代又超越時代的組織理念。

MI 的表現形式主要有如下幾種：

（1）將企業精神凝聚成一句口號，以此代表企業的理念體現。如「團結、拼搏、開拓、進取」「不斷創造，追求卓越」等。

（2）在第一代理念的基礎上，加上企業品牌，增加一些企業的個性，如：中國移

動的「移動信息專家」;「海爾真誠到永遠」;「昔日帝王宮,今日貴賓樓」;「IBM 就是服務」。

(3) 將企業理念分解為角度不同的一組口號,或散文式,或白描式表述。如四通集團的理念是「高境界、高效率、高效益」;關於人才觀的理念是「吸引第一流人才,凝聚第一流人才,讓第一流人才有超常發揮」等。

(4) 針對企業特點系統設計。設計時應根據主題理念、精神、價值觀、經營哲學、人才觀、準則等的需要,夠用就行,不必面面俱到。

如中國國際航空公司全面實行 MI 系統戰略,已收到明顯效果:

國航精神:創新導航未來

國航價值觀:服務至高境界

國航經營理念:愛心服務世界

國航建立以「愛心服務」為軸心,以顧客滿意為目標的品牌形象,以提升競爭優勢為目的,充分體現國航的行業地位、企業品味。

### 7.3.2 行為識別系統（BIS）

理念識別被稱為「企業的心」,而行為識別是「企業的手」,指在企業實際經營過程中,對所有企業行為、員工操作行為實行系統化、標準化、規範化的統一管理,以便形成統一的企業形象,便於統一經營管理。它是在企業理念得以確立的基礎上形成的,用以規範企業內外部行為,管理和教育企業員工的一切活動。它是非視覺化動態識別形式。

企業的行為系統形象設計（Behavior Identity System,BIS）涵蓋了企業的經營管理、業務活動的所有領域,如果根據傳播性質與渠道區分,可以分為對內行為識別與對外行為識別兩大部分。

(1) 對內行為識別。主要內容有企業環境的設計營造、組織制度的構建、幹部的教育培訓、管理風格的形成、員工行為規範的培訓、員工福利及研究發展項目的開發等。

(2) 對外行為識別。主要內容有市場調查、產品開發、服務工作、廣告宣傳、促銷活動、社會公益性活動、流通政策、公眾溝通方式等。

對內行為識別是對外行為識別的基礎,對外行為識別是對內行為識別的延伸和擴展。不管是對內還是對外的行為識別,都要與企業的理念保持高度一致,不能與其相違背。而且企業要在對手如林的商戰中取勝,就應在企業理念的指導下,使企業的行為識別體現出與其他企業不同的個性,注意創立企業活動的獨特性和差異性,廣大公眾正是通過這種獨具個性的活動來認識企業的。

在 CIS 中,行為識別是最寬泛的領域,也是最難控制和把握的一個領域。

行為識別系統的設計主要有以下兩種方法:

1. 組織的科學管理設計

科學的組織管理就是將組織的各項工作標準化、專業化和簡單化,達到生產效率最大化。所以組織管理制度的設計要充分傳達組織理念,將管理制度目標化,總體目標層層分解為具體目標,並立足於組織的實際需要,按照目標要求,確立各個不同崗位的工作職責、任務標準、工作程序和績效考核標準。加強對員工的教育培訓,使其

行為規範化，符合企業行為識別系統的整體性要求。

2. 員工行為規範設計

員工行為規範是指在同一組織中，所有員工應該具有的一些共同的行為特點和工作習慣，帶有明顯的導向性和約束性。員工的行為規範設計要注意內容全面、客觀，條理要清楚，表述準確，簡明流暢，針對性要強。可從儀表儀容、崗位紀律、工作程序、待人接物、環衛安全、素質修養等多方面對員工行為進行規範。按 BIS 規範要求，全面教育、培訓組織內部員工，達到員工能直觀展示 MI 的精神內涵的目的。特別是一些窗口行業，員工的行為舉止、禮貌文明的服務用語、誠懇熱情的服務態度，將直接作用於公眾，對組織形象的塑造具有特殊的意義。

閱讀資料：

中國國際航空公司在實行 CIS 戰略時，提出的服務標準是其實施 BIS 的具體表現：國航的「五心服務」和顧客的「四心結果」。國航的「五心服務」是指「真心服務」「誠心服務」「熱心服務」「細心服務」「耐心服務」；「四心結果」是指「放心」「順心」「舒心」「動心」。「真心服務」要求員工提高服務意識，主動向顧客提供真心的服務；「誠心服務」要求員工端正服務態度，以誠心換取顧客的滿意；「熱心服務」要讓員工從意識上表現出行為，行為的結果是熱心服務；細節決定成敗，國航的「細心服務」成為一種風格。國航的「耐心服務」將是國航人的一種服務精神。國航的「五心服務」最終將讓國航的顧客感覺到放心、順心、舒心、動心。這就要求國航應該安全飛行、航班正點、個性服務和關愛顧客。這些服務行為準則能體現國航「服務至高境界」的價值觀和「愛心服務世界」的經營理念。

（資料來源：http://www.docin.com/p-445283866.html）

### 7.3.3 視覺識別系統（VIS）

視覺識別系統（Visual Identity System，VIS）是 CIS 的視覺載體，是一種靜態的識別符號，它將企業的品牌理念與核心價值通過視覺傳播形式，有組織、有計劃地傳遞給客戶、公眾及企業員工，從而樹立起統一的企業形象。

企業視覺識別系統是企業形象最直觀的表現。企業的 VI 系統需要保持內在的一致性和外在的差異性，即企業所有視覺設計都要嚴格地遵循統一的標準，同時要與其他企業保持鮮明的差異，以使客戶產生強烈的共鳴。一個優秀的視覺識別系統可以使人們快速理解企業希望傳遞的信息。

一套完整的 VI 系統包括基礎設計和應用設計兩部分。

1. 基本設計要素的種類

（1）企業標誌：代表企業的視覺符號，也是企業與消費者溝通的橋樑。通常有圖形標誌、字體標誌或由兩者組合。近年來，因為字體本身具有說明性，已有取代圖形標誌的趨勢（圖 7-1）。

圖 7-1

(2) 企業名稱標準字：公司對外名稱，規劃時以本國文字加上英文設計為主；字體大都從印刷體中選擇，並予以細微修正，即成為獨立又有特色的企業名稱標準字（圖 7-2）。

圖 7-2

(3) 企業色彩：它代表企業的形象色彩，通常使用一種顏色為主；以企業標誌為首，廣泛應用於視覺項目上；它也有輔助色彩，用以區分商品或事業部門（圖 7-3）。

圖 7-3

(4) 品牌標準字：企業為了擴大市場佔有率或區分商品而創立不同品牌，原則上也是以本國文字加上英文同時出現（圖 7-4）。

(5) 企業標語：將企業經營理念、思想及未來方針用簡短有力的字句表現，常與

圖 7-4

企業標誌、企業名稱標準字同時出現。

（6）專用印刷字體：公司對外宣傳用的字體，應用於廣告、傳單及海報文字上，可從既有印刷字體中選出形象相符的，也可重新設計字體。

2. 應用設計要素的種類

（1）事務用品：公司使用的名片、文件、信封及便條紙等皆屬之；採取統一設計模式，內容以簡潔、能代表公司基本設計系統為準，紙張運用上應主要考慮降低成本。

（2）包裝：商品常借著包裝設計來提升它的價值。包裝是商品的面子，是消費者選擇商品的參考依據，也是形成企業形象有力的工具。

（3）商品：企業創造品牌，再將基本設計系統付印在商品上；設計時依企業形象及商品種類而定。

（4）標誌：標誌是企業的辨認系統，包括表示企業存在的招牌，指示各辦公部門及說明的設施；標誌的內容、用途各有差異，不過設計時需力求統一，以免因雜亂而損害企業形象。

（5）制服：制服是形象的表徵，企業通常會依部門類別設計工作用或事務用制服；設計員工制服是一種必然趨勢，對外可建立企業統一形象，對內則可提高員工士氣、提高生產效率。

（6）運輸工具：企業所使用的營業車輛、交通工具、運輸工具。企業運輸工具遍布全球，所以在規劃時應追求最高識別性，使企業運輸工具能從萬千車輛中脫穎而出，成為最佳的視覺焦點。

（7）廣告：廣告代表企業門面，也是內部設計的水平點，若設計水平高，對形象產生是有所幫助的。商品廣告、公司簡介、企業宣傳皆屬此項。

（8）展示場：展示會場包括展覽場及店面展示，它是企業的前鋒，也是標誌延伸的設計項目。優秀的建築物或展示場設計可帶給人眼前一亮的清新形象。

### 7.3.4 聽覺識別系統（AIS）

企業聽覺識別系統（Audio Identity System，AIS），亦稱聽覺形象統一化。它是通過聽覺刺激傳達組織理念、品牌形象的識別系統。聽覺刺激在公眾頭腦中產生的記憶和視覺相比毫不遜色，從理論上看，聽覺占人類獲取信息的 11%，是一個非常重要的傳播渠道，頗受廣大企業的青睞。

聽覺識別系統主要包括企業歌曲、廣告音樂、企業註冊的特殊聲音、企業特別發言人的聲音等內容。

1. 企業歌曲

企業歌曲是一種用音樂來傳遞企業形象、文化的藝術形式，它用最直接的方式來表達企業的內部文化、產品性、核心競爭力等訴求。企業歌曲對內可以振奮精神、鼓舞鬥志、增強企業凝聚力，對外可以顯示企業的活力與實力、提升企業的形象。

比如只要公眾聽到「沒有人問我過得好不好，現實與目標哪個更重要，一分一秒一路奔跑，煩惱一點也沒有少……」，馬上就會聯想到「步步高」。再比如洋酒芝華士的歌曲，暫且不說其歌詞，單純就其旋律來講就足以吸引大眾，它把芝華士的品位和高雅表達得淋漓盡致，給人一個輕鬆的好心情。

2. 廣告音樂

廣告音樂作為一種邊緣線索，具有邊緣說服作用，即消費者可能因為對廣告音樂的好感，而把這種好感遷移到廣告或廣告產品上，從而對廣告產品產生好感或購買欲。

廣告音樂和宣傳音樂，一般是從企業主題歌曲音樂中摘錄出的高潮部分，具有與商標同樣的功效。

要有效發揮廣告音樂的作用應注意以下幾點：第一，廣告音樂要有情感氣氛；第二，廣告音樂盡量選用現成的曲子，並且應該是知名度較高，大眾較為熟悉的；第三，創作的音樂應該讓公眾易學易唱；第四，本企業不要使用競爭產品或其他企業使用過的廣告音樂；第五，廣告音樂在設計時要力求達到高質量。

3. 企業註冊的特殊聲音

聽覺識別系統是利用人的聽覺功能，以特有的語音、音樂、歌曲、自然音響及其特殊音效等聲音形象建立的識別系統，與其他識別系統一樣，可以體現企業或品牌的個性差異。

聲音包括語言、音樂、音響、音效等諸元素。企業特殊的聲音即指公眾用耳朵可感受到的語言、音樂、音響、音效等具有特殊代表性的諸元素。企業可以註冊具有代表性的特殊聲音，從而利於企業形象的識別。比如，著名的本田公司將自己生產的摩托車發動機的特殊音響進行註冊保護，公眾通過這一音響就可以識別本田企業。

4. 企業特別發言人的聲音

首先，企業盡量使用固定的形象代言人對外傳遞信息，避開選擇同一代言人同時代理多家同類品牌——由於企業產品的相似性，公眾難免會互相混淆，致使企業花錢為他人作嫁衣。

其次，企業發言人的聲音要有感召力，即一聽就讓你有親切感，讓公眾感到是自己的親密朋友在呼喚自己一樣。如小鴨聖潔奧請為「唐老鴨」配音的演員李揚為其廣告配音，公眾不用看電視，一聽就知道是什麼產品的廣告。

最後，由於成本原因，一種成本較低的新型「發言人—『集團彩鈴』業務」的出現要求企業要巧妙運用，借機宣傳。

「集團彩鈴」業務讓每個企業都能量身訂制具有自己特色的彩鈴，它特設的「一企一音」功能，使企業員工的手機每響一次，企業就被宣傳一次，成為展示企業形象、識別企業形象的新窗口。這種強大的傳播效應被很多企業稱作「企業的有聲名片」「企業的聲音代言人」。

## 模擬實訓

【實訓名稱】CIS 設計

【實訓目的】通過實訓，瞭解企業識別系統（CIS）的構成要素及設計流程，學會 CIS 的初步設計。

【實訓步驟】

1. 5~6 人組成一個小組，以小組為單位實訓模擬；
2. 學生為自己的班級設計 CIS，並製作 PPT；
3. 小組代表展示與闡釋該設計成果。

【實訓要求】

要求 PPT 內容包括：

1. 班級的基本信息；
2. MI（一句口號）；
3. BI（班級同學某一方面行為規範）；
4. VI（設計班級標誌，並對該標誌進行一定的文字說明）；
5. AI（設計班歌，並對該歌曲進行解釋）。

## 第二課堂

### 綠色企業形象

一、綠色企業形象概述

企業形象的巨大威力使現代企業越來越重視形象的塑造。以綠色為核心，塑造企業形象是現代企業新的選擇。

經過綠色使者們 20 多年的不懈努力，生態與經濟協同發展的可持續發展觀念終於深入人心。社會公眾關注環保事業。保護人類賴以生存的地球生態環境、為子孫后代造福已成為世人的共識。無氟冰箱（空調）有利於保護臭氧層、無磷洗衣粉不會對水資源造成污染、無鉛汽油會減少對大氣的污染等，這些化學界、工業界的深奧的專業理論，已成為常識。社會公眾對環保事業的關注必將轉化為對與之相關的企業的環保行為的關注，企業的綠色形象必將深入人心，得到廣大社會公眾的讚譽。

綠色企業形象是高素質企業形象的象徵。以人類社會可持續發展為目標，注重環境保護、注重社會公益的綠色企業形象的樹立，是企業及其經營者注重社會效益、注重企業的社會責任、注重企業和社會的長遠發展的高尚的思想境界的體現。追求綠色形象的企業，其理念和行為符合現代社會發展的根本利益，是現代企業的楷模。企業的綠色形象必將成為現代社會的最佳企業形象。

二、樹立綠色企業形象的背景

1. 綠色企業形象的樹立有利於打破綠色壁壘

隨著國際貿易朝著自由化方向的不斷發展，環境問題逐漸成為影響國際經濟合作的一個重要因素，為世界各國及國際經濟組織所重視。早在 20 世紀 70 年代，國際社會就通過國際組織和國際會議先後出抬了許多多邊的國際環保協議和規則。世界貿易組織及有關貿易協定已將環境保護問題提上議事日程。然而，20 世紀 80 年代特別是 20

世紀90年代以來，一些發達國家卻以環境保護為名，不經協商，以建立環境標誌制度、實施環境管制為由對進口商品課徵環境進口附加稅；以進口產品的生產製造方法不符合本國的環境要求為由，限制或禁止進口；濫用國際組織制定的環境標準，禁止或限制進口；以對本國廠商進行環境補貼，扭曲資源價格和正常貿易等方式單方面提高進口商品的環保標準，並對商品的原材料、生產技術和用後處理等環保指標提出了超過國際公認標準的要求，或提出對外國商品的環保標準高於本國商品的要求。

這實際上是以環保為名，行貿易保護之實，構築起抵制外國商品進口的名副其實的「綠色壁壘」。這對中國和其他發展中國家的出口貿易產生了極大衝擊。中國出口產品的市場主要集中在發達國家和部分新興工業化國家、地區，約佔市場的80%。其中主要的貿易夥伴都是世界貿易組織貿易與環境委員會的成員國，是設置「綠色壁壘」的主要地區，這更加劇了中國出口貿易的嚴峻局面。據統計，僅1995年一年中國出口產品因此蒙受的損失就達2,000億元。「綠色壁壘」已成為國際貿易中難以擺脫的障礙。

我們必須採取積極措施以適應這一新情況。除必要時運用法律武器，維護中國在國際貿易中的合法權益外，最根本的方法就是大力發展中國的綠色產品事業，並盡快與國際接軌，樹立綠色企業形象，來衝破綠色壁壘。

通過強化綠色觀念，重視綠色設計，推行清潔生產，強化綠色包裝，積極爭取ISO14000認證等措施來實施綠色營銷，樹立綠色企業形象。其中，爭取ISO14000認證是中國企業與國際市場接軌、樹立綠色企業形象的一項重要措施，是突破「綠色壁壘」的一個重要條件。ISO14000是國際性的標準，適用於一切企業的新環境管理體系，它是一張企業進入國際市場的綠卡。取得了ISO14000證書，成為國際公認的綠色企業，就等於取得了一張國際貿易的綠色通行證。中國海爾集團通過了ISO14000認證，不僅使產品成為歐洲各國的暢銷品，而且在美國和一些歐洲國家建立了生產基地，成為一個具有綠色企業形象的大型跨國公司。

2. 知識經濟為綠色企業形象的塑造創造了條件

知識經濟是建立在知識的生產、分配和使用之上的經濟。知識經濟的出現，標誌著以物質資源的高消耗為基礎的工業經濟的轉化和昇華，人類將進入一個新的文明時代。知識將成為經濟發展的首要因素和關鍵因素。目前，在經濟發達國家，科學技術在經濟增長中的貢獻率已達到60%~80%，成為經濟增長中的決定性因素。信息網絡的發展、高新科技產品的開發、新型能源的開發利用，都推動著經濟的快速發展，也為企業綠色營銷的實施、綠色形象的樹立提供了條件。

知識的運用有助於企業樹立低能耗、高效率的企業形象。在人類的生存和發展中，自然資源是有限的。歐洲經濟共同體的一份報告指出：用年均消耗量計算，現有資源還可用500年；若以年均2.5%的遞增速度計算消耗量，現有資源只能維持90多年。知識將使人類社會在有限自然資源條件下得到無限的發展。技術的進步大大降低了自然資源的耗費，20多年前美國發射到火星的「海盜號」耗資10億美元，而近年發射的「探路者號」僅耗資1.8億美元。知識的運用不僅使有限資源得到更充分的利用，而且能開發出各種可替代資源，從而使企業樹立低能耗、高效率的觀念，使人類社會得以持續發展。

知識經濟的發展有利於綠色企業形象價值的提升。在知識經濟時代，知識的價值

將超過資本的價值。世界銀行副行長瑞斯查德指出，在知識經濟時代，知識是比原材料、資本、勞動、匯率更重要的經濟因素。美國管理學權威德魯克認為，在現代經濟中，知識正成為真正的資本和首要財富。隨著智能生產方式逐步取代傳統的工業化生產方式，人們對無形資產、軟件的重視程度將超過對有形資產、硬件的重視。與傳統的工業經濟相比較，其核心資源由原來的資本、勞動力等物資資源轉變為知識、信息等智力資源；企業間的競爭由傳統的廠房、設備、勞動力等硬要素的競爭轉變為生產經營中的研究開發、戰略決策、經營管理、形象設計等軟要素的競爭；商標、商譽、專利權等知識產權的價值也受到高度的重視。企業的綠色形象將成為企業巨大的無形資產。

知識經濟時代消費者購買行為的理智性將促進企業綠色營銷的開展。隨著知識經濟時代的到來、總體收入水平的提高，人們在購買商品時不再是局限於個人基本生活的滿足，而開始注重人類生存環境的保護，關心人類社會的可持續發展，因此，越來越多的消費者奉行綠色消費觀。據調查，中國消費者中75%的人願意購買綠色商品；90%以上的企業願意經營綠色商品。綠色消費將成為21世紀的消費時尚，也必將促進企業綠色營銷的開展及綠色形象的樹立。

3. 網絡營銷的發展有利於企業更好地滿足消費者的綠色需求

隨著互聯網的發展，網上購物這一新的購物方式將受到廣大消費者的青睞。據有關組織報告，1998年底全球使用因特網的人數在1億左右，現已達到3.2億。中國上網的計算機有幾百萬臺，上網用戶達2,000多萬。網民們手持電子貨幣，24小時內隨時上網遊覽購物，避免了時間、空間的限制，顯得十分瀟灑自如。通過計算機網絡，可以建立起企業內部以及廠家、商家和消費者之間的即時溝通，使綠色供求信息能及時得以傳遞。通過瞭解消費者在綠色需求方面感興趣的內容，構思新的綠色產品、開發新的服務；通過對訪問站點人數的統計瞭解消費者的購買意向並發現企業在實施綠色營銷中的一些問題，及時地進行改進。

網絡營銷的發展有利於更好地樹立和傳播企業的綠色形象。網絡的開通，消除了企業與消費者在時間、空間方面的隔離，企業可通過電腦網絡全天候地與社會公眾進行文化和感情上的溝通，在網絡上通過廣告宣傳和產品介紹，樹立和傳播自己公司和產品的綠色形象。

三、綠色企業形象的構成

1. 綠色企業理念

樹立創造優質生活的企業理念。不僅為社會提供滿足其需求的優質產品和服務，而且為人類的生存與發展保持和創造優質的自然生態環境和社會環境。

以社會市場營銷觀念為指導，將消費者利益、企業利益與社會利益有機結合在一起。不僅要注重消費者的現實需求和潛在需求的滿足，而且要注重企業的經營效益，爭取以較少的投入取得較大的產出；同時，還必須注重社會的長遠利益，以人類社會的可持續發展為宗旨，以社會資源的有效利用和社會污染的最小化為前提，組織企業的生產經營。確立順應時代趨勢、爭做地球衛士的企業精神和企業風格。在企業的發展目標中注重環境保護和資源的開發和有效利用。

企業的行動綱領、經營信條、廣告導語、標語口號、企業歌曲、警語及座右銘中均要體現企業的理念。

2. 綠色企業行為

（1）企業內部行為的綠化。建立綠色企業形象策劃和研究機構；定期對員工進行可持續發展和環境保護方面的教育；加強對企業的環境保護和綠色營銷方面的管理和監控；大力研究、開發可替代能源、資源，研究能源、資源的綜合利用和節能減廢措施；營造一個崇尚自然、迴歸自然、保護自然的工作環境和氣氛；積極創造條件，申請取得有關國家和地區的環境標誌，並爭取獲得ISO14000國際環保標準認證。

（2）企業外部行為的綠化。經營和推廣綠色產品；利用廣告和公共宣傳等方式向社會公眾傳播企業的綠色形象；積極參與環境保護和有利於可持續發展的社會公益活動及文化活動。

（3）建立企業行為綠化的監控制度。建立對內對外的各項綠色活動的行為規範；制定對各項綠化活動的管理制度、各部門的崗位責任制度和具體的考核指標體系。

3. 綠色視覺傳播

企業的標誌及其標準字、標準色等視覺形象的設計必須符合企業綠色形象的塑造。
企業的視覺形象的傳播必須符合環境保護的要求，有利於企業綠色形象的塑造。
（資料來源：MBA智庫百科）

**案例分析**

### 麥當勞圓筒獻愛心——麥當勞體育公益企業形象案例

一、項目背景

2000年9月的悉尼奧運會恰逢世紀之交，無論是從規模上還是從劃時代的意義上來說這一體育盛會都令全球倍加矚目。而在中國，隨著社會經濟的不斷發展和市場意識的漸入人心，眾多的商家都將不失時機地進行相應的市場宣傳，如何在相關的市場活動中脫穎而出取得最好的宣傳效果成為企業必須思考的問題。

麥當勞作為世界快餐行業唯一的全球奧運合作夥伴，始終不懈地支持全球體育運動的發展。在奧運期間，麥當勞中國發展公司將推出「中國贏我們贏」的產品促銷活動。與此同時，秉承「取之於社會，用之於社會」的經營宗旨，麥當勞中國發展公司計劃奧運期間在中國內地推出一項通過售賣麥當勞圓筒捐款的大型體育公益活動，從而塑造麥當勞作為全球奧運夥伴支持奧運、關心中國體育發展的公益形象。普利思公關公司（以下簡稱普利思）接受麥當勞中國發展公司的委託全面負責這一公益活動的策劃以及在全國的宣傳與推廣活動。

二、項目調查

普利思為了這一體育公益活動的設計與策劃首先進行了廣泛而細緻的調查。由於同期會有相當多其他企業與奧運相關的宣傳活動，這一公益活動必須具有相當的新聞價值與切實的社會意義。根據多方比較與協商，普利思首先決定合作的公益機構為中國青少年發展基金會，捐助其組織的希望工程。

希望工程是由中國青少年發展基金會發起並組織實施的一項社會公益事業，旨在通過動員海內外力量，資助中國農村貧困地區的失學少年兒童繼續小學學業，改善貧困地區的辦學條件。希望工程被認為是20世紀中國最具影響力的公益事業，一直得到政府的大力支持和海內外各界的踴躍參與。希望工程的巨大影響和中國青少年發展基

金會遍布全國的工作網絡，為麥當勞圓獻愛心的順利實施打下了牢固的基礎。

確定了合作的夥伴，普利思開始與中國青少年發展基金會密切協商，以決定捐助的內容和方向。截至2000年3月，希望工程已募集資金累計逾18億元人民幣，救助了230多萬名因家庭貧困而失學的少年兒童重返校園，為貧困地區援建了8,000多所希望小學。因此在新世紀的開始，希望工程開始戰略重點的轉移，即從扶貧救困轉向希望小學的后續發展。根據麥當勞全球奧運合作夥伴的特點以及當時預計的可能籌款100萬元的金額，普利思與中國青少年發展基金會協商決定，此次捐助將向100所希望小學各捐贈價值10,000元的體育器材。這不僅將是希望工程接受的首次大規模的體育設施方面的捐助，而且對於號召全社會關心希望小學的后續發展具有重要的意義。由於當時中國提出的西部大開發戰略正在受到全社會的普遍關注，西部的發展成為熱點話題，因此最終捐助的方向確定為中國西部貧困地區的100所希望小學。

三、項目策劃

1. 公益活動主題

麥當勞圓獻愛心。

2. 公益活動形式

從2000年9月1日到2000年9月30日，麥當勞從售出的每只圓筒冰淇淋的銷售額中捐出兩角錢，為中國西部貧困地區100所以上希望小學購置體育設施，每所希望小學將獲得價值10,000元的體育設施，包括籃球架、乒乓球臺和球拍、單雙杠、足球、籃球和排球以及跳繩、象棋、軍棋等。

3. 公關宣傳目標

通過麥當勞圓獻愛心活動塑造麥當勞作為全球奧運夥伴支持奧運、關心中國體育發展的公益形象。

4. 公關目標群體

社會大眾、國內媒體。

5. 傳達關鍵信息

麥當勞是全球奧運合作夥伴，在全球範圍內積極支持奧林匹克運動；

麥當勞非常關心中國西部青少年體育的發展；

麥當勞的宗旨是「取之於社會，用之於社會」。

6. 公關宣傳策略

前期通過平面媒體的新聞宣傳進行鋪墊和預熱。

在9月1日至9月30日活動期間，在北京、上海、廣州三個主要大城市舉行記者招待會，吸引當地的主要媒體的宣傳報導和廣大消費者的關注。

第一批捐贈器材運抵希望小學時，派攝影師及攝像師現場拍攝，為后期捐贈儀式的新聞宣傳提供豐富的素材。

在籌款結束后，舉行大型捐贈儀式，邀請有關領導、受捐贈的師生代表及在京的主要媒體參加，進一步深化這一項目重要的社會意義及影響，提升麥當勞的公益形象，吸引媒體的積極報導。

四、項目實施

麥當勞圓獻愛心活動從2000年2月開始積極籌劃，工作成員包括麥當勞中國發展公司市場部、普利思和中國青少年發展基金會。普利思在這一項目中負責公益活動

的整體策劃與協調、公關宣傳活動的策劃、組織與實施。

1. 前期工作投入

(1) 組織捐贈器材

為了保證來自廣大消費者和麥當勞的愛心能夠真正地幫助希望小學的學生，普利思協同中國青少年發展基金會精心選定擬捐贈的體育器材，以使這一套體育器材滿足希望小學體育教育的要求。同時為了保證體育器材的優質、易用和安全，普利思協同中國青少年發展基金會不斷與生產廠家溝通，並親赴生產廠家察看生產情況，選擇最為穩固和安全的設計和材質組織生產。

(2) 落實捐助對象

本著雪中送炭的原則，普利思協同中國青少年發展基金會選定了條件相當艱苦並亟待改善的西部 10 省市的 100 所希望小學。

(3) 選編麥當勞圓筒獻愛心希望小學體育運動手冊

針對希望小學體育教材嚴重缺乏的情況，普利思特意選編了麥當勞圓筒獻愛心希望小學體育運動手冊，以圖文並茂的形式介紹了這些捐贈體育器材的使用方法以及安全注意事項，寄發給各個受助學校。

(4) 設計製作宣傳海報及捐款箱

為了讓所有來到店內的消費者瞭解這一公益活動，普利思設計了生動的店內宣傳海報和捐款箱，吸引廣大消費者的積極參與。

(5) 前期新聞資料發放

2000 年 8 月底，普利思向國內的主要媒體發布了新聞稿介紹即將開始的麥當勞圓筒獻愛心活動。

2. 活動中期

(1) 廣州/上海/北京記者招待會

為了在麥當勞的主要目標地域取得更加深入的宣傳效果，普利思分別於 9 月 7 日、9 月 14 日和 9 月 21 日在廣州、上海和北京邀請當地的主要媒體舉行了記者招待會，中國著名的女子舉重運動員邢芬、前世界跳高冠軍朱建華先生、國內足壇前輩年維泗先生分別出席了三地的記者招待會。他們致辭表達了對「麥當勞圓筒獻愛心」活動的熱情支持。招待會成為記者深入瞭解本次公益活動，並與麥當勞公司良好溝通的機會。

(2) 拍攝照片以及紀錄片

2000 年 9 月底，麥當勞捐助的第一批體育器材運抵甘肅、青海、廣西等省區。普利思員工偕同攝像師及攝影師奔赴其中的 4 所希望小學，拍攝到了大量珍貴而有價值的鏡頭。當嶄新的體育器材包括籃球架、乒乓球臺和球拍、單雙杠、足球、籃球和排球以及跳繩、象棋、軍棋等等運抵一所所希望小學時，師生們的興奮和喜悅使這一天成為學校的歡樂節日。曾以拍攝希望工程系列照片蜚聲海內外的攝影師解海龍，用鏡頭記錄下了一幕幕動人的場面，記錄下了希望工程發展的今天。此次拍攝的優秀照片為此後的平面媒體宣傳提供了極好的素材，媒體紛紛選用。

同時攝像師拍攝並製作了一部 7 分鐘的紀錄片，真實記錄了這些受助小學的孩子們歡呼雀躍的場景。根據麥當勞著名的廣告語「更多選擇更多歡笑」，這部紀錄片被命名為「共同的歡笑」，反應了麥當勞在為城裡的孩子帶去歡樂的同時，也為西部貧困地區的孩子們送去了更多的歡笑。當這部紀錄片在人民大會堂的捐贈儀式上播放時，在

場的所有人為之動容，為之欣喜。此后該片不僅被各家電視媒體在新聞節目中採用，還分別在北京、內蒙古、甘肅等地播放。

（3）邀請師生代表來京

在2000年10月20日的捐贈儀式之前，來自內蒙古、陝西、甘肅、青海、廣西的師生代表受邀來到北京，在普利思和麥當勞員工的陪同下游覽了北京。當他們第一次登上長城時，激動之情溢於言表。此次活動的照片也被多家媒體採用。師生代表們還來到了麥當勞店，不僅嘗到了麥當勞的食品，還在麥當勞熱心的員工陪伴下學起了舞蹈。臨別時，麥當勞市場部員工為每一個學校準備了一整箱約200件玩具送給同學們。

（4）捐贈儀式

截至9月30日，「麥當勞圓筒獻愛心」活動共計籌得善款115萬元。10月20日，麥當勞圓筒獻愛心活動捐贈儀式在莊嚴的人民大會堂香港廳舉行。本次儀式邀請了50家在京媒體、7家電視媒體、新華社和中新社及兩家網站參加，同時邀請了全國人大常委會副委員長程思遠、共青團中央書記處書記趙勇、教育部體育衛生與藝術教育司司長楊貴仁出席本次捐贈儀式，有力地傳達出政府部門對此次活動的支持。普利思負責此次活動的整體策劃與組織實施工作，包括媒體名單的建立、媒體邀請與接待、場地設計及布置、貴賓邀請及接待、活動流程策劃與實施。來自受助學校的學生代表在捐贈儀式上向麥當勞公司贈送了他們親手製作的紀念品，以代表全校師生表達他們深深的謝意。當年曾經由鄧小平資助過的廣西壯族自治區平果縣希望小學學生周標亮作為受助學校教師代表參加了捐贈儀式並代表全體教師發言。

3. 活動后期

（1）安排另外15套體育器材的捐助

由於籌款超出預計15萬元，普利思協同中國青少年發展基金會選定了另外15所西部貧困地區的希望小學捐助體育器材。

（2）跟蹤媒體發布情況

捐贈儀式結束以後，普利思立即開始跟蹤媒體發布情況，向需要更多資料的媒體及時補充提供圖片以及文字材料。

（3）向外地媒體提供資料

由於捐贈儀式沒有邀請外地媒體，普利思在后期積極向外地的平面媒體、電視臺提供資料，向多家外地平面媒體發布了捐贈儀式的新聞，並在多家電視臺播放了《共同的歡笑》紀錄片。

（4）撰寫總結報告

至2000年11月15日止，普利思提交了「麥當勞圓筒獻愛心」的活動總結及媒體監測報告。

五、項目評估

此次麥當勞圓筒獻愛心宣傳活動的反響相當熱烈，不僅籌款超出預計的目標達到115萬元，公關宣傳方面也是成效顯著。截至2000年11月15日，公關宣傳方面共獲得平面媒體報導132篇，電視媒體報導15條。新華社與中新社均在10月20日儀式當天發布了圖片以及文字新聞；新浪網及中華網均全文刊登了文字新聞以及提供的所有圖片；《北京教育報》更是為此刊發了整篇新聞及活動介紹。本次活動受到大量媒體及廣大消費者的好評。

同時，本次的社會意義不容忽視。中國青少年發展基金會常務副理事長兼秘書長徐永光先生說：「麥當勞公司此次的捐助意義重大。這將極大地改善西部貧困地區希望小學的體育運動條件，豐富學生們的課余生活。同時，我們相信『麥當勞圓筒獻愛心』活動將喚起全社會對希望小學后續發展的關注，並為今后希望小學體育設施的配備打下良好的基礎。」

　　國內足壇前輩、原中國足協主席年維泗先生接受採訪時也表示：「此次捐助對於希望小學教育設施的逐步完善及發展有著重要作用，也將十分有利於吸引全社會來重視希望小學孩子們的全面發展和教育，意義非常特別。」

　　直至2000年12月，中國青少年發展基金會仍不斷轉來大量來自受助小學的感謝信，不論是受助學校還是當地政府，均對麥當勞圓筒獻愛心活動表示了高度讚揚。

（資料來源：MBA智庫百科）

思考討論：
1. 麥當勞借助體育公益塑造企業形象的活動過程中，關鍵點在哪裡？
2. 這樣的活動對其他企業有怎樣的借鑑意義？

# 項目 8
# 公共關係禮儀

## 項目目標

【知識目標】
1. 瞭解公關禮儀的內涵、基本原則和在公關工作中的作用
2. 熟悉個人形態禮儀的內容和要求
3. 熟悉公關工作禮儀的基本內容和要求

【技能目標】
能在公關工作中正確使用相關禮儀知識

## 項目引入

### 松下幸之助重視禮儀

日本的著名企業家松下幸之助長期率先垂範，要求員工懂禮貌、講禮節。

松下幸之助從前不修邊幅，對企業也不注重形象，因此企業發展緩慢。一天，理髮時，理髮師不客氣地批評他不注重儀表，說：「你是公司的代表，卻這樣不注重衣冠，別人會怎麼想，連人都這樣邋遢，他的公司會好嗎？」從此松下幸之助一改過去的習慣，開始注意自己在公眾面前的儀表儀態，生意也隨之興旺起來。現在，松下電器的種類產品享譽天下，與松下幸之助長期率先垂範，要求員工懂禮貌、講禮節是分不開的。

（資料來源：百度文庫）

## 學習任務 8.1　公關禮儀概述

知識連結

### 8.1.1　公關禮儀概念

在西方，「禮儀」源於法語的「etiquette」，原意是法庭上的通行證，要求進入法庭

的人必須遵守規矩和行為準則。當「etiquette」一詞進入英文后，就有了「禮儀」的含義，意思是「人際交往的通行證」。

在中國，禮儀是一個複合詞，由「禮」和「儀」兩部分組成。按《辭源》解釋，「儀」表現兩層意思：一是容止儀表；二是法度、標準。中國素有「禮儀之邦」的美譽，對禮的講究歷史悠久，很早就把「禮儀」一詞提升為一種社會典章制度和道德教化要求，仁、義、禮、智、信被稱為「五常」。最早記載中國古代禮制的著名典籍有三部——《周禮》《儀禮》《禮記》，統稱「三禮」。其中，《周禮》主要記載典章制度，《儀禮》偏重於人們的行為規範，《禮記》則是對古代禮儀的闡釋性說明。

在現代社會，禮儀的含義比較廣泛，指的是人們在相互交往的過程中，相互之間為了表示尊重、敬意、友好、關心而約定俗成的、共同遵守的行為規範和交往程序，是社會人際關係中用於溝通思想、交流情感、表達心意、促進瞭解的一種形式。

公共關係禮儀，簡稱公關禮儀，指的是組織在開展公共關係活動中，為了樹立和維護組織的良好形象，在開展公共關係活動時所必須遵循的尊重公眾、講究禮貌、禮節、注重儀表、儀態、儀式等禮儀程式規範。

公共關係禮儀是組織風貌、員工精神狀態、公關人員工作水平和專業技能的最集中體現，也是公關溝通和社會交往的方法及處理公關事務所必須遵循的行為準則。

### 8.1.2　公關禮儀原則

1. 真誠尊重原則

真誠是對人對事的一種實事求是的態度，是待人真心真意的友善表現，真誠和尊重首先表現為對人不說謊、不虛偽、不騙人、不侮辱人，所謂「騙人一次，終身無友」。其實表現為對他人的正確認識，相信他人，尊重他人，所謂心底無私天地寬，真誠的奉獻，才有豐碩的收穫，只有真誠尊重方能使雙方心心相印，友誼地久天長。

2. 平等適度原則

平等在交往中，表現為不驕狂，不我行我素，不自以為是，不厚此薄彼，不傲視一切、目中無人，不以貌取人或以職業、地位、權勢壓人，而是時時處處平等謙虛待人。唯有此，才能結交更多的朋友。適度的原則是交往中把握分寸，根據具體情況，具體情境而行使相應的禮儀。如在與人交往時，既要彬彬有禮，又不能低三下四；既要熱情大方，又不能輕浮諂諛；要自尊不要自負；要坦誠但不能粗魯；要信人但不要輕信；要活潑但不能輕浮。

3. 自信自律原則

自信是社交場合可貴的心理素質，一個有充分信心的人，才能在交往中不卑不亢、落落大方，遇強者不自慚，遇磨難不氣餒，遇侮辱敢於挺身反擊，遇弱者會伸出援助之手。

4. 信用寬容原則

信用即講信譽。孔子說：「民無信不立。」與朋友交往，應言而有信。在社交場合，一要守時，與人約定時間的約會、會見、會談等，決不拖延遲到；二要守約，即與人簽訂的協議、約定和口頭答應的事，要說到做到，即所謂：言必信，行必果。故在社交場合，如沒有十分的把握就不要輕易許諾他人，許諾做不到，反落了個不守信的惡名，從此會永遠失信於人。寬容是一種較高的境界，容許別人有行動與見解自由，對

不同於自己和傳統的觀點和見解要能容忍。站在對方的立場去考慮一切，是你爭取朋友最好的方法。

5. 溝通互動原則

禮儀的核心是尊重，目的是互動。要表達對交往對象的尊重，達到互動的目的，是需要通過溝通來實現的。公關人員要讓公眾瞭解到你的尊重、誠信和善意，言談、舉止就必須符合禮儀規範，把自己的意圖以最佳的方式傳遞給對方，這就要求公關人員在公關交往中使用公關禮儀時，要始終進行積極有效的溝通，以期達到互動的交際目的。

### 8.1.3 公關人員的禮儀修養

1. 真誠

交往時，待人要真心誠意，表裡如一。待人真誠的人，也會得到別人的信任。表裡不一，口是心非，缺乏誠意的人，即使在禮儀形式上做得無可指責，最終還是得不到他人的信任，使交往難以繼續。

2. 熱情

公共關係人員對人要有熱情。熱情會使人感到親切、溫暖，從而縮短他人與你的感情距離，讓別人願意與你接近、交往。但熱情過分，會使人感到你虛情假意，因而有所戒備，無意中築起一道心理防線。過多的吹捧語言、勉強他人吃飯喝酒，會使人不堪負擔，陷於難堪。而交往時的冷漠，會使人難以接近，甚至產生誤解。

3. 大方

公共關係人員需要代表組織與社會各界人士聯絡溝通，參加各種社交活動，所以要講究姿態和風度，既穩重端莊，又落落大方，舉止自然。講話、表演、道歉、走路等等都要大方，表現出自信和成熟，使人感到你所代表的組織可敬重。

4. 幽默

公關人員應當爭取交往中的位置。言談幽默風趣，使他人覺得因為有了你而興奮、活潑，並使人從你身上得到啟發和鼓勵。這樣，你就會成為交往中的核心，他人樂於與你在一起，圍在你的周圍，有利於你開展有關工作。

5. 注意小節

有的人做事大大咧咧，行為沒有拘束，不拘小節，如進入他人會議室，推開門就往裡闖，展覽會上隨便觸摸展覽品，當眾掏鼻孔、剔牙齒等，不拘小節，反應出一個人的行為修養較差。在社交場合，不注意小節的人是不受歡迎的。作為一個公關人員，注意小節，彬彬有禮，是最起碼的交往行為規範。

總之，開展公共關係工作，應擁有一些素質優良的公關人員。良好的公關禮儀修養，是公關人員優良素質的體現，也是搞好公關禮儀的基礎。

**模擬實訓**

【實訓名稱】個人形象展示
【實訓目的】瞭解公共關係個人禮儀規範
【實訓步驟】

1. 全班按 5~6 人一組分為若干小組；

2. 每個小組設計一個公關工作場景，每人分配一角色，要求涉及形態、服飾、交往方面的禮儀；

3. 每組展示公關工作中的個人形象，互評得失；

4. 每人以書面形式提交實訓總結。

【實訓要求】通過實訓，熟練掌握形態禮儀、服飾禮儀、交往禮儀，提升公關人員個人形象。

## 學習任務 8.2　儀容服飾禮儀

**知識連結**

案例 8-1：一次招聘

一次，某公司招聘文秘人員，由於待遇優厚，應聘者如雲。中文系畢業的小李同學前往面試，她的背景材料可能是最棒的：大學四年中，在各類刊物上發表了 30 萬字的作品，內容有小說、詩歌、散文、評論、政論等，還為 6 家公司策劃過周年慶典，一口英語表達也極為流利，書法也堪稱佳作。小李五官端正，身材高挑、勻稱。面試時，招聘者拿著她的材料等她進來。小李穿著迷你裙，露出藕段似的大腿，上身是露臍裝，塗著鮮紅的唇膏，輕盈地走到一位考官面前，不請自坐，隨後蹺起了二郎腿，笑眯眯地等著問話，孰料，三位招聘者互相交換了一下眼色，主考官說：「李小姐，請回去等通知吧。」她喜形於色：「好！」拎起小包飛跑出門。結果不言自明。

（資料來源：百度文庫）

公共關係人員應該是充滿魅力的人。魅力，是一種能夠吸引人的力量，它是一個人內在美和外在美的統一，其中，人的儀容和服飾是構成魅力的一個組成部分，它不僅反應其主體的審美能力，也反應其文化、道德、禮儀水平，因此，儀容和服飾既具有自然屬性，也具有社會屬性。公共關係人員與各種人打交道，在各種場合露面，應重視自己的儀容儀態。

### 8.2.1　個人衛生禮儀

經常洗澡、洗頭，保持身體各部位乾淨；保持口腔清潔，早、中、晚都應刷牙漱口；每隔三個月，最長半年，應洗一次牙——有些男士，衣冠楚楚，一開口，滿嘴黑牙、黃牙、斑斑駁駁，很不雅觀。如有牙病、口臭，應及時治療，帶著異味與人交談很不禮貌；吃了辛辣食物后，應及時漱口。

衣服保持乾淨整潔。內衣內褲應勤洗勤換。一般 1~2 天應換一次；襯衫領口、袖口保持乾淨，1~2 天換一次，不要等非常臟了再換；皮鞋應鋥亮無灰土。

參加社交活動之前，應簡單修飾一下自己，除了身體各部位要乾淨之外，還要注意修面、剪鼻毛、剪指甲，男士應剃胡子、梳理好髮發，女士也應整理一下發型。

### 8.2.2　舉止禮儀

舉止禮儀是指人們在社交活動中各種表情與姿態行為的規範，包括人的站姿、坐

姿、走姿、面部表情等。

1. 站姿

站姿是我們在交際場合中第一個引人註視的姿勢，是最容易表現人的特徵的姿勢。

（1）站姿的基本要領

抬頭、挺胸、收腹，雙腿直立，膝蓋相碰，兩腳跟相靠，腳尖略分開 45 度到 60 度，雙臂自然下垂，手指並攏自然微曲，放在身體兩側，中指壓褲縫，兩手也可以自然下垂，在腹部交叉相握，腰背挺直，下頜微收，面帶微笑，平視對方。站立時，雙腳除呈「V」字形外，女性也可呈「丁」字形，男士雙腳也可以分開一些，但最多與肩同寬。

站姿要從整體上形成一種優雅挺拔、自然舒展的體態。

（2）不正確的站姿

兩腳分叉分得太開或交叉站立；一個肩高，一個肩低；松腹含胸；膝蓋伸不直；一只腳在地上不停地劃弧線；一條腿彎曲或抖動；兩腿交叉站立；身體斜靠在桌子、牆壁、欄杆上；不停地搖擺身子，扭捏作態；與他人勾肩搭背地站著。

2. 坐姿

坐姿和站姿一樣，都屬於靜態身體造型。優雅端莊的坐姿，給人以文雅穩重、自然大方的感覺。

（1）坐姿的基本要領

入座時要輕、穩、緩，即入座時落座聲音輕，動作協調柔和，神態從容自如，不要趕步，以免有「搶坐」之嫌。一般從椅子的左邊入座，離座時也要從椅子左邊離開。正式場合，一般不應坐滿座位，也不要坐在椅子邊上過分前傾，通常占 2/3 的位置。女士穿裙裝入座，則應將裙子后片向前攏一下再慢慢坐下，以顯得端莊文雅。落座后，腰背挺直，稍向前傾，雙肩放松；雙腳自然落地；男性膝部可分開，不超過肩寬，雙手自然彎曲，置於大腿中前部，或雙手相握，體現男子漢的自信、豁達；女性膝蓋以上並攏，兩腿不宜向前伸直，表現出莊重與矜持，右手搭在左手上，置於大腿中部。

（2）不正確的坐姿

猛起猛坐，弄得座椅亂響；弓腰駝背，全身擠成一團；兩腿叉開很大，二郎腿蹺起來，且隨意抖動；坐下后，點腿或抖腿，或身體前后搖晃；兩腿伸得過遠，腳勾蹬椅腿、椅撐；隨意挪動椅子。

（3）裙裝女士出入轎車坐法

乘坐轎車女士裙子太緊，上車時應雙腿並攏，背靠車內坐在座位上，然后把雙腿一同收進車內，不要先進一條腿后進一條腿，此叫「背入式」；下車時，應正面面對車門，雙腳同時著地，然后身體離開座位，這稱為「背出式」。

3. 走姿

走姿是站姿的延續動作，是一個流動的造型體。走姿往往是最引人注目的身體語言，最能體現一個人精神面貌的姿態，也最能表現一個人的風度和活力。

（1）走姿的基本要領

走路時上身基本保持站立的標準姿勢，挺胸收腹，腰背筆直，兩肩平穩，防止上下前后搖擺；兩臂以身體為中心，前后自然擺。前擺約 35 度，后擺約 15 度，兩手自然彎曲，手掌朝向體內；起步時身子稍向前傾，重心落前腳掌，膝蓋伸直；腳尖向正前

方伸出，行走時雙腳踩在一條直線上；步幅適當，行走中兩腳落地的距離大約為自己的1.5~2個腳長；步速應保持均勻、平穩，不要忽快忽慢，腳步要輕並且富有彈性和節奏感。腳不宜抬得過高，也不要擦著地面行走。

（2）不正確的走姿

低頭彎腰駝背，扭腰擺臀，左顧右盼；腳尖出去方向不正，成明顯的內、外八字腳；腳邁大跨步，身子上下擺動；腳步拖泥帶水，蹭著地走；雙手左右橫著擺動；只擺動小臂；不因場地而及時調整腳步的輕重緩急。

4. 面部表情

所謂表情是指眼、眉、嘴、鼻等部位和面部肌肉的情感體驗的反應。在人的千變萬化的面部表情中，眼神和微笑最具有禮儀功能。「眼睛是心靈的窗戶」，通過人的眼神變化，可以洞悉其內心世界的複雜情感信息，其信息負載量可能大於有聲語言，且比有聲語言更真實。

面部表情最傳神表意的是笑容。「微笑是一份永恆的介紹信」「微笑是通向五大洲的護照」「微笑是撥動顧客心弦的最美好的語言」便是笑容社交功能的最好表述。

（1）微笑的規範

放鬆面部肌肉，嘴角兩端微微上翹，嘴唇略呈弧形，露出適當的牙齒，不發聲，給人以真誠、自然、親切、甜美的感覺。

（2）微笑的注意點

①要口眼鼻眉肌結合，避免強裝笑臉；

②要發自內心地笑，避免缺乏誠意；

③要把微笑留給所有人，避免露出笑容，隨即收起，只把微笑留給上級、朋友等少數人；

④要與儀表舉止的美和諧一致，神情結合，顯出氣質，避免為情緒左右而笑。

目光，也稱眼神，是面部表情的核心。眼睛是心靈的窗戶，它能夠自然、明顯、及時、準確地表現人的心理活動。交流過程中，我們不僅要不斷地運用眼神表達自己的意願、情感，而且還要學會「閱讀」對方的眼神，從他眼神的變化中，分析他的內心活動和意向。在進行公關活動時，眼神運用是否得當，是否能夠準確「捕捉」對方眼神中蘊含的深意，直接關係到公關活動的成敗。

在與人交談時，應使目光局限於上至對方的額頭，下至對方上衣的第二粒紐扣以上（即胸以上），不要將目光聚焦於對方臉上的某個部位或身體其他部位。特別是初次相識，或與自己關係一般及異性之間，用目光註視對方，應自然、穩重、柔和，而不能死盯住對方某部位，或不停地在對方身上上下打量。

（1）目光註視的部位

註視對方什麼位置，要依據不同場合、不同對象而選擇具體目光所及之處和註視的區間。註視部位分以下三種：①公務註視。在洽談、磋商、談判等正規場合，註視範圍是在雙眼與額頭之間的小三角區，這樣註視會顯得正式、嚴肅、認真，有誠意。②社交註視。這是人們常在茶話會、舞會、酒會、聯歡會以及其他一般社交場合使用的一種註視。註視範圍是在對方雙眼與下頷為頂點所連接成的倒三角區域。這一註視區域最容易形成平等感，輕鬆、隨意，容易營造良好的社交氛圍。③親密註視。這是與親密交往對象（如夫妻或戀人）交談時使用的一種註視，註視範圍是在眼睛到胸部

的大三角區域，註視這個區域時感覺關係極為親密，但如果對關係一般的人隨意註視這個大區域，則會冒犯對方。

（2）目光註視的時間

與對方長時間談話的過程中，標準註視時間是談話時間的30%～60%，這叫「社交註視」。如果眼睛始終不看對方，會使對方理解為「拒絕」或「忽視」對方；談話過程中眼睛始終盯著對方，會使對方理解為「挑釁」或「關注其本人甚於談話內容」。與賓客碰面或被介紹認識時，可凝視對方稍久一些，這既表示自信，也表示對對方的尊重；當對方緘默不語時，就不要再看對方，以免尷尬；當別人說錯了話或顯拘謹時，應馬上轉移視線，否則他會把你的眼光誤認為是對他的諷刺和譏笑。在社交場合，無意中與別人的目光相遇不要馬上移開，應自然對視1～2秒，然後慢慢離開。與異性目光對視時，不可超過2秒，否則將引起對方無端的猜測。

（3）目光註視的角度

公關場合中，要盡量採取「正視」的角度註視對方。正視的角度，目光的含義大多為「平等、公正」或「自信、坦率」。有客人走過來的時候，應當立即站起來，身體軀幹和面部五官正對對方，看著對方微笑致意。身體和面部的正面朝向對方，眼睛正視對方，用身體語言表達對對方的尊重。在與人交談過程中，目光應溫和、穩重、自然、大方，多用平視的目光，雙目註視對方的眼鼻之間，表示自己的坦誠和對對方的尊重。

### 8.2.3　服飾禮儀

所謂服飾，包括服裝和飾品兩部分。服飾是社會風尚的象徵，是個性美的展現。因此，透過服飾的選擇，能夠體現出人與服飾、精神與形體的和諧，體現出人的性格特點、文化修養、審美能力和情感需求，也體現出人的地位、財富、成功與否及職業特徵。

著裝的原則主要有：

1. 整體協調原則

服裝穿戴的關鍵，不在於新奇古怪，而在於尋找最佳的搭配組合，以達到整體的和諧悅目。

（1）與自身個性特點相協調

選擇服裝首先應該考慮自己的生理（年齡、體形、膚色、臉型）及性格、性別等特徵。不同體型、不同膚色的人，在選擇服飾時應揚長避短，揚美避醜，與自身個性特徵和諧統一。比如，不同年齡的人有不同的穿著要求，年輕人應穿著鮮豔、活潑、隨意一些，體現出年輕人的朝氣和蓬勃向上的青春之美。而中、老年人的著裝則要注意莊重、雅致、整潔，體現出成熟和穩重。身材矮胖、頸粗圓臉形者，宜穿深色低「V」字形領或同色同質套裝，淺色高領服裝則不適合。而身材瘦長、頸細長、長臉形者宜穿淺色、高領或圓形領服裝。方臉形者則宜穿小圓領或雙翻領服裝。身材勻稱、形體條件好、膚色也好的人，著裝範圍則較廣，選擇余地較大，可謂「濃妝淡抹總相宜」。從性別而言，男士要表現陽剛與瀟灑，女性要展示柔美與優雅。

（2）與職業身分相協調

服裝既是一種語言，又是一種標示，著裝應充分、準確地代表自己的社會角色、

社會地位。在人們的印象中，公關人員應是熱情有禮、服裝整潔、精明練達的從業人員，因此，正規的職業裝束應以西裝和套裙為主。

(3) 服裝與飾品應協調

無論何種場合，上下裝的搭配在色彩、風格等方面要協調一致。如穿西服腳上不宜穿球鞋。另外，服裝的飾品，像帽子、圍巾、手套、鞋襪、皮包等，這些裝束都應力求在色彩上、風格上、款式圖案和質料質感等方面和服裝本身相匹配，形成一種整體美。

2. TPO 原則

TPO 是國際通行的服飾穿戴原則，它們分別代表時間（Time）、地點（Place）和場合（Occasion），即著裝應該與當時的時間、所處的地點和特定的場合相吻合。

(1) 時間原則

在著裝時要考慮時間因素，隨「時」更衣。不同時段的著裝規則對女士尤其重要。男士有一套質地上乘的深色西裝足以穿遍天下，而女士的著裝則要隨時間而變換。白天工作時，女士應穿正式套裝、工作裝、職業裝，以體現專業性；晚上出席宴會、舞會、雞尾酒會就應穿著正式的禮服。服裝的選擇還要適合季節氣候特點，不宜標新立異、打破常規。

(2) 地點原則

地點、場所、位置不同，著裝應有所區別。著裝要考慮自己即將出席或主要活動的地點，盡量使自己的服飾與自己所處的環境保持和諧一致。休閒時，可以穿著舒適隨意的休閒服；去公司或單位拜訪，穿職業套裝會顯得正規、專業；外出時要顧及當地的傳統和風俗習慣，如去教堂或寺廟等場所，不能穿過露或過短的服裝。西方許多國家都有一條明文規定：人們去歌劇院觀看歌劇一類的演出時，男士一律穿深色晚禮服，女士著裝要端莊雅致，以裙裝為宜，否則不准入場。

(3) 場合原則

場合原則指服裝要與穿著場合的氣氛和諧。我們將場合分為三類：公務場合、社交場合、休閒場合。在公務場合的著裝要莊重、保守、傳統，不強調性別，不展示女性魅力；社交場合，廣義上指上班以外，在公眾場合與熟人交往、共處的時間，狹義上指工作交往中的應酬活動，著裝要典雅、時尚、有個性；休閒場合，指個人的自由活動時間，著裝要舒適、方便、自然。如參加簽字儀式或重要典禮等重大活動，衣著應莊重考究，規範正統。例如，男士穿西裝，一定要系領帶，衣領、袖口熨燙平整，褲子要熨出褲線、皮鞋要擦亮等。出席宴會等喜慶場合時，服飾可以鮮豔明快、瀟灑時尚一些，女士也可以穿中國的傳統旗袍或西方的長裙晚禮服；在收到宴會請柬時，經常在請柬的左下角會看到註有「正式的」（formal）、「非正式的」（informal）或「小禮服」（black tie）等字樣，有時也寫著「隨意」（casual）。這些都說明宴會主人對著裝的要求，一般的人就會按通常的做法著裝，而有的客人還會主動給主人打電話詢問一下。

3. 簡約原則

服裝的款式要簡潔，線條要流暢，色彩要少，避免花俏，飾物要少而精，能以簡單的打扮發揮理想的效果，本身就說明著裝人內在的充實與修養。

**模擬實訓**

【實訓名稱】分析著裝原則
【實訓目的】瞭解職業女性的服飾禮儀
【實訓步驟】
背景資料：

有位女職員是財稅專家，她有很好的學歷背景，常能為客戶提供很好的建議，在公司裡的表現一直很出色。但當她到客戶的公司提供服務時，對方主管卻不太注重她的建議，所以她發揮才能的機會也就不大了。

一位時裝大師發現這位財稅專家在著裝方面有明顯的缺憾：她26歲，身高147厘米，體重43公斤，看起來機敏可愛，喜愛穿童裝，像個小女孩，其外表與她所從事的工作相距甚遠，客戶對於她所提出的建議缺少安全感、依賴感，所以她難以實現她的創意。這位時裝大師建議她用服裝來突出學者專家的氣勢，用深色的套裝，對比色的上衣、絲巾、鑲邊帽子來搭配，甚至戴上重黑邊的眼鏡。女財稅專家照辦了，結果客戶的態度有了較大的轉變。很快她成為公司的董事之一。

（資料來源：后海論壇）

1. 分析此案例中財稅專家前後得失的原因、解決問題的方法。分析著裝風格與個人職業形象的關係。
2. 分析著裝的基本原則。
3. 以書面形式提交分析結果。

【實訓要求】

緊密結合案例，分析此案例中財稅專家前後得失的原因、解決問題的方法，掌握服飾禮儀。

## 學習任務 8.3　公關見面禮儀

**知識連結**

案例 8-2：禮儀的價值

一位老師帶領學生前往一集團公司參觀，老總是該老師的大學同學。老總親自接待不說還非常客氣。工作人員為每位同學倒水，席間有位女生表示自己只喝紅茶。學生們在有空調的大會議室坐著，大多坦然接受服務，沒有半分客氣。當老總辦完事情回來後，不斷向學生表示歉意，竟然沒有人應聲。當工作人員送來筆記本，老總親自雙手遞送時，學生們大都伸手隨意接過，沒有起身也沒有致謝。從頭到尾只有一個同學起身雙手接過工作人員遞過來的茶並在老總遞來筆記本時客氣地說了聲「謝謝，辛苦了！」。

最后，只有這位同學收到了這家公司的錄用通知。有同學很疑惑甚至不服：「他的成績並沒有我好，憑什麼讓他去而不讓我去？」老師嘆氣說：「我給你們創造了機會，是你們自己失去了。」

(資料來源：百度文庫)

人與人交往的第一步就是見面。見面及見面時的禮節是公關人員留給公眾第一印象的重要部分。見面禮儀包括介紹、握手、問候和名片幾個重要細節。

### 8.3.1 介紹禮儀

介紹，簡單地說就是向有關人士說明有關情況，使雙方相互認識，通過符合禮儀的介紹可以使互不認識的人之間消除陌生感和畏懼感，建立必要的信任。屬於社交場合的介紹基本上有兩種，即自我介紹和為他人作介紹。

1. 自我介紹

自我介紹是跨入社交圈、結交更多朋友的第一步。如何介紹自己，如何給對方或其他人留下深刻的印象，可以說是一門藝術，這與個人的氣質、修養、思維和口才密不可分。一個人是否有人緣、魅力或者說吸引力，往往在第一面時就已心中有數。學會自我介紹，可以樹立自信、大方的個人形象。

自我介紹時，須先向對方點頭致意，得到回應後，可根據情況，主動向對方介紹自己的姓名、身分、工作單位，同時遞上事先準備好的名片。如「我是某某，是某某公司公關部經理，很高興認識您（或很高興和大家在此見面），請多關照！」

2. 為他人介紹

為他人介紹，首先應瞭解雙方是否有結識的願望，切不可冒昧引見，尤其在雙方職位或地位相差懸殊的情況下。最客氣的介紹方法是以詢問的口氣問，如「××，我可以介紹××和您認識嗎？」「您想認識××嗎？」等等。如對方同意，那麼正式介紹時，最好先說諸如「請允許我向您介紹……」「讓我介紹一下」等禮貌語。介紹時，應面帶微笑，說話要簡潔。如「尊敬的約翰‧威爾遜先生，請允許我把楊華先生介紹給您。」比較隨便一些的話，可以略去敬語與被介紹人的名字，如「張小姐，讓我來給你介紹一下，這位是李先生。」

介紹的先後順序應當是：先向身分高者介紹身分低者，先向年長者介紹年幼者，先向女士介紹男士等，較尊貴的一方有瞭解的優先權。在口頭表達時，先稱呼應特別尊重的一方，再將被介紹者介紹給他（她）。介紹時，應有禮貌地以手示意，不能伸出手指來指指。被介紹時，除年長者或婦女外，一般應起立；但在宴席、會談桌上不必起立，而以微笑、點頭表示。

### 8.3.2 握手禮儀

握手既是見面的一種禮節，又是一種祝賀、感謝或相互鼓勵的表示。握手的力量、姿勢與時間的長短往往能夠表達握手人對對方的不同禮遇與態度，顯露自己的個性，給人留下不同印象；也可以通過握手來瞭解對方的個性，從而贏得交際的主動。有的人握手能拒人於千里之外；有的人握手卻充滿陽光，他們伸出手來與你相握時，你會感到很溫暖……

1. 握手的正確姿態

距離對方一步左右，兩足立正，上身微微前傾，面帶微笑，伸出右手握住對方的右手。伸出的右手應四指並攏，拇指自然張開，緊握住對方的手，上下擺晃三下就鬆開自己的手，握手時間以 3~5 秒為宜。

2. 握手的順序

握手的順序是指彼此相見時誰先伸手誰先握。它主要根據握手人雙方所處的社會地位、年齡、性別和各種條件來確定。一般說來，在社交場合握手的基本規則是：主人與嘉賓相互握手，主人應先伸出手來，賓客待主人伸出手后，方可伸手握之；年長者與年輕者相互握手，年長者應先伸出手來，年輕者待年長者伸出手后，方可伸手握之；身分高者與身分低者相互握手，身分高者應先伸出手來，身分低者待身分高者伸出手后，方可伸手握之；女士與男士相互握手，女士應先伸出手來，男士等女士伸出手后，方可伸手握之。在碼頭、車站、機場等場合迎接客人，主人應先伸手，表示非常友好地歡迎對方。

握手時應注意：男子在握手前應脫下手套，摘下帽子。男女握手，一般男子只要握一下女方的手指部分即可，多人同時伸手時，注意不要交叉，待別人握完后再伸手。

3. 握手的禁忌

握手禮，在現代人的社交中用得非常普遍，除了傳統的表示友好、親近外，還表示諸如見面時的寒暄，告辭時的道別，以及對他人的感謝或祝賀、慰問等等。握手的禁忌有：

（1）忌握手的時間過長或過短。一般以三五秒鐘為宜。長時間地用力握著異性的手不放是不禮貌的。

（2）忌握手時冷而無力，缺乏熱情。應熱情伸手，面帶笑容。

（3）忌握手時東張西望，心不在焉。

（4）忌握手時一言不發，應配以適當的敬語或問候語，如「您好！」「見到您很高興！」「久仰！」「恭喜！」等。

（5）忌同女士握手時先伸出手。

（6）忌戴手套握手。女士及地位較高的人戴手套握手，被認為是可以的。

（7）忌握手時用力過大，捏得對方咧嘴呼疼。

（8）忌幾個人在場時，只同一個人握手，對其他人視而不見。同時多人相互握手時，要注意待別人握完再伸手，不可交叉握手。

（9）忌握手時不講究先后次序。握手的先后次序是根據握手人雙方所處的社會地位、身分、性別和各種條件來確定的。

（10）忌伸給對方臟手。如客人到來，主動向自己伸出手，碰巧自己又在洗東西、擦油污，可以一面點頭致意，一面攤開雙手，說明情況，表示歉意，然后趕緊洗手，熱情接待。

### 8.3.3 名片禮儀

名片是當代交往中一種最為實用的介紹性媒介。其主要作用是進行自我介紹和建立聯繫。

在遞、接名片時，如果是單方遞、接，最好能用雙手遞、雙手接；雙方互送名片時，應右手遞，左手接；兩種情況都要求名片的正面（寫中文字樣的一面）朝著對方。接過對方的名片應點頭致謝，並認真地看一遍，最好能將對方的姓氏、主要職稱或身分輕輕地讀出來，以示尊重。遇有看不明白的地方也可以請教。將對方的名片放在桌子上時，其上面不要壓任何東西。收起名片時，要讓對方感覺到，你是將其名片認真

地放在了一個最重要、最穩妥的地方。切忌接過對方的名片一眼不看就立即收起，也不要將其隨意地擺弄，因為這樣會讓對方感覺是一種不敬。

如果是事先約定好的面談，或事先雙方都有所瞭解，不一定忙著交換名片，可在交談結束、臨別之時取出名片遞給對方，以加深印象，表示保持聯絡的誠意。

拜訪式名片，可用於下列情況：寄送禮物時，可將名片附在其中；贈送鮮花或花籃時，可將名片附在其上；在非正式的邀請中，可用名片代替請柬，並寫清時間、地點及內容；拜訪好友或相識的人而未相遇，可以名片作為留帖，並附上適當的文字。

感謝與祝賀式名片，可用於當朋友送來禮品或書信時，代作收條或謝帖；在朋友舉行重要的慶典活動時，可寄送一張附上親筆題寫的祝語作為對朋友的祝賀。

隨身攜帶的名片，應放在容易拿出的地方，最好用名片夾或名片盒存放，不要與其他雜物混在一起，防止用時手忙腳亂。穿西服時，名片夾應放在左胸內側的口袋裡；不穿西服時，可以放在隨身攜帶的手提包裡，不宜將名片放在其他口袋，尤其要避免放置在褲子的后側袋裡。因為名片是一個人身分的象徵，放置在后面無疑是一種不禮貌的行為。在自己的公文包及辦公室抽屜裡，也應經常備有名片，以便隨時使用。

## 模擬實訓

【實訓名稱】見面禮儀訓練
【實訓目的】掌握公關見面的規範禮儀
【實訓步驟】

背景資料：

王峰在大學讀書時學習非常刻苦，成績也非常優秀，幾乎年年都拿特等獎學金，為此，同學們給他起了一個綽號——「超人」。大學畢業後，王峰順利地獲取了在美國攻讀碩士學位的機會，畢業後又順利地進入了美國公司工作。一晃8年過去了，王鋒已成為公司的部門經理。

今年國慶節，王峰帶著妻子女兒回國探親。一天，在大劇院觀看音樂劇，剛剛落座，就發現有3個人向他們走來。其中一個邊走邊伸出手大聲地叫：「喂！這不是『超人』嗎？你怎麼回來了？」這時，王峰才認出說話的人正是他的高中同學賈徵。賈徵大學沒考上，自己跑到南方去做生意，賺了些錢，如今回到上海註冊公司當起了老板。今天正好陪著兩位從香港來的生意夥伴一起來看音樂劇。這對生意夥伴是他交往多年的年長的香港夫婦。

此時，王峰和賈徵彼此都既高興又激動。賈徵大聲寒暄之後，才想起了王峰身邊還站著一位女士，就問王峰身邊的女士是誰。王峰這才想起向賈徵介紹自己的妻子。待王峰介紹完畢，賈徵高興地走上去，給了王峰妻子一個擁抱禮。這時賈徵他想起了該向老同學介紹他的生意夥伴。大家相互介紹、握手、交換名片和簡單交談后，就各自回到自己的座位上觀看音樂劇了。　　（資料來源：百度網）

1. 分析此案例中不符合禮儀的地方。
2. 分角色模擬此案例背景下正確的見面禮儀。

【實訓要求】

緊密結合案例，分析此案例中見面禮儀的不合規範之處，掌握規範的公關見面禮儀。

# 學習任務 8.4　公關交談禮儀

**知識連結**

案例 8-3：美國總統與交談禮儀

　　美國著名的老資格政治公關專家羅杰·艾爾斯，為美國總統競選人效力了二十多個春秋，美國人稱之為「利用媒介塑造形象的奇才」。

　　1968 年，當尼克松總統同約翰遜競爭白宮寶座時，艾爾斯精心指導尼克松在一次電視競選演講中克服自卑心理，在贏得競選方面取得了連尼克松也想不到的奇效。

　　1984 年，里根參加總統競選。起初公眾對他的印象不佳，覺得他年齡大，又當過演員，有輕浮、年邁之感。但他在政治公關顧問艾爾斯的協助下，在競選講演時，注意配合適當的服飾、發型與姿勢，表現得莊重、經驗豐富，樣子看上去也非常健康，努力改變了公眾對他的不佳印象，結果取得了成功。

　　1988 年競選，在 8 月份以前，美國民主黨總統候選人杜卡基斯猛烈攻擊布什是里根的影子，嘲笑他沒有獨立的政見與主張。當時布什的形象是灰溜溜的，全美的輿論都稱讚杜卡基斯，在民意測驗中，布什落后杜卡基斯十多個百分點。於是布什請來了奇才羅杰·艾爾斯。艾爾斯從公共關係的角度指出了布什的兩個毛病：一是講演不能引人入勝，比較呆板；二是姿態動作不美，風格不佳，缺乏獨立和新穎的魅力。

　　這些缺點使公眾產生他擺脫不了里根的影子的印象。艾爾斯幫助布什著重糾正尖細的聲音、生硬的手勢和不夠靈活的手臂擺動動作，並讓布什講話時要果斷、自信，體現出強烈的自我表現意識，這樣言談舉止才能成為千萬人矚目的中心。在 1988 年 8 月舉行的共和黨新奧爾良代表大會上，布什做了生動的有吸引力的接受提名講演，這幾乎成了同杜卡基斯較量的轉折點。經過以後一系列的爭奪，布什獲得了競選勝利。

（資料來源：百度網）

## 8.4.1　公關聆聽禮儀

　　外國有一句諺語：「用十秒鐘的時間講，用十分鐘的時間聽。」社會學家蘭金也早就指出，在人們日常的語言交往活動（聽、說、讀、寫）中，聽的時間占 45%，說的時間占 30%，讀的時間占 16%，寫的時間占 9%。這說明，聽在人們交往中居於非常重要的地位。

　　在人們面對面的交談中，講與聽是對立統一的，認真地去聽，可以收到良好的談話效果。聽，可以滿足對方的需要。認真聆聽對方的談話，是對講話者的一種尊重，在一定程度上可以滿足對方的需要，同時可以使人們的交往、交談更有效，彼此之間的關係更融洽。因此，能夠耐心地傾聽對方的談話，等於告訴對方「你是一個值得我傾聽你講話的人」，這樣在無形中就能提高對方的自尊心，加深彼此的感情。反之，對方還沒有把將要說的話說完，你就聽不下去了，這最容易使對方自尊心受挫。

1. 聆聽的方式

交談中善於聆聽的確有許多好處，但要真正做到洗耳恭聽，僅僅對人抱有尊敬之心還不夠。也就是說，聽不光要用身，還要用心，用整個身心。但有些人做不到這一點。他們聽時心不在焉——或左顧右盼，或處理他事，或擺弄東西，或不時走動。這種方式最易傷人自尊心，使說者不願再講，更不願講心裡話。因此無法收到較好的效果，還會影響到雙方的關係；也有的人，聽時雖然很認真，但卻挑其毛病，或者頻加批評，或速下判斷，或發出爭論。這種方式使人講話時不得不十分小心，字斟句酌，同時也擔驚受怕，不敢吐露真情，從而影響交談正常而深入地進行。這兩種聽的方式都不利於交談的進行。其實最好的聽的方式，是站在對方的立場去聽，去反應，去認識，去理解，去記憶，因為這種聽話的方式，既能使聽者集中注意力全神貫註地聽，又能較好地理解說話者的原意，使對方受到尊敬和鼓舞，願意講真話，說實話，並發展彼此友好往來關係。

2. 聆聽應注意的問題

除了聽的方式外，在聆聽對方談話時還要注意以下這些方面：

（1）選擇一個安靜的環境進行交談，以減少外界噪音的干擾。如果交談環境不理想，比如外界干擾、噪音太大，或者室溫過高、過低，要盡力設法擺脫。同時保持冷靜，不受個人情緒和當時氣氛的影響。這樣才能保證有效地傾聽。

（2）設法使交談輕松自如，不要使對方感到拘束，同對消除心理上的障礙，不要有偏見，不可顯示出不耐煩的樣子，也不要過早地作出判斷，因過早表態往往會使談話夭折。要少講多聽，不要隨意打斷對方。

（3）注意談話者的神態、表情等非語言傳播手段，這些往往會透露出話外之意。

（4）注意自己的「身體語言」。在他人講話時，應盡可能地以柔和的目光註視著對方，以便與對方進行心靈上的交流與溝通。要學會用聲音、動作去呼應，也就是說要隨著說話的人情緒的變化而伴以相應的表情。身體稍稍傾向於說話人，面帶微笑。在說話者談到要點，或是其觀點需要得到理解和支持時，應適時地點點頭，或是簡潔地表明一下自己的態度，或通過一些簡短的插話和提問，暗示對方對他的話確實感興趣，或啓發對方，以引起感興趣的話題。這樣做，會使對方感受到無聲的鼓勵或讚許，可以贏得其好感。

8.4.2　公關說話禮儀

說話的藝術應該說是一門綜合藝術，與人的知識修養、道德修養、審美修養、禮儀修養以及社會閱歷、氣質風度等等有直接關係。

保持謙虛，三思而行。交談主要是在兩個人間進行，為了禮貌，任何人都不可能也不應該想怎麼說就怎麼說，必須顧及對方的情感和情緒，防止「禍從口出」，無意傷人，引起不必要的麻煩和矛盾。謙虛慎言，自我克制，不僅能滿足對方的表現欲，還可以為自己提供機會，使自己顯得更成熟、更穩重、更有涵養。切忌說話時把話說得太滿、太絕、太俗、太硬、太橫。說話時應注意以下事項：

（1）話題應盡量避開個人隱私和一些不宜在友好交談中出現的事情。

（2）話題應盡量符合交談雙方的年齡、職業、思想、性格、心理等特點。比如，同是40歲的女士，一位安於現狀，不思進取，另一位不甘落后，仍在努力拼搏，你如

在第一位女士面前誇獎第二位女士，肯定會引起此女士不快，談話亦無法繼續下去。

（3）應盡量尋找雙方都感興趣的話題，使談話富有創新性和吸引力，始終在趣味盎然的氛圍中進行。所謂「道不同不相為謀」，志同道合是雙方走到一起交談的前提。

（4）再好的談資也要看對象、分場合。一個關心國家政治經濟發展的人和一個只知道埋頭做生意的人，大談政治體制改革、經濟發展格局，就好像對牛彈琴，絲毫引不起對方的共鳴，談話也很難進行。

（5）適度幽默，輕鬆活潑。恩格斯說：「幽默是具有智慧、教養和道德的優越感的表現。」幽默是智慧、愛心和靈感的結晶，是一個人良好修養的表現。日本心理學家多湖輝把幽默稱作「語言的酵母」，創造出幽默，就創造出快樂及令人回味的思索。幽默能表現說話者的風度、素養，使人在忍俊不禁之中，借助輕鬆活潑的氣氛贏得對方的好感，完成公共關係任務。善用情感，繪聲繪色。要使說話在友好愉快的氣氛中進行，

（6）控制聲調、表情等因素。20世紀70年代，美國心理學家阿爾培特曾經通過研究，給友好合理的談話立了一個公式：7%的說話內容+38%的聲調+55%的表情。的確，只有在說話時語調平靜、音幅適中、音質柔和飽滿，表情輕鬆自然，面帶微笑，才會給人以客氣、禮貌的感覺。就拿最簡單的一個字「請」來說，如果用不同的聲調和表情來說，就會產生不同的感覺、不同的含義。

（7）有勇氣，適時說「不」。無論是人際交往，還是公共關係交往，有求必應是每個人都在追求的理想目標。但是，由於主客觀條件的限制，我們事實上不可能有求必應。實際上，拒絕別人的思想觀點、利益要求及行為表現的時候總是多於承諾、應允的機會。然而，在現實生活中，我們常常遇到一些人，或怕傷了對方或自己的自尊心、怕傷了和氣或招來不測的后果，也有的是在利益面前經不住誘惑，不願、不敢說「不」，結果並不一定就好，往往落個「言而無信」或「不負責任」的惡名。說「不」，的確需要勇氣，然而為了長遠、有效、腳踏實地地發展公共關係或人際關係，公共關係人員應建立起隨時說「不」的自信。

**模擬實訓**

【實訓名稱】交談禮儀訓練
【實訓目的】掌握公關交談的規範禮儀
【實訓步驟】
背景資料：

2000年奧運會是中國獲金牌最多的一次，中國運動健兒的出色表現徵服了各國觀眾，但極個別中國人的不文明習慣卻給他國運動員、記者留下了不好的印象。有媒體報導，中國記者團幾乎每個人都配備了移動電話，鈴聲是非常特別的音樂，在很嘈雜的場所也可以清楚分辨是不是自己的電話。但在射擊館裡，當運動員緊張比賽的時候，這種聲音就顯得特別刺耳。組委會為了保證運動員發揮出最佳水平，在射擊館門前專門豎有明顯標誌：請勿吸菸，請關閉手機。也不知是中國的一些記者沒看見還是根本不在乎，竟沒有關機。其實，把手機鈴聲調到「振動」並不費事。王義夫比賽時，有中國記者的手機響了，招來周圍人的噓聲和眾多不滿的目光。有外國人輕輕說：「這是中國人的手機！」在陶璐娜決賽射第七發子彈的關鍵時刻，中國記者的手機又一次響了……

(資料來源　百度網)
1. 分析此案例中不符合禮儀的地方。
2. 模擬此案例背景下正確的公關禮儀。
【實訓要求】
緊密結合案例，分析此案例中不合規之處，掌握規範的公關交談禮儀。

## 學習任務 8.5　公關宴請禮儀

**知識連結**

案例 8-4：宴會座次安排

武漢市和日本某市締結友好城市，在某飯店舉辦大型中餐宴會，邀請本市最著名的演員助興。這位演員到達后，費了很長時間才找到自己的位置。當她入座后發現與她同桌的許多客人，都是接送領導和客人的司機，演員感到自尊心受到了傷害，沒有同任何人打招呼就悄悄離開了飯店。當時宴會的組織者並未覺察到這一點，直到宴會主持人擬邀請這位演員演唱時，才發現演員並不在現場。幸好主持人頭腦靈活，臨時改換其他節目，才算沒有出現「冷場」。

(資料來源：百度文庫)

為了表示歡迎、答謝、祝賀，為融洽氣氛、聯絡感情，公關部門常常要設宴招待客人。宴請規格、種類需根據宴請目的而定。宴請規格對禮儀效果的影響是十分明顯的。

### 8.5.1　宴請的種類

目前，國際上將宴請主要分為宴會、招待會、茶會和工作餐四種形式。宴請活動無論採用何種形式，都要根據活動的目的、邀請的對象、人數、時間、地點以及經費開支等各種因素而定。宴會按規格可分為國宴、正式宴會、便宴、家宴；招待會有冷餐會（又叫自助餐宴會）、雞尾酒會等；茶會也叫茶話會、茶宴；工作餐是國際交往中常用的形式簡便、符合衛生標準的非正式宴請形式。

### 8.5.2　宴請活動的組織

成功的宴請需要成功地組織。一般來說，宴請的組織工作主要包括：
1. 確定宴請的目的、名義、對象、範圍與形式
（1）宴請目的
宴請的目的多種多樣，既可以為某人，也可以為某件事。如為某人某團赴約談判；為某展覽、展銷、訂貨會的開幕、閉幕；為某工程的破土與竣工等。總之，目的需要明確。
（2）名義與對象
對象確定主要依據主客雙方的身分，即主賓雙方身分要對等。

（3）範圍

邀請範圍是指請哪方面人士，哪一級別，請多少人；主人一方請什麼人出陪，這要考慮宴請的性質、主賓身分、慣例等多方面因素，不能只顧一面。邀請範圍確定后，就可草擬具體邀請名單。

（4）形式

採用何種形式，很大程度上取決於習慣做法，根據習慣和需要選擇宴請形式。

目前，無論是國際還是國內，禮賓工作都在簡化。宴請的範圍趨向偏小，形式更加簡便，更注重實際效率和效果。酒會、冷餐會被廣泛採用。

2. 確定宴請的時間、地點

宴請的時間對主、賓雙方都應適宜。一般不要選擇對方的重大節假日，有重要活動或有禁忌的日子。宴請時應先徵求對方的意見，口頭當面約定較方便，也可用電話聯繫。

對於宴請地點的選擇，一般講，正式的隆重的宴請活動安排在高級賓館舉行。其他可按宴請的性質、規模大小、形式、主人意願及實際可能而定，原則上選定的場所要能容納全體人員。

3. 發出邀請及請柬格式

（1）發出邀請

各種宴請活動，一般都發請柬，這既是禮貌，也是提醒客人備忘之用。請柬一般提前1~2周發出，有些地方還需要再提前，以便被邀人及早安排。

（2）請柬格式要求

請柬的內容包括活動形式、舉行的時間、地點、主人的姓名。請柬行文不加標點，所提到的人名、單位名、節目名等都應用全稱。中文請柬行文中不提被邀請人姓名，其姓名寫在請柬封面上。請柬可以印刷也可以手寫，但手寫字跡要美觀清晰。請柬信封上被邀請人的姓名、職務書寫要準確。

4. 訂菜

宴請的酒菜根據宴請形式和規格及規定的預算標準而定。選菜不以主人的愛好為準，主要考慮主賓的愛好與禁忌。如果宴會上有個別人有特殊要求，也可以單獨為其上菜。無論哪種宴請，事先都應列菜單，並徵求主管負責人的同意。

宴請的菜肴一般都較豐盛。如在中餐宴席上，除冷盤和甜點外，還有雞鴨魚肉蝦等數道熱菜。最后是湯、冷食和水果。一般都備有精致的菜譜，分別放在第一主人及第二主人的下手。上菜的先后順序與菜譜相符。

中餐宴會菜肴的道數，並不一定以主賓身分的高低而定。一般國宴在禮儀規格、場面上，雖然都十分恢宏壯觀，但菜肴並不一定十分豐富。

西餐宴請的菜肴與中餐不同。一般菜肴道數不多。西餐一開始先喝湯，然后陸續上兩三道菜，這些菜或是肉類與蔬菜搭配，或水產品（如魚類）與蔬菜搭配，之後就是甜點、冷飲（如冰淇淋）等。至於咖啡，可離席而飲。西餐常以生菜（即色拉）、奶酪配之。

5. 席位安排

（1）宴席的桌次安排

中國傳統中上座的位置，在面向上講究背北面南即坐北朝南。由於現代建築風格

的多樣化，人們便習慣於把面對門的位置定為上座，故宴請中主座的位置即面向餐廳正門的位置。

按國際慣例，桌次高低以離主桌位置遠近而定，右高左低，有左、中、右之別時，中尊右高左低。桌數較多時，要擺桌次牌，既方便賓、主，也有利於管理。

由兩桌組成的小型宴會，當兩桌橫排時，其桌次以右為尊，以左為卑（面門定位）。當兩桌豎排時，其桌次則講究以遠為上，以近為下。這裡所謂的遠近，是以距正門的遠近而言的（以遠為上）。由三桌或三桌以上所組成的宴會。通常它又叫多桌宴會。在桌次的安排時除了要遵循「面門定位」「以右為尊」「以遠為上」這三條規則外，還應兼顧其他各桌距離主桌即第一桌的遠近。通常距主桌越近，桌次越高；距離主桌越遠，桌次越低。

(2) 宴請的座位安排

正式宴請，一般均排座位，席位高低以離主賓的座位遠近而定；有時是排出部分客人的座位，其他人只排桌次或自由入座。要在入席前通知到每一個出席者，現場還要有人引導。

排列位次的方法是主人大都應當面對正門而坐，並在主桌就座；舉行多桌宴請時，各桌之上均應有一位主桌主人的代表就座，其位置一般與主桌主人同向，有時也可面對主桌主人；各桌之上位次尊卑，應根據其距離該桌主人的遠近而定，以近為上，以遠為下；各桌之上距離該桌主人相同的位次，講究以右為尊，即以該桌主人面向為準，其右為尊，其左為卑。

安排次序以禮賓次序為主要依據。中國習慣按個人本身職務排列，以便交談和餐飲。如果夫人出席，通常把女方安排在一起，即主賓位於男主人右上方，其夫人坐在女主人右上方。按外國習慣，主桌上男女穿插安排，以女主人為準，主賓在女主人右上方，主賓夫人在男主人右上方；其他人員或賓客按其身分、職務穿插安排，或按性別分主賓穿插排列。

在具體安排席位時，除根據上述基本規則外，還要充分考慮其他實際情況。例如：客人之間關係緊張者，應盡量避開安排；而對身分大體相同或從事同一專業者，可安排在一起。席位排妥後，要著手寫座位卡；便宴、家宴可以不放座位卡，但主人對客人的座位也要有大致安排。

6. 現場布置

宴會廳、休息廳的布置取決於活動的形式、性質。官方的和其他正式的活動場所的布置應嚴肅、莊重、大方。不要用彩燈、霓虹燈裝飾，可以少量點綴鮮花、刻花等。

宴會上可用圓桌、長桌或方桌。桌子之間距離要適當，各個座位之間距離要相等。

冷餐會常用方桌靠四周陳設，也可根據情況擺在房間中間。座位要略多於全體人數，以便客人自由就座。

酒會一般擺小圓桌或茶几，以便放花瓶、菸灰缸、干果、小吃等，也只在四周設些椅子供女士和年邁體弱者用。

7. 餐具的準備

總的來說，根據宴會的人數、菜道數的多少準備足夠的餐具。餐桌上一切用品都要清潔衛生。桌布、餐巾都應漿洗潔淨熨平。各種器具、筷子、刀叉等都要預先洗淨擦亮；如果是宴會，還應備好每道菜撤換用的菜盤。

（1）中餐具及擺設

中餐主要用筷子、碗盤、匙、小碟、醬油罐等，水杯放在菜盤上，右上方放酒杯；酒杯數目和種類應與所上酒品種相同。餐巾疊成花插在水杯中，或平放在菜盤上。在宴請外國客人時，以中餐西吃為宜，此時要備必要的西餐具。醬油、醋、辣油等佐料，通常一桌數份。公筷、公勺應備有筷、勺架。其中一套擺在主人面前。餐桌上應備有菸灰缸、牙籤。

（2）西餐具及其擺設

西餐具有刀、叉、匙、盤、杯等。刀分為餐刀、魚刀、肉刀、奶油刀、水果刀；叉分為餐叉、魚叉、肉叉；匙有湯匙、茶匙等；杯的種類更多，茶杯、咖啡杯均為瓷器，並配小碟；水杯、酒杯多為玻璃製品，不同的酒使用的酒杯規格不同。宴會有幾道酒就配有幾種酒杯。公用刀叉一般大於食用刀叉。

西餐具的擺設規則是：正面位放餐盤，左手位放叉，右手位放刀。食盤上方放匙（湯匙及甜食匙），再上方放酒杯，右起烈性酒杯或開胃酒杯、葡萄酒杯、香檳酒杯、啤酒杯（水杯）。餐巾插在水杯內或擺在食盤上。麵包奶油放在左上方。吃正餐，刀叉數目應與菜道數相等，按上菜順序由外至裡排列，刀口向內。用餐時按此順序使用，撤盤時，一併撤去使用過的刀叉。

8. 宴請程序及現場工作

主人一般在門口迎接客人。客人握手後，由工作人員引到休息廳，無休息廳可直接入宴會廳，但不入座。休息廳內應有相應身分的人員照料，由招待人員送飲料。

主賓到達後，由主人陪同進入休息廳與其他客人見面。如其他客人尚未到齊，可由其他迎賓人員代表主人在門口迎接。

主人陪同主賓進入宴會廳，全體客人就座，宴會即開始。吃完水果，主人與主賓起立，宴會即告結束。

主賓告辭，主人送至門口，主賓離去後，原迎賓人員順序排列，與其他客人握別。

**模擬實訓**

【實訓名稱】模擬宴請
【實訓目的】瞭解宴請禮儀
【實訓步驟】

1. 老師提出模擬背景：金融危機的大背景下，國內 A 公司接到其重要客戶加拿大 B 公司的來函，其將於三天後到達 A 公司洽談一合作事宜，兩天後回加拿大。A 公司接到 B 公司的客人後，決定當晚宴請客人，採用西餐形式。如果你是接待人員，將如何排定座次？人員包括 A 公司、B 公司各自的老總，業務、財務、人力資源部門經理，翻譯及 A 公司的司機、秘書。

2. 全班 10~12 人一組，根據所給工作場景，每人分配一角色，要求涉及西餐宴請座次及用餐禮儀。

3. 每組展示各自設計的安排座次、用餐過程，互評得失。

4. 每人以書面形式提交實訓總結。

【實訓要求】通過實訓，使學生掌握西餐宴請座次及用餐禮儀的實際操作，提高實際工作能力。

第二課堂

## 與上司第一次見面應注意的禮儀

　　第一次見領導，難免要在言行舉止上做相應的準備。以下十四個應注意的細節，做到了，就等於邁出了成功的第一步。一起來看看吧。

　　(1) 問候時最好點名道姓。邁進會客室的門，你的第一句話可能是：「你好，見到你很高興。」但這卻不如說：「李經理，你好，見到你很高興。」后者比前者要熱情得多。

　　(2) 若對方沒請你坐下，你最好站著。坐下后不應掏菸，如對方請你抽菸，你應說：「謝謝。」把菸灰和火柴頭弄到地板上，是很不得體的。

　　(3) 不要急於出示你隨身帶的資料、書信或禮物。只有在你提及了這些東西，並已引起對方興趣時，才是出示它們的最好時機。當對方詢問你所攜帶資料中的有關問題時，你應給予詳細的解釋或說明。

　　(4) 主動開始談話，珍惜會見時間。儘管對方已經瞭解到你的一些情況和來訪目的，你仍有必要主動開口。你可再次對某些問題進行強調和說明。這是禮貌的需要，也反應一個人的精神面貌。

　　(5) 保持相應的熱情。在談話時，你若對某一問題沒有傾註足夠的熱情，對方會馬上失去談這個問題的興趣。

　　(6) 當憤怒難以抑制時，憤怒會使你失去理解他人和控製自己的客觀尺度。它不僅無助於問題的解決，反而會把事情搞得更糟，應提早結束會見。

　　(7) 學會聽的藝術。聽有兩個要求：首先要給對方留出講話的時間，其次要「聽話聽音」。如對方首先講話，你不可打斷對方。應做好準備，以便利用恰當的時機給對方以回應，鼓勵對方講下去。不能夠認真聆聽別人談話的人，也就不能夠「聽話聽音」，更不能機警、巧妙地回答對方的問題。記住：不論是社交場合，還是在工作中，善於聽是一個人應有的素養。

　　(8) 避免不良的動作和姿態。玩弄手中的小東西，用手不時地理髮發、攪舌頭、清牙齒、掏耳朵、盯視指甲、天花板或對方身后的字畫等，這些動作都有失風度。

　　(9) 要誠實、坦率，又有節制。若在一件小事上做假，很可能使你的整個努力付諸東流。對方一旦懷疑你不誠實，你的各種不同凡響的作為都將黯然失色。誰都不是十全十美的完人，因此，你可以坦率地談起或承認自己的缺點或過失。在評論第三者時不應失去體諒他人的氣度。

　　(10) 要善於「理亂麻」，學會清楚地表達。善於表達使人終身受益。講話不會概括的人，常常引起人們的反感；敘事沒有重點，思維頭緒混亂的人，常常迫使人們盡量迴避他。一般來說，你若從沒有擔心過別人會對你的話產生反感，就意味著你已引起他人的反感了。

　　(11) 作一次音色和語調的自我檢查。把自己要講的話錄音5分鐘，聽聽是否清晰，喉音、鼻音是否太重，語速怎樣，語調老成、平淡嗎。如不滿意，改進后再錄一段聽聽。充滿朝氣的語調會使你顯得年輕。此功重在平時留心多練。

　　(12) 注意衣著和髮式。第一次見面就給人一種不整潔的印象，往往會給你的自我

表白投下陰影。平時不修邊幅的企業家，在會見客人前應問問懂行的人，讓他根據你的年齡、體形、職業及季節等因素設計一下你的衣著和髮式。

（13）如果對方資歷比你淺，學識比較低，你應格外留心自我優越感的外露。當你介紹了自己令人羨慕的學位職稱等情況后，對方也得談到他的相應情況。為了避免對方自愧不如，在介紹自己時你應該謹慎一些。對對方可以表示佩服。過度的關心和說教應該避免，要表現出誠意和合作精神。

（14）會見結束時，不要忘記帶走你的帽子、手套、公事包等東西。告別語應適當簡練，克制自己不要在臨出門時又引出新的話題，因為沒有理由認為告別才是會見的高潮。

不想升職加薪的員工不是好員工，在升職加薪的過程中不僅需要超強的工作能力，在很多細節方面也是上司的考核部分，所以，不能掉以輕心哦。

（資料來源：http://yjbys.com/qiuzhiliyi/zcly/608920.html）

## 案例分析

### 用文字傳遞信息

[鏡頭一] 某大學孫教授打長途電話給某市飯店，告知他同意邀請，第二天飛抵該市，前去為飯店講課，並請屆時到機場接一下。該飯店秘書小齊接了電話，滿口答應。但當孫教授走出機場時，左右環顧，無人接站，靜等了十幾分鐘，仍無人前來，孫教授只能叫出租車去飯店。孫教授前往總臺登記，問起總臺是否知道他來店，前廳經理說知道，已安排好了。孫教授奇怪地問，怎麼沒有來接站。前廳經理「哦」了一聲，連忙道歉，說「忘了」。事情是這樣的，齊秘書打電話給前廳經理叫他安排孫教授食宿，又叫前廳經理轉告車隊派車去接站。當時總臺客人很多，前廳經理匆匆安排了孫教授的住房后，把訂車的事給忘記轉告了。

[鏡頭二] 餐廳預定部接到客人打來的電話，要預定17日3桌酒席，標準是每桌1,000元，四天後客人陸續步入餐廳，賓客滿座。迎賓小姐上前詢問，客人說酒席已預定了，一看記錄，沒有。她把餐廳經理叫來，一核對，搞錯了，聽電話的接待員把「四天后」聽成了「十天后」，客人憤然離去，說再也不會到這家酒店來吃飯了。

[鏡頭三] 一旅遊團隊夜間湧入飯店，飯店公關銷售部人員趨前迎接。在與領隊和陪同的交談中得知，因氣候原因，原定明天的飛機改為火車，提早出發；原計劃的早餐改為帶盒飯上路。第二天清晨，領隊去取盒飯，餐廳說不知道，根本沒準備。把值夜班的經理找來，他說：「有這麼回事。公關部通知我是明天中午帶盒飯。」客人極不滿意地趕火車去了。事後，公關部經理與餐飲部經理為電話中到底說是「早餐」還是「午餐」爭得面紅耳赤。

思考討論：

上述三種差錯的原因是什麼？如何在服務過程中避免上述失誤？

# 項目 9
# 公共關係危機管理

## 項目目標

【知識目標】
1. 瞭解公共關係危機的類型和特點
2. 熟悉公關危機管理的基本概念和基本原則
3. 掌握危機處理的程序及技巧

【能力目標】
1. 能根據危機管理計劃開展危機預警工作
2. 能處理危機事件，控製危機事件過程中的信息傳播

## 項目引入

### 雪碧「汞毒門」

據報導，近日在北京市連續出現兩次飲用雪碧汞中毒事件。就此，北京可口可樂飲料有限公司對媒體堅稱「提供給消費者的飲料絕對安全可靠」，同時表示雪碧「生產過程絕無含汞環節」，公司正全力配合警方進行調查，核實飲料產品出處。但如此回應卻存在明顯的不足之處。

為徹底查清「問題雪碧」的包裝安全性，位於天津開發區的中國包裝科研測試中心對「問題雪碧」飲料罐進行密封性檢測。由於此次汞中毒事件事關重大，市場也十分關注報告的最終結果，此次檢測的最終結果將由北京警方於近日正式發布，並公之於眾。

（資料來源：百度網）

## 學習任務 9.1 公關危機概述

### 知識連結

#### 9.1.1 公關危機的含義

危機是指事物量變的累積，導致事物內在矛盾的激化，事物即將發生質變和質變

已經發生但未穩定的狀態。這種質變給組織或個人帶來了嚴重的損害。為阻止質變的發生或減少質變所帶來的損害，需要在時間緊迫、人財物資源缺乏和信息不充分的情況下立即進行決策和行動。危機這個詞是由危險和機會組成的，它本身是一個中性詞。危機中雖然孕育著機會，但危機畢竟不是人們希望其發生的事，而且要在危機中把握機會的難度很大。

公共關係危機是指社會組織內部或外部的某種非正常因素引發的、嚴重危害組織正常運作的、對組織形象造成重大損害的、具有比較大的公眾影響的突發性事件。這些危機事件的突發會使組織的公共關係狀態嚴重失常，如果不及時妥善地處理解決，會直接威脅到組織的生存。如企業因產品質量給消費者造成傷害就可能引發成為公共關係危機事件，2008年牛奶行業的三聚氰胺事件，就是典型的例子。

### 9.1.2 公關危機的特點

凡是危機事件都有共同的特點，即重大損失的突發性、導致困難的難以預測性、影響巨大、危害嚴重的災難性和涉及面廣並由此引起不良后果的嚴重性。它既有重大的財產損失，也有嚴重的人員傷亡，還包括利潤的急遽下滑，甚至嚴重虧損，也可能是以上幾方面的全面爆發。無論是哪種情況，都會使公關組織在社會公眾面前的形象受到嚴重的傷害。諸如重大傷亡事故、嚴重的意外災難、大規模的事件糾紛、組織由於某些因素造成的信譽危機等等。

1. 突發性

突發性是公共關係危機事件最基本的特徵。公共關係危機事件，通常是在組織沒有準備的情況下突然發生的，往往使人措手不及，因而極易給組織成員和公眾造成精神上的壓力和心理上的恐慌，同時也常常會使組織蒙受重大損失。如2009年11月24日，海口市工商局發布商品消費警示，稱「農夫山泉」「統一」等品牌9種飲料、食品總砷或二氧化硫超標，不能食用。兩大知名飲料企業陷於危機之中，事件引發媒體報導與消費者高度關注，兩企業突然遭遇「砒霜門」事件，但12月1日海口市工商局發布復檢結果，稱經權威部門復檢，「農夫山泉」「統一」企業3種抽檢產品全部合格。海口市工商局以自我否定的方式，還原了事實真相，為兩品牌涉案產品平反。雖然事件已得到平息，但卻因此使「農夫山泉」蒙受了十億元的巨額銷售損失。

2. 危害性

無論是哪種類型的公共關係危機，其一旦發生，都有可能會導致組織的工作秩序發生混亂，嚴重的會導致財產損失乃至人員傷亡，使組織的信譽一落千丈，導致組織在公眾中產生信任危機，其結果很可能給社會造成混亂，組織的形象受到很大的影響，甚至直接威脅到組織的生存。如2001年南京冠生園由於使用陳餡做月餅，被媒體曝光，幾乎使全國的冠生園瀕臨倒閉，使當年的月餅銷量下降了40%以上，最終於次年3月，南京冠生園宣告破產，被稱為國內「失信破產第一案」。總之，危機事件造成的后果是非常嚴重的，必須引起高度重視。

3. 關注性

無論是哪個組織，一旦發生公共關係危機，都會造成相當大的社會影響。因為現代社會大眾傳媒的傳播速度是相當快的。不僅社會成員之間的信息傳播非常迅速，而且危機事件一旦發生，各個媒體會馬上給予高度關注，甚至全程跟蹤報導，形成強大

的社會輿論。很短的時間，危機事件就會成為社會輿論和新聞媒體密切關注的焦點和熱點，成為媒介捕捉的最佳新聞素材和報導線索。有時會在一定的範圍，有時則可能波及社會各個階層甚至為廣泛的範圍。2008年的汶川「5‧12」大地震、2009年年底的疑似注射甲流疫苗導致死亡事件的報告，都是在非常短的時間內成為全世界各大媒體廣泛報導的焦點。

4. 潛伏性

潛伏性又稱未知性，指公共關係危機包含許多未知因素，具有不可預測的特點，它往往潛伏著。因為有時某一因素可能會成為誘發危機事件的導火索，從而引發一次危機事件的發生；有時是幾個因素的碰撞引發了危機事件的爆發，各種情況都可能發生；有時是組織內部因素引發的，有時則可能是組織外部因素引發的。一般來說，汽車公司會有遇到交通事故的可能，但我們不可能預測什麼時候會發生交通事故。一家企業可以想像會受到輿論的批評、顧客的指責，但卻很難預料什麼時候受到批評和指責，事情是否會越鬧越大，會不會由此使企業陷入更加不利的境地。所以重要的在於用積極的態度對待危機事件，當危機事件未發生時，積極做好危機的防範工作；當危機事件發生時，能盡快有效地處理好危機事件，把損失降到最低。

5. 普遍性

危機的發生帶有普遍性。任何組織大到一個政府，小到一個企業，都有可能陷入公共關係危機。如1999年的美國「9‧11」事件、2010年3月的韓國軍艦爆炸沉船事件，以及世界上許多知名的跨國公司諸如奔馳、可口可樂、三星等企業都在其發展的過程中遇到過不同性質、形式各異的公共關係危機。

6. 複雜性

公共關係危機有比較顯著的複雜性。一旦組織發生危機，無論是處理危機、控製危機，都需要對危機所涉及的方方面面進行協調，投入比平時更多的人力、物力、財力。

### 9.1.3 公關危機的成因

美國危機管理專家諾曼‧奧古斯丁這樣形容危機：「危機就像普通的感冒病毒一樣，種類繁多，難以一一列舉。」的確，經營管理不善、市場信息不足、同行競爭甚至遭到惡意破壞等，或其他自然災害、事故，都可能使得現代組織處於危機之中。分析危機發生的原因，對於制定正確的預防和處理對策有著十分重要的意義。企業危機產生的原因很多，一般來說，大致可以分為企業內部環境原因和企業外部環境原因。

企業內部環境原因主要有這幾個方面：企業自身素質低；企業缺乏危機意識；經營決策失誤；法制觀念淡薄；公關行為失策；策劃不當，損害公眾利益；公共關係活動缺乏必要的準備；面對公眾的摩擦糾紛，反應不當，釀成危機；忽視公關調研，損害企業聲譽等。

企業外部環境原因主要有這幾個方面：自然環境突變；企業惡性競爭；政策體制不利；科技負影響；社會公眾誤解；公眾自我保護等。

除了上述列舉的危機發生原因之外，還有下列原因：勞資爭議以及罷工、股東喪失信心、具有敵意的兼併、股票市場上大股東的購買、謠言、大眾傳媒洩露組織秘密、恐怖破壞活動、組織內部的人員的貪污腐化等。組織只有在廣泛收集有關信息的基礎

上，對造成企業危機的公共關係危機的原因進行深入分析，才能拿出充分的依據，為公共關係危機的管理奠定堅實的基礎，「把握癥結，對症下藥」應成為企業牢記的信條。

### 9.1.4 公關危機的種類

公共關係危機的種類繁多，要成功而有效地處理公共關係危機，就必須準確認識和判斷公共關係危機的類型。按照不同的分類標準，可以將公共關係危機分成以下幾種：

1. 人為危機和非人為危機

根據危機產生的主客觀原因，公共關係危機可分為人為危機和非人為危機。

（1）人為公共關係危機：主要是指由人的某種行為引起的公共關係危機。如生產工藝欠科學或原材料質量不佳、組織內部員工的行為損害公眾利益（如2010年3月江蘇常州曝疫苗造假大案就是組織自身在疫苗生產過程中摻入一種不易發覺的添加物，可以令出廠疫苗在一般檢測時達標，但實際效用卻大大降低而造成的）、競爭對手或個別敵對公眾的故意破壞（如河南財專的投毒事件，造成一百多學生中毒）等造成的危機，就屬於此類。人為公關危機會造成人員傷亡或財產的重大損失。這類危機具有可預見性和可控性的特點。如果平時採取相應有效的措施，有些危機是可以避免或減輕損失的，在一定程度上也是可以控制的。

（2）非人為公共關係危機：主要是指不是由人的行為直接造成的某種危機，包括各種自然災害，飛機失事以及社會大動盪等。與人為公共關係危機相比，這類危機具有無法預見和不可控的特點。通常造成的損失是有形的，容易得到社會各界和內部公眾的同情、理解與支持。

2. 一般性危機和重大危機

根據危機發生的程度，公共關係危機可劃分為重大危機和一般危機。

（1）重大危機：主要是指組織所面臨的事關全局、關係組織存亡的公共關係危機。如組織的重大工傷事故、重大生產失誤、火災造成的嚴重損失、突發性的商業危機、重大的勞資糾紛等。強生集團生產的「泰諾」止痛藥在芝加哥發生7人中毒死亡事件、安達信事務所信譽危機事件、巴林銀行財務危機事件等都屬於重大危機。對於上述這些會對組織產生致命影響的公共關係危機，公關人員必須馬上應對處理，最好在平時就有所準備。

（2）一般性危機：主要是指常見的公共關係糾紛。從某種意義上說，公共關係糾紛還算不上真正的危機，它只是公共關係危機的一種信號、暗示和徵兆。只要及時處理，做好工作，公共關係糾紛就不會向公共關係危機發展。但它帶來的危害是不可忽視的：輕則降低企業的聲譽，影響產品銷售，造成形象損失；重則可能危及企業的生存和發展。

對一個組織而言，常見的公共關係糾紛主要有：內部關係糾紛、消費者關係糾紛、同行業關係糾紛、政府關係糾紛、社區關係糾紛等。組織的內部糾紛不利於團結，會挫傷組織成員的積極性，降低管理人員的威信。組織與外部的糾紛，可能會損害相關公眾的物質利益和身心健康，不利於組織良好形象的塑造。

3. 內部危機和外部危機

根據危機與組織利益的關係程度以及危機歸咎的對象，公共關係危機可分為內部危機和外部危機。

（1）內部危機：主要是指發生在組織內部的公共關係危機。它意味著危機事件發生地在組織內部，或者造成危機的責任在於組織的內部成員的過失。此類危機的特點是波及範圍小，主要影響本組織的利益。危機的主體主要以本企業的領導和職工為重點，因而相對來說容易處理。

（2）外部危機：主要是指發生在組織外部、影響多數公眾利益的一種公共關係危機。相對於內部危機而言，外部危機的特點是波及的範圍較廣，不可控因素較多，較難處理，需要有關各方面密切配合行動。

從這一角度具體劃分公共關係危機的類型時，內部和外部是相對的。因為有些公共關係危機的發生，內部原因和外部原因都有，所承擔的責任大小也相差不多。故對具體公關危機的劃分與處理必須具體分析。

4. 信譽危機、效益危機和綜合危機

根據危機的不同內容，公共關係危機可分為信譽危機、效益危機和綜合危機。

（1）信譽危機：主要指組織在經營理念、組織形象、管理手段、服務態度等方面出現失誤造成的社會公眾對組織的不信任感。如組織由於不履行合同、不按時交貨、質量問題等形成的公共關係危機都是信譽危機。這類危機看似軟性，但直接影響組織的經濟效益，並有可能使組織形象在公眾心目中瞬間倒塌，如不及時挽救，將會帶來災難性的損失。

（2）效益危機：主要指組織在直接的經濟收益方面面臨的困境。如原材料價格上漲、同行業產品價格下調、組織投資出現偏差等。如這類危機出現，組織將面臨直接的、單純的經濟效益災難，應想辦法及時進行補救，使虧損降低到最小。

（3）綜合危機：主要指兼有信譽形象危機和經濟效益危機在內的整體危機。它是一種迅速蔓延、向四面發展的危機狀態，也是一種最嚴重的危機狀況。這種危機的爆發往往是出現了影響重大的突發性事件，而且情況總是從信譽危機引發經濟利潤全面下降。處理這類危機，就需要組織內部群策群力，上下一心，及時找到解決的突破口，迅速、果斷地控製事態發展。

5. 顯在危機和內隱危機

根據危機的外顯形態，公共關係危機可分為顯在危機和內隱危機。

（1）顯在危機：又稱顯性危機，是指已發生的危機或危機趨勢非常明朗，爆發只是個時間問題。如組織經營決策失誤造成的產品積壓、市場縮小的危機等。

（2）內隱危機：又稱隱性危機或潛伏危機，是指危機的因素已經存在，但沒有被人們意識到的危機。如安全防火設施遭到破壞、缺乏防火意識等。與顯在危機相比，內隱危機具有更大的危險性。猶如一座冰山，顯在危機是浮在水面，所占比重小，容易被人發現，並加以重視，而內隱危機猶如藏於水下的冰山，不容易被發現且危險性更大。

在現代社會嚴酷複雜的市場競爭環境中，社會組織隨時都有可能面臨危機。學會識別公共關係危機的類型，掌握不同公共關係危機的特徵，對認識和理解危機公關具有非常重要的意義。

**模擬實訓**

【實訓名稱】「公共關係危機」討論
【實訓目的】理解公共關係危機的概念及特點
【實訓步驟】
1. 全班 5~6 人一組，分成若干小組；
2. 以小組為單位，每人用自己的語言表達對公共關係危機的理解；
3. 以小組為單位，每人列舉 1~2 件現實生活中觀察到的公共關係危機事件。
4. 每組派代表在全班做總結發言。
【實訓要求】
要求對「公共關係危機事件」的表述清晰、完整；要求通過對所列舉的案例的討論、分析，瞭解公共關係事件的特點；小組代表發言應真實反應小組討論的得失。

# 學習任務 9.2　公關危機管理

**知識連結**

### 9.2.1　公關危機的預防

公關危機事件雖然因其突發性而很難預測，但是若以積極的態度防範，是可以把損失減到最低，甚至可以從根本上杜絕某些危機事件的發生的。

1. 樹立危機意識

組織的全體成員在日常工作中都應該有危機意識，尤其是組織的領導者、高層管理人員和公關人員更應該樹立這種危機意識。組織應該居安思危，防患於未然。在思想上樹立危機意識，就會使許多矛盾及時化解而避免其引發危機事件。特別是公關人員，日常工作應保持與內部公眾和外部公眾的協調和溝通，在公眾中樹立組織的良好形象，某些原本可能發生的危機事件就可化解於無形之中。公關人員還需具有高度責任感和愛崗敬業精神。有了積極的工作態度，還要有敏銳的洞察力和分析力，要化解危機就要預先對可能發生的危機作出分析預測——哪些因素有可能引發危機，危機可能具備什麼樣的性質、可能涉及的範圍如何，以及可能對哪些方面造成影響。同時，根據具體情況，對可能發生的危機進行分類后積極制定相應對策。這樣，就有可能及時察覺潛在的危機因素並設法化解它。即使有意外的危機事件發生，也會採取積極有效的方法應對。

著名企業海爾集團的總裁張瑞敏要求海爾人「永遠戰戰兢兢，永遠如履薄冰」。他有兩段話說得非常精彩，對樹立危機意識的意義闡述得既深刻又生動。他說：「今天的海爾，像一輛疾馳在高速公路上的車，速度非常快，風險也非常大，即『差之毫厘，謬以千里』。海爾完全有可能在一夜之間被淘汰出局。」「海爾最大的危險是決策上從未出現過大的失誤。企業長期成功，員工就會迷信領導，前面有個坑，領導讓他跳，他也可能跳下去，這樣很危險。每個人都有局限性，我不可能駕馭這個企業永遠走向成

功,更不能老是超前,假如有一天,海爾因為我超越不了自己而出問題,那就肯定是一個致命的大問題,海爾就有可能變成『泰坦尼克號』。」

對於2005年出現的「禽流感」中國政府的應急處理明顯比2003年的「非典」的應急處理成功得多,就是樹立危機意識、加強危機預防的典型的成功案例。

2. 建立專門機構

組織在進行機構設置時,有必要組建一個有權威性的、有效率的公共關係危機處理專門機構,或為常設的公共關係危機處理小組,由組織的領導人擔任組長,公關人員和部門經理作為小組成員。這些成員分工明確、責任分明,一旦發生危機事件,小組立即投入工作。只要各司其職,很快就能摸清危機事件的實質,工作也能井然有序,必然會呈現雖緊張但不慌亂的局面。危機處理小組除負責日常危機預警、預控和員工的危機應對培訓等工作外,在危機發生時的主要任務是:第一時間收集全面信息,確定危機性質、影響範圍、嚴重程度等;針對危機事件的具體情況制訂應對計劃;建立信息傳播中心,統一信息傳播口徑;指定新聞發言人,召開新聞發布會;與媒體及時溝通,啟動危機處理網絡;落實危機應對計劃,做好善後處理工作,直至危機完全解除。危機解除后,還必須認真總結經驗教訓。

3. 強化危機預警

強化危機預警,首先要組織的領導者重視這項工作,要有備才能無患,為此必須使危機管理制度化、規範化,這就有賴於建立健全系統的危機管理機制和防範預警系統。預警系統的主要任務是:加強信息的收集、分析、整理工作,隨時把有價值的信息提供給危機事件處理小組。加強與組織內部成員和組織外部公眾的溝通,以便獲得更多更有價值的信息,及時掌握情況、發現問題,把矛盾力爭消滅在萌芽狀態。有重點、有目的地選擇社會公眾作為溝通對象,擴大企業的正面影響。要經常性地進行市場調查和預測,分析自己的市場競爭力,瞭解同行業競爭對手的情況,以便調整自己的經營管理,不斷預測市場前景,尋找可能產生危機的因素,盡量把這些可能引發危機事件的因素事先化解掉。

4. 制訂危機預警方案

公共關係危機預警方案是組織在全面分析預測的基礎上,針對危機事件出現的概率而制訂的有關工作程序、施救方法、應對策略措施等的方案。

預警方案的制訂能使組織在危機來臨時目標集中、決策迅速、反應快捷、掌握主動,能使各方面都有心理準備,從容面對,能保障緊急狀態中的資源供應,降低成本、減少損失。

一份完整的公共關係預警方案一般包括危機處理的對策、具體運作方式和注意事項等,並以書面的形式表現。其側重點在於具體危機出現後如何施救處理。

5. 組織危機預演

為了強化全體工作人員的危機意識,提高危機期間的危機實戰能力,檢測危機處理協調程度,完善並修正危機應急預案,組織有必要定期對危機應急方案進行模擬演練。讓有關人員對危機爆發後的應對措施有一個大體的瞭解,累積一定的危機處理經驗。

危機預演的形式很多,可採用錄像觀摩、案例學習、計算機模擬危機訓練,實戰性小組演習等。

6. 做好危機預控

在日常工作中，社會組織已意識到危機事件的發生有其難以預測的特徵，且一旦發生又極易造成人員生命或財產的重大損失，那麼就應盡可能做到未雨綢繆，把危機意識轉化為組織的自覺行動。也就是說，當公關部門在日常管理中收集到相關信息，預感到可能有危機事件發生時，就應立即啟動危機預警機制，積極做好防範，包括輿論宣傳、信息溝通、內部動員、全面部署，力爭在危機發生後把損失降到最小。同時，還應該認識到，由於危機事件有其突發性的特徵，在平時就應該強化對可能發生危機的預測，並且與處理危機的相關單位建立良好的合作關係，一旦危機發生，就能夠立即啟動這個合作網絡。平時加強溝通、增進瞭解，建立起相互信賴、相互支持的友好合作關係，危機發生時，就會相互支援、並肩戰鬥，有利於危機的解決。

### 9.2.2 公關危機處理的原則

公共關係部門在處理危機事件、實施危機公關時，絕不是隨心所欲、跟著感覺走的行為。必須按照一定的處理原則，妥善地加以處理，用穩妥的方法贏得公眾的諒解和信任，盡快恢復組織的信譽和形象。所以在危機公關中應當遵循的基本原則有下面幾項：

1. 積極性原則

一旦危機出現，就要有負責任的積極態度，主動投入到調查、瞭解、分析、判斷、決策的工作當中去，尋求最佳的解決方案，爭取專家的幫助和公眾的支持與諒解，這是危機公關的起碼態度。

2. 主動性原則

任何危機發生後，都不可迴避和被動應付，應該積極地直面危機，有效控制局勢，切不可因急於追究責任而任憑事態發展；應積極尋找解決問題的契機，變被動為主動，使不利因素變為有利因素。

3. 及時性原則

危機公關的目的在於處理突發性事件，最大可能地控制事態的惡化和蔓延，把危機造成的損失減少到最低程度，在最短的時間內挽回組織的損失，維護組織的形象。因此，事件發生後，公關人員要迅速作出反應，果斷進行處理，贏得時間就等於贏得了形象。

4. 統一性原則

危機處理必須冷靜、有序、果斷、指揮協調統一、宣傳解釋統一、行動步驟統一，而不可失控、失序、失真，否則只能造成更大的混亂，使局勢惡化。

5. 真實性原則

危機爆發後，必須主動向公眾講明事實的全部真相，不遮遮掩掩，否則將增加公眾的好奇、猜測乃至反感，延長危機影響的時間，增強危機的傷害力，不利於控制危機局面。

6. 責任性原則

這是指無論事件的危害有多麼嚴重，作為組織都要勇於承擔責任，做到不推卸、不埋怨，不尋找客觀理由。這樣才能贏得社會的諒解和好感。

7. 善后性原則

危機事件帶來的不良社會影響不可能在一朝一夕消失殆盡，因此還要做好危機事件后的善后工作，包括對公眾損失的補償、對社會的歉意、對自身問題的檢討等等。

8. 靈活性原則

公關工作中出現的危機事件是形形色色的，因此對不同的公關危機的處理手段也不盡相同。所以針對不同情況下的危機要具體問題具體分析，只有根據具體情況，才能進行有針對性、靈活性的處理。由於危機多屬於突發性的，不可能有既成的措施和手段，因此，根據實際情況，靈活處理很重要，也很關鍵。

9. 全員性原則

企業員工不應是危機處理的旁觀者，而應是參與者。讓員工參與危機處理，不僅可以減輕企業震盪，而且能夠發揮其宣傳作用，減輕企業內外壓力。

10. 創新性原則

危機處理既要充分借鑑成功的處理經驗，也要根據危機的實際情況，尤其要借助新技術、新信息和新思維，進行大膽創新。

### 9.2.3 公關危機處理的程序

公關危機事件一旦發生，如何處理就成為最首要的任務。各種類型的公共關係危機事件在規模、性質、表現形式、涉及的公眾等方面雖有不同，但在處理程序上有其共同點。這個基本程序應該與應急方案相銜接，同時根據當時情況予以調整。一般來說，其基本程序是：

1. 成立公關危機事件處理小組

公共關係危機發生後，應立即啓動常規的危機處理機制，並針對本次危機事件的特點成立危機事件應急處理小組，組長由組織的主要領導擔任，公關部成員和部門負責人參加，明確分工、迅速到位、立即奔赴現場，各司其職開展工作。小組主要任務是：制訂應急計劃，明確具體任務，讓內部員工瞭解事情真像，統一口徑，以利協調工作，與媒體取得聯繫並為其準備好相關資料，成立公共信息中心，及時向外界公眾發布有關信息，保持傳播溝通的暢通等。

2. 迅速到達現場，掌握全面情況

組織負責人、相關部門負責人、危機處理的專家，必須在第一時間到達危機現場，掌握第一手情況，弄清事件發生的時間、地點、原因和已出現的后果，如人員傷亡和財產損失等情況，瞭解公眾的情緒和輿論的反應，要盡可能多地、全面地掌握有關信息，並掌握事態的發展和控製情況，為危機對策的制定奠定基礎。

3. 分析信息，確定對策，控製險情

在掌握危機事件第一手情況、瞭解公眾的情緒和輿論的反應的基礎上，深入研究，迅速確定應採取的對策和措施，及時控製危機險境，力爭把組織和公眾的生命財產損失降到最低，這是在危機發生地要果斷處理的。在這個過程中，尤其要把公眾的利益放在第一位，這是在危機處理完畢後使組織形象得以盡快恢復的基礎。接著要盡量控製危機態勢的蔓延，使影響不再擴大。危機處理小組成員要按照分工積極妥善做好分管的工作，發揮團隊合作精神，齊心協力為共同的目標而努力。

4. 抓緊時機、組織力量、落實措施

這是危機處理的中心環節，公眾和輿論不僅要看組織的宣言，更要看組織的行動。組織對危機事件的受害者要誠懇地聽取他們的意見，實事求是地承擔責任，堅決避免在事故現場與受害者或其家屬發生爭執。向媒體傳遞的信息要統一口徑，由組織負責人公布事件真相。在實際操作中，當對危機事件的處理意見統一以後，各方面負責人既同時開展工作，按照職責做到各司其職、步調統一、及時交流、保持協調，齊心協力處理危機，使局面向著利於維護組織形象方面發展。

在處理整個事件過程中，組織要始終把公眾利益放在第一位。同時，組織還要隨時向上級領導匯報情況，使上級領導隨時掌握事態發展，以便及時給予指導。

5. 及時評估、總結檢查、公之於眾

危機事件處理工作結束後，要及時對事件處理情況進行全面檢查、評估，並將檢查結果向董事會和股東公布。有些重大事故也可採取致歉廣告的形式在報刊上刊登，表明企業敢於承擔責任，一切從公眾利益出發。在檢查、評估中，要實事求是、一絲不苟，重點放在社會效應和形象效應方面，力爭把成功的經驗和遇到的困難以及失敗的教訓盡可能總結得全面些，為以後處理危機事件累積經驗，爭取減少和更有效地防範危機事件的發生。

### 9.2.4 公關危機處理的方法

1. 因組織自身原因引發的公關危機事件應採取的處理方法

果斷採取措施，有效制止事態擴大；及時向公眾及新聞界披露事件真相，主動公開道歉，以期迅速獲得公眾的諒解、寬容；採取有效措施處理善後事宜，瞭解公眾需求，及時彌補公眾的損失，力爭把公眾的損失降到最低；通過適當的媒體把事態的發展情況、改進措施、對公眾的承諾等內容公之於眾，以消除不良印象，恢復公眾的信任；針對此危機事件，認真總結教訓，對組織的全體成員進行危機意識教育，盡量避免危機事件的再度發生。

2. 因組織外部突發事件引起的公關危機應採取的處理方法

在指導思想上要把公眾利益放在第一位，換位思考，理解公眾的想法，並認真耐心地為公眾提供一流的服務，用真誠的態度和得體的溝通來穩定公眾的情緒。同時要抓緊時間全面安排好一系列具體問題的解決方案。特別強調的是與媒體的溝通同與消費者的溝通同樣重要。這類突發事件，因為事發突然，事前不可能周密部署，此時如何把難題處理好，是對領導和公關人員素質和能力的極大考驗，需要有經驗豐富的人做帶頭人，具體指揮部署每一道工作程序，使公眾能認同組織的處理意見。這樣組織形象也能盡量不受或少受損害，最終化險為夷，渡過難關。但事後一定要認真總結經驗教訓，用以指導今后對公關危機事件的預防。

3. 因個別傳媒失實報導引起的公關危機應採取的處理方法

首先穩定情緒，避免衝動，不可看到失實報導就感情衝動，出口不遜、不計後果，應保持清醒的頭腦，冷靜地分析失實報導給組織造成的影響和損害程度，進而明白組織目前所處的環境狀態如何；接著要進行認真的調查研究，弄清報導失實的真實原因，確定下一步開展危機公關活動目標；然后有針對性地制訂計劃、採取切實可行的有力措施，盡快澄清錯誤報導，加強正面宣傳、報導，讓媒體和廣大公眾瞭解事件的真實

情況，如積極與新聞媒體溝通，爭取他們的理解與支持，通過召開記者招待會、新聞發布會、新聞懇談會等方式，說明事件真相，消除不利於組織形象的輿論影響，使組織和公眾之間增強透明度，最終達到公眾正確理解組織的真實意圖的目的。當然在現實生活中，個別嚴重失實報導會造成十分惡劣的后果，如遇此種情況引發的危機，則應注意先取得政府和公眾的理解和支持，相信政府和公眾會正確對待已發生的危機事件。對失實報導造成嚴重惡劣後果而引發的危機事件，必要時可運用法律手段來維護組織和公眾的合法權益，相信法律是公證的。一般情況下，若能在公關職能範圍內，通過雙向溝通協調解決的，應盡量協商解決。

## 模擬實訓

【實訓名稱】分析危機公關案例
【實訓目的】分析危機公關案例，學會合理、恰當運用危機公關原則和技巧
【實訓步驟】
案例資料：蒙牛 OMP 風波

2009 年 2 月 2 日，國家質檢總局指出蒙牛特侖蘇牛奶違法添加了安全性尚不明確的 OMP，並責令蒙牛停止這一添加行為。國家主管部門叫停知名乳企熱賣的高端牛奶產品，特侖蘇 OMP 安全風波驟起。此前，OMP 是蒙牛特侖蘇高端牛奶的主打賣點，現在卻被主管部門叫停，蒙牛該如何應對？

2 月 11 日，當事件被媒體曝光后，蒙牛方面堅持「速度第一」原則，借助媒體發布《蒙牛關於 OMP 牛奶的回應》，堅持「OMP 安全」觀點，稱其安全性受到了 FDA 等國際權威機構的認可。但蒙牛的單方回應並沒有扭轉被動局面，而自特侖蘇上市以來對於 OMP 安全性的質疑聲，在事件的助推下成為輿論的主流，尚未完全走出「三聚氰胺」行業陰影的蒙牛面臨很大的輿論壓力。此時，家樂福、沃爾瑪超市等各地終端賣場對特侖蘇採取了下架、退貨等應對措施，特侖蘇銷售受阻。

作為知名企業，蒙牛在進行危機應對時堅持系統運行原則，在迅速回應的同時，與有關上級主管部門進行積極溝通，以期獲得第三方的權威證實。經過一系列努力，2 月 14 日，衛生部就該事件回應，稱經六部委專家聯合認定 OMP 並不會危害健康，從而為特侖蘇牛奶平反。與此同時，蒙牛方面也得到了多個有關國際組織的聲援與支持，特侖蘇 OMP 的安全性得到了多方的權威證實，至此事件得到平息，產品銷售得到恢復。

（資料來源：新浪網）

1. 結合案例，指出蒙牛企業運用了哪些公關危機事件處理原則。
2. 危機公關有哪些基本原則？面對組織外部突發事件引起的公關危機應注意哪些問題？
3. 採用書面形式提交分析結果。

【實訓要求】結合「蒙牛 OMP 風波」案例中的危機處理，分析它的成功之處。

## 第二課堂

### 2014年上半年十大危機公關案例剖析（節選）

近日，關鍵點傳媒危機公關研究小組通過對2014年上半年度危機公關案例的梳理和分析，參考媒體報導程度、公眾關注度、危機衝擊力、危機破壞力、危機持續性等維度，評選出2014年上半年十大危機公關案例。入選的十大危機公關案例分別是：取締餘額寶風波、昆明火車站暴力恐怖襲擊事件、西安幼兒園餵食兒童處方藥病毒靈事件、馬航客機失聯事件、攜程「洩密門」風波、平度徵地血案、尼康相機黑斑門、演員文章出軌門、蘭州自來水苯含量嚴重超標事件、麥當勞山東招遠血案。

研究小組以關鍵點傳媒董事長遊昌喬首創的「危機公關5S原則」為分析框架，採取「案例主角+案例回放+案例點評」的體例，對十大危機公關案例逐一進行總結，對各危機事件的處理方式進行深度點評，集專業性、權威性於一體。

一、取締餘額寶風波

1. 案例主角：支付寶
2. 案例回放

2014年2月21日，央視證券資訊頻道執行總編輯兼首席新聞評論員鈕文新發博文《取締餘額寶》稱：「餘額寶是趴在銀行身上的『吸血鬼』，典型的『金融寄生蟲』。」

鈕文新認為，餘額寶衝擊的是整個中國的經濟安全。因為，當餘額寶和其前端的貨幣基金將2%的收益放入自己兜裡，而將4%~6%的收益分給成千上萬的餘額寶客戶的時候，整個中國實體經濟也就是最終的貸款客戶將成為這一成本的最終買單人。

對此，網友紛紛予以駁斥。網友康寧1984：鈕文新錯在高估了餘額寶的破壞力，低估了銀行體系的適應能力。餘額寶只是一條金融系統中的鯰魚而已，儘管由於第三方支付做個人金融業務處於三不管地界，仍然只是短期的監管套利，並沒有在總量上影響到國家金融體系安全，更何況從近來騰訊微信給予支付寶的壓力看，互聯網公司同樣不能免於被互聯網顛覆的風險，沒有必要急於對這些尚未深入金融市場的創新作出嚴格限制。

2月22日凌晨，支付寶官方發長微博《記一個難忘的週末》幽默回應。支付寶則表示，餘額寶加上增利寶，一年的管理費是0.3%，託管費是0.08%，銷售服務費是0.25%，利潤只為0.63%，除此之外再無費用。支付寶對吸血鬼一說加以調侃稱：「老師您能別逗了嗎？我查了下，2013年上半年，16家國內上市銀行淨利潤總額達到6,191.7億元人民幣，全年起碼翻一番，12,000億吧？」

2月22日，阿里小微金融服務集團首席戰略官舒明稱：「即使與總規模約10萬億元的銀行理財產品相比，貨幣市場基金也不到其總規模的十分之一。很難想像，規模如此之小的貨幣市場基金會對市場整體利率水平產生巨大的影響，會『嚴重干擾利率市場』。」

2月23日下午，證券時報記者對鈕文新進行獨家專訪。他回應稱：「我質疑的不是餘額寶，而是類似於餘額寶的這樣一種商業模式。」鈕文新認為，在判斷對錯之前，首先應該具備一個正義的、全社會的立場，而不是所謂狹義的「提高了老百姓收益」的問題。如果在商品市場或股票市場中出現類似的操縱行為，那無疑會得到幾乎一致的

指責，監管層也會迅速干涉。鈕文新說，現在商業銀行也在做類似的事，但這都是被逼的。銀行不這樣做是「等死」，做了可能是「找死」。銀行才是「錢」的最終經營者，因為有貸款在經營鏈條上，各種風險都包含其中。所以可以說，余額寶這樣的模式是一種「金融寄生蟲」。

3. 案例點評

根據著名危機公關專家、關鍵點傳媒董事長、華中科技大學公共傳播研究所常務副所長遊昌喬先生首創的危機公關5S原則，對案例做如下點評：

(1) 承擔責任原則（SHOULDER THE MATTER）

余額寶遭央視評論員質疑後，支付寶隨即通過官微以詼諧幽默的風格發布一篇長微博來進行解釋，在當前的互聯網語境下，這種賣萌式回應比較容易得到網民理解與認可。

然而，對於這個被質疑者上升到「國家利益」「經濟安全」高度的問題，支付寶僅僅通過賣萌自黑的方式進行回應顯然不夠，對於這種新興的理財方式，公眾也希望看到支付寶拿出一個認真、嚴肅的態度，從而繼續獲得人們的支持。

項目分數：40分/評分：20分

(2) 真誠溝通原則（SINCERITY）

在被質疑後，支付寶及時發微博進行回應，微博內容詼諧調侃，卻又態度明確，將對方質疑的觀點予以反駁。此外，公司高管也及時與媒體進行了溝通，對質疑者的說法進行了駁斥。符合真誠溝通原則。

項目分數：20分/評分：20分

(3) 速度第一原則（SPEED）

質疑聲音出現後，支付寶第一時間通過微博予以回應，防止了危機的進一步蔓延。

項目分數：20分/評分：20分

(4) 系統運行原則（SYSTEM）

危機出現後，支付寶首先通過微博進行了回應；其次，公司高管接受媒體採訪。符合系統運行原則。

項目分數：10分/評分：10分

(5) 權威證實原則（STANDARD）

余額寶遭質疑後，支付寶並沒有邀請權威的第三方出面為其證言，僅僅通過官方微博和一位公司領導之口進行了回應，不符合權威證實原則。

項目分數：10分/評分：0分

案例評分：總分100分/實際總評分70分

二、昆明火車站暴力恐怖襲擊事件

1. 案例主角：國家相關政府部門
2. 案例回放

2014年3月1日晚上9時20分，昆明一伙歹徒持械衝進昆明火車站廣場、售票廳，見人就砍，現場有人傷亡；歹徒手持刀具、統一著裝；10多輛警車趕赴現場抓捕嫌疑人。隨後車站派出所的民警出警處置。隨後特警趕到，當場擊斃4名暴徒，抓獲1人。

截至3月2日18時,已造成29人死亡、143人受傷。截至3月3日,有12名傷員仍然處於危重狀態,其余傷員病情平穩。

3月6日,涉及作案的女暴徒已經被抓獲並招供,她們如實交代了作案的動機和作案全過程。但有關該暴徒的作案動機,因涉及國家和社會穩定,並未公開。

案件當晚,昆明警方就在現場拉開警戒線,從昆明火車站往外150米左右的主幹道被封鎖,對火車站內人員進行排查。公安、特警、消防、120等多方力量到達現場,警車數十輛、大批警力協助處理。

案件發生後,習近平高度重視,作出重要指示,中共中央政治局常委、國務院總理李克強對處置工作作出批示。中共中央政治局委員、中央政法委書記孟建柱,國務委員、公安部部長郭聲琨和有關部門同志連夜趕赴雲南指導處置工作,看望受傷群眾和遇難人員親屬。雲南省委、省政府有關負責同志迅速趕赴現場組織指揮處置工作。受傷群眾救治、案件偵破等工作抓緊進行。

國家衛生計生委李斌主任要求迅速落實領導指示和批示精神,從全國抽調醫療專家支持雲南做好傷員救治工作。徐科副主任參加國務院工作組,於3月2日凌晨緊急趕赴昆明,指導事件處置。國家衛生計生委連夜調派北京協和醫院、北京大學第三醫院、北京天壇醫院和四川大學華西醫院9名醫療專家赴昆明指導當地開展傷員救治。雲南省、昆明市衛生計生部門立即啟動應急回應機制,開展醫療救援工作。雲南省急救中心迅速出動20余輛救護車、70余名救護人員轉運傷員,各收治醫院快速開通傷員收治綠色通道,組織醫療專家和醫護人員全力開展傷員救治工作。截至3月3日,省市專家正在進一步對傷員進行會診和傷情判定,制訂細化方案,全力開展傷員救治。

3月2日,昆明市承諾將承擔所有傷者的醫療救治費用和家屬陪護費用。

3月3日下午該案件告破。官方查明,該案是以阿不都熱依木·庫爾班為首的暴力恐怖團伙所為。該團伙共有8人(6男2女),現場被公安機關擊斃4名、擊傷抓獲1名(女),其余3名已落網。

3月3日下午全國政協十二屆二次會議開幕式、3月5日上午全國人大十二屆一次會議開幕式上,譴責雲南昆明暴力恐怖襲擊事件,與會者全體起立,向遇難者默哀一分鐘。

3月29日,昆明市人民檢察院分別以涉嫌組織、領導、參加恐怖組織罪和故意殺人罪,依法批准逮捕昆明「3·01」暴恐案4名犯罪嫌疑人。

3. 案例點評

根據著名危機公關專家、關鍵點傳媒董事長、華中科技大學公共傳播研究所常務副所長遊昌喬先生首創的危機公關5S原則,對案例做如下點評:

(1) 承擔責任原則(SHOULDER THE MATTER)

案件發生後,國家領導高度重視並即刻作出指示,連夜趕赴雲南處置工作,看望受傷群眾和遇難人員親屬,國家衛生計生委緊急調集全國醫療專家趕赴雲南對傷者實施救治。雲南省政府領導也即刻趕往現場指揮工作,並承諾將承擔所有傷者的醫療救治費用和家屬陪護費用,體現了國家處置突發事件的能力,也充分體現了政府的責任意識。

項目分數:40分/評分:40分

(2) 真誠溝通原則（SINCERITY）

案件發生后，一方面，相關政府領導立刻趕往現場，看望受傷群眾，安撫群眾情緒；另一方面，將傷亡情況以及案件進展情況及時對媒體和公眾進行公布。符合真誠溝通原則。

項目分數：20 分/評分：20 分

(3) 速度第一原則（SPEED）

案件發生后，國家主席習近平立刻作出指示，國家及當地政府領導第一時間趕往現場指揮工作；警察也在第一時間趕往現場保護群眾，抓捕嫌疑人；傷亡情況以及案件偵破情況第一時間與媒體進行溝通。符合速度第一原則。

項目分數：20 分/評分：20 分

(4) 系統運行原則（SYSTEM）

案件發生后，一方面，國家領導作出指示，親赴現場看望傷員；另一方面，調集全國醫療專家趕赴現場實施救治；同時實施對犯罪嫌疑人的抓捕、審訊，給公眾一個交代。符合系統運行原則。

項目分數：10 分/評分：10 分

(5) 權威證實原則（STANDARD）

案件發生后，政府部門組織權威醫療專家為傷員進行會診和救治，同時國家相關領導親赴雲南對案件進行調查，最終將昆明火車站襲擊事件定性為「暴力恐怖襲擊事件」。符合權威證實原則。

項目分數：10 分/評分：10 分

案例評分：總分 100 分/實際總評分 100 分

三、西安幼兒園喂食兒童處方藥病毒靈事件

1. 案例主角：西安市政府相關部門
2. 案例回放

2014 年 3 月 10 日，有家長通過微博反應陝西省宋慶齡基金會楓韻幼兒園給孩子服用不明藥物，白色藥片上面寫著「ABOB」字樣，查詢后才知道這是一種俗稱「病毒靈」的抗病毒藥物，引起眾多家長的關注和不滿。服藥事件不斷發酵，3 月 12 日，陝西省宋慶齡基金會鴻基新城幼兒園也發生了服用該藥造成家長聚集的情況。

3 月 11 日下午，西安市政府副秘書長黃曉華來到幼兒園，與家長溝通，並表示幼兒園違規還涉嫌違法，凍結楓韻幼兒園的資產，家長們可以和幼兒園法定代表人協商后續的賠償問題，也可進行法律程序。

3 月 12 日 19 時 30 分，幼兒園的部分入園幼兒家長將西安市科技路與丈八路十字路口封堵。魏民洲書記趕到現場緊急處置，在現場積極調解和勸說，事態得以控製。

3 月 12 日，陝西省委書記趙正永、省長婁勤儉分別作出批示，要求西安市政府徹查並迅速向社會公布，對服藥兒童全部免費治療檢查，做好家長工作。陝西省教育廳會同西安市認真研究制定有力措施，並組織全面排查，要從維護孩子健康出發，妥善處理。對責任人要嚴肅處理，將調查處理情況及時公布。

3 月 13 日，西安市政府通報稱，經核實，網絡所傳幼兒園負責人的愛人為某區政府領導的消息不屬實。兩所涉案幼兒園的法人孫某及楓韻幼兒園執行院長趙某、楓韻

幼兒園保健醫生黃某、鴻基新城幼兒園園長梅某、副園長趙某某 5 人，被公安部門以涉嫌非法行醫罪刑事拘留。

3 月 18 日，教育部、國家衛計委發布《關於陝西、吉林兩地個別幼兒園違規開展群體性服藥事件的通報》稱，陝西省西安市宋慶齡基金會楓韻幼兒園和鴻基新城幼兒園、吉林省吉林市高新區芳林幼兒園違規給幼兒集體服用處方藥品「病毒靈」，嚴重違反有關管理要求，造成嚴重的社會影響，有關部門正在依法依規進行查處。通報要求，任何單位或個人不得擅自或越權組織幼兒及中小學生群體服藥。通報指出，將立即組織力量開展幼兒園及中小學校健康服務管理的拉網式排查。重點檢查行政區域內幼兒園是否有違規組織幼兒群體服藥的行為，並於 4 月 10 日前完成全部排查工作。

3 月 19 日，中國政府網消息稱，中共中央政治局常委、國務院總理李克強近日對個別地區發生幼兒園違規給幼兒集體服用處方藥事件作出批示，要求依法查處，嚴格管理，嚴防類似事件發生。教育部、衛生計生委通知做好處置工作，部署立即開展幼兒園及中小學健康服務管理排查，對發現的問題及時整改、嚴肅追責。

在餵藥事件發生的這一個月裡，為了確認自己的孩子是否存在健康異常，鴻基新城和楓韻幼兒園的數百名家長分別帶著孩子在西安甚至外地的醫院自行進行了體檢。記者共收集了 500 多份這樣的體檢報告並分別進行統計，發現有 300 多份體檢報告中出現了指標異常。

據對楓韻幼兒園一個班的孩子體檢報告的統計，從統計結果中可以看到，30 個孩子當中，4 項檢查全部正常的僅有 5 人。剩餘的孩子均存在體檢指標異常情況，問題主要集中在心肌酶偏高和隱尿，也就是俗稱的尿血。從家長們掌握的材料來看，發現身體異常的孩子數量已經遠遠超過當初官方公布的 65 人，而且症狀也不僅僅局限於當地政府通報的「出汗」「食欲不振」，因此官方此前通報「未發現共性指標異常」的結論自然受到質疑。

家長們的質疑並不僅僅依據自己的體檢結果，同時他們也質疑事發之後當地政府部門對服藥兒童組織的體檢是否負責，體檢結果是否準確。

在一些家長給記者提供的當時孩子的 B 超報告中，有 6 份報告引起了記者的注意。這 6 份報告分屬 6 個不同的兒童，但奇怪的是，報告內容卻是一模一樣，無論是 B 超的片子還是檢查數據和檢查結論。尤其值得注意的是，這 6 份報告的檢測時間居然也完全一樣，一秒都不差。

還有一位家長告訴記者當時去指定醫院檢查時聽到的情形：「當時我們帶孩子去檢查的時候，前面有個家長說，他的孩子還沒到做 B 超的床上去，僅僅剛報了孩子的名字，醫生就把孩子的 B 超拿出來了，還沒檢查就給了單子。」

《人民日報》就幼兒「被服藥」發時評稱，反思西安的「被服藥」事件，為什麼兩家幼兒園保健醫師的不法行為能長達 5 年，一些教職員工也未加阻止，反而參與其中？為什麼像「病毒靈」這樣的處方藥，從購藥到保存直至服用環節居然長期「一路綠燈」？實際上，一些地方存在的傷童虐童問題，普遍具有「冰凍三尺非一日之寒」的特點。兒童保護意識的缺失，執法監管的缺位，就是其中重要原因。

「被服藥」事件折射的一些法治盲區問題，應引起重視。它反應出，中國的兒童權益保護相關立法與執法鏈條中，還有不少法律法規過於原則、抽象，協調性與可執行性不強；制定后，也未得到充分重視，執法與立法割裂、監管虛置，常被束之高閣。

在監管和保護兒童權益方面，還需進一步「嚴防死守」。

2. 案例點評

根據著名危機公關專家、關鍵點傳媒董事長、華中科技大學公共傳播研究所常務副所長遊昌喬先生首創的危機公關 5S 原則，對案例做如下點評：

(1) 承擔責任原則（SHOULDER THE MATTER）

事件被曝光後，陝西省委、省政府高度重視，省委領導迅速作出批示，要求西安市徹查並迅速向社會公布，對服藥兒童全部免費檢查治療，嚴肅處理責任人，並組織兒童到指定醫院進行體檢。

然而，在隨後進行的體檢中，家長卻發現，在不同醫院的體檢結果大相徑庭，且出現一模一樣的體檢報告，以及體檢未做體檢報告卻先出等情況，導致官方通報的「未發現共性指標異常」的結果備受質疑，政府部門的公信力以及承擔責任的形象大打折扣。

項目分數：40 分/評分：5 分

(2) 真誠溝通原則（SINCERITY）

事件被曝光後，陝西省政府領導作出重要指示，要求西安市政府徹查並迅速向社會公布，對服藥兒童全部免費治療檢查，做好家長工作。相關領導親赴幼兒園以及家長聚集現場與家長進行溝通。然而，官方通報的「未發現共性指標異常」的結果，與家長拿到的體檢結果出現諸多不符，這一結果讓此前政府部門的努力以及與公眾溝通的誠意化為泡影。

項目分數：20 分/評分：5 分

(3) 速度第一原則（SPEED）

事件被曝光後，當地政府部門立即作出批示，並展開行動，符合速度第一原則。

項目分數：20 分/評分：20 分

(4) 系統運行原則（SYSTEM）

事件被曝光後，當地政府部門一方面開始對服藥兒童進行檢查治療，一方面問責相關責任人。同時，中央部委部署開展幼兒園及中小學健康服務管理排查，杜絕後患。符合系統運行原則。

項目分數：10 分/評分：10 分

(5) 權威證實原則（STANDARD）

事件被曝光後，當地政府部門組織服藥兒童到指定醫院進行體檢，然而，醫院出具的檢查結果與家長在其他醫院的結果不符，甚至出現多份檢查報告完全雷同、檢查未做報告先出的怪象，不僅沒有起到權威證實的效果，反而極大損害了政府部門的公信力。

項目分數：10 分/評分：0 分

案例評分：總分 100 分，實際總評分 40 分

四、馬航客機失聯事件

1. 案例主角：馬航，馬來西亞政府
2. 案例回放

北京時間 2014 年 3 月 8 日凌晨 1 時 20 分，由馬來西亞飛往北京的馬來西亞航空公

司MH370航班與地面失去聯繫，機上239人中包括153名中國大陸乘客。2時40分，馬來西亞蘇邦空中交通管制臺證實航班失聯。6時30分，失聯航班沒能按時抵達北京首都國際機場。8時左右，馬航發布航班失聯官方消息。

9時，中國民航局空管局向新華社記者證實MH370航班在越南胡志明市管制區同管制部門失去通信聯絡，並失去雷達信號，同時客機未進入中國空管情報區。

10時，中國交通部部長楊傳堂在中國海上搜救中心召開緊急會議，宣布立即啟動一級應急回應。

11時，馬航公布乘客名單。馬航VP接受CNN訪問表示，本次航班配有7小時航油，他們相信到目前為止，飛機航油已經耗盡。馬航目前對飛機位置完全沒有頭緒。

有媒體報導稱，越南搜救人員當天在越南南部金甌省西南120海里處發現失聯客機信號。隨後越南官方予以否認。

8日下午，馬航召開發布會，卻比預定時間推遲兩小時。發布會僅持續5分鐘，發布的仍是「失去聯繫」的消息，也未給記者提問機會。主持人離場時現場一片騷動，場外則一片混亂。

馬來西亞交通部部長8日否認了馬航MH370航班已經墜毀的消息。

波音公司8日下午發表關於馬來西亞航空公司MH370航班的聲明，對失去聯繫的馬來西亞航空公司MH370航班上所有人的家庭致以最深的關切，並宣布波音正在組建一支團隊，以向調查當局提供技術協助。

在失聯13個小時后，馬來西亞總理納吉布16時將就事故情況召開記者會。記者會又因故推遲數小時。

8日晚，一些媒體報導，失聯客機乘客名單中一名義大利乘客並沒有登機，其護照於一年前丟失。義大利外交部證實，這名乘客身在泰國。9日凌晨，奧地利外交部證實，乘客名單中一名奧地利籍乘客也沒有登機，人在奧地利，2012年曾在泰國丟失護照。國際刑警組織當天下午證實，至少兩本已在這一機構數據庫備案的被偷護照被馬航失聯客機乘客使用。這一消息引發人們關於航班遭恐怖分子劫持的猜想。

馬來西亞官方9日15時說，吉隆坡國際機場現場監控已經鎖定使用虛假護照信息登機的乘客畫面。馬方稱用假護照登機的乘客為「亞洲面孔」，晚些時候否認這一說法。11日，馬來西亞警方公布監視頻截圖。國際刑警組織證實，兩人均為伊朗人，只是，他們的目的應該是偷渡歐洲，沒有發現與恐怖組織關聯。

與此同時，多國海空搜尋繼續，尤其是越南，盡力調動資源，反覆查找可疑漂浮物。中國艦船和飛機則在超過5萬平方公里的茫茫大海上夜以繼日地拉網式搜尋。

3月12日，馬航方面召開與失聯乘客家屬的溝通會。在會上，馬航方面公布了領取特殊慰問金需要簽名的說明。隨后，31,000元特殊慰問金開始發放。

3月15日，馬來西亞總理納吉布親自出席發布會，並確認失聯客機聯絡系統是被人為關閉的，而客機航線也是被蓄意改變的，衛星與飛機之間的最后一次通信為3月8日8點11分。針對客機的最后位置，納吉布給出了兩種可能，即南部走廊地帶和北部走廊地帶。

而此前，美國媒體援引客機發動機製造商提供的數據報導，飛機失聯后飛行了4個小時，遭馬方否認。

3月23日，馬來西亞政府稱，法國當局當天提供的衛星圖像顯示，在印度洋南部

海域發現可能與馬航MH370航班有關的可疑漂浮物。

北京時間3月24日晚10時，馬來西亞總理納吉布在吉隆坡就有關失聯客機MH370的相關進展召開新聞發布會。根據最新的分析結果，MH370客機已墜落在南印度洋，機上無人生還。納吉布表示，25日早上會開新聞發布會公布更多細節。馬航已經向家屬通報了相關進展，隨後納吉布的聲明結束，未透露更多細節。

媒體稱，馬總理宣布MH370航班在印度洋中部墜毀的結論，只是根據Inmarsat公司的海事衛星數據分析得出，尚無殘骸、黑匣子的有力佐證。

在北京麗都酒店守候了十餘天的乘客家屬在聽到馬來西亞官方宣布飛機失事的消息後悲痛欲絕，但鑒於以往馬方在調查事件時的反覆和滯後表現，一部分家屬表示不信任這一說法，只有看到飛機殘骸才能確信飛機失事。

25日上午，乘客家屬舉著自制標語步行前往馬來西亞駐華大使館進行抗議。

下午3點半，馬來西亞駐華大使在麗都飯店參加家屬說明會，家屬對昨天馬方宣布飛機墜海這一結果向馬來西亞駐華大使提出質疑，馬大使表示現在無法回答。家屬要求大使現場給馬總理打電話詢問，馬大使沉默，只稱會轉達問題。

3. 案例點評

根據著名危機公關專家、關鍵點傳媒董事長、華中科技大學公共傳播研究所常務副所長遊昌喬先生首創的危機公關5S原則，對案例做如下點評：

（1）承擔責任原則（SHOULDER THE MATTER）

飛機失聯後，馬航和馬政府立即展開尋找和搜救工作，公布乘客名單，召開發布會，向乘客家屬表達慰問和歉意，這一點符合承擔責任原則。

然而，在整個事件過程中，對於信息的發布，馬航除了「no idea」，就是不斷地否認、否認再否認，拖延，隱瞞事件真相，導致危機急遽蔓延。

在對飛機失聯的各種可能性依次否認後，24日晚突然召開發布會，在沒有飛機碎片和黑匣子等證據的情況下，僅憑衛星數據就斷定飛機墜落於南印度洋，無人生還。這種漠視家屬情感、無視各國聯合搜救努力的武斷行為，無疑是對全世界的極端不負責任。引發了中國以及其他國家的嚴重抗議和不滿。

項目分數：40分／評分：5分

（2）真誠溝通原則（SINCERITY）

飛機失聯後，馬航以及馬政府雖然多次召開新聞發布會、家屬溝通會與媒體和乘客家屬進行溝通，然而其溝通並未取得如期效果，反而使危機愈加嚴重。

一方面，對於事件進展的發布，馬航並未在第一時間發布權威官方信息，導致輿論真空期，謠言滿天飛；同時，信息發布沒有統一口徑，信息來源多樣，馬方不斷否認，給公眾帶來極大負面形象。另一方面，溝通態度缺乏誠意，幾次發布會都是無故推遲，甚至單方面更改地點，草率應對，不給媒體提問機會，導致媒體形象極端負面。

項目分數：20分／評分：0分

（3）速度第一原則（SPEED）

在這一危機處理過程中，馬方的行為嚴重違背速度第一原則。首先，飛機失聯5個小時後才發布航班失聯官方消息。當天上午媒體已經廣泛報導，下午才召開新聞發布會。其次，在搜救過程中，馬方也一直給人帶來拖延的印象。

項目分數：20分／評分：0分

（4）系統運行原則（SYSTEM）

在整個事件過程中，自始至終，馬方缺乏系統的危機應對策略：發布信息，否認，再發布，再否認，再承認，整個危機處理過程混亂不堪，使馬航以及馬來西亞政府的形象跌入谷底。

項目分數：10 分/評分：0 分

（5）權威證實原則（STANDARD）

權威證實方面，雖然有很多國家都參與搜救，在 24 日晚舉行的發布會上，也借助英國 Inmarsat 公司的海事衛星數據得出在印度洋中部墜毀的結論，然而很多信息和結論要麼被推翻被否認，要麼缺乏確鑿證據，從而引發更大的質疑和抗議，沒有起到權威證實應有的效果。

項目分數：10 分/評分：3 分

案例評分：總分100 分實際總評分 8 分

五、攜程「洩密門」風波

1. 案例主角：攜程網

2. 案例回放

2014 年 3 月 22 日晚間，國內漏洞研究機構烏雲平臺曝光稱，攜程系統開啟了用戶支付服務接口的調試功能，使所有向銀行驗證持卡所有者接口傳輸的數據包均直接保存在本地服務器，包括信用卡用戶的身分證、卡號、CVV 碼等信息均可能被黑客任意竊取。

正處於央行對第三方支付表示質疑的關口，加上安全漏洞關乎攜程數以億計的用戶財產安全，輿論對於這一消息表示了極大的關注，由此引發的用戶恐慌和擔憂亦如野火一般蔓延開來。中國上市公司輿情中心監測數據顯示，從「洩密門」事發至截稿時止，以「攜程+安全漏洞」為關鍵詞的新聞及轉載量高達 120 萬篇之多，按照危機事件衡量維度，達到「橙色」高度預警級別。

3 月 22 日晚 23 時 22 分，攜程官方微博對此予以回應，稱漏洞系該公司技術調試中的短時漏洞，並已在兩小時內修復，僅對 3 月 21 日、22 日的部分客戶存在危險，「目前沒有用戶受到該漏洞的影響造成相應財產損失的情況發現」，並表示將持續對此事件進行通報。

這一說法引發了用戶的重重回擊。認證為「廣西北部灣在線投資有限公司總裁」的嚴茂軍聲稱，攜程「官方信息完全在瞎扯」，並附上信用卡記錄為證。作為攜程的鑽石卡會員，他早於 2 月 25 日就曾致電攜程，他的幾張綁定攜程的信用卡被盜刷了十幾筆外幣，但當時攜程居然回復「系統安全正常」。他以強烈的語氣提出，攜程應該加強安全內測，「盡快重視和處理用戶問題，水能載舟，亦能覆舟」。這一微博得到了網友將近 900 次轉發，評論 150 條，大多對其表示支持。

3 月 23 日，攜程官方微博再以長微博形式發表聲明稱，93 名潛在風險用戶已被通知換卡，其餘攜程用戶用卡安全不受影響。

不過，其微博公關並未收到很好的成效，不少網友在其微博下留言，以質疑語氣表達不信任的態度：怎麼證明攜程沒有存儲其他客戶的 CVV 號？怎麼才能確認用戶的信用卡安全？……面對質疑，攜程客服視若無睹，僅以「關於您反饋的事宜，攜程非

常重視，希望今後提供更好的服務」等官方話語加以回應。

在輿論對其違規存儲用戶信用卡信息並未能妥善保存的重重壓力下，3月25日，攜程發出最新聲明承認此前的操作流程中確有違規之處，今後攜程將不再保存客戶的CVV信息；以前保存的CVV信息將刪除。

3月26日，21世紀網直指「攜程保存客戶信息屬於違反銀聯的規定，攜程不是第三方支付機構，無權保留銀行卡信息。另一方面，PCI-DSS（第三方支付行業數據安全標準）規定了不允許存儲CVV，但攜程支付頁面稱通過了PCI認證，同樣令人費解」。

《21世紀經濟報導》更是簡單明瞭地表示，在線旅遊網站中，只有「去哪兒」已經引入該認證標準，「此前攜程曾有意接入該系統，但是公司工作人員去考察之後發現，攜程系統需要整改且難度太大，業務種類多且交叉多，如果按照該系統接入而整改會使架構都會有所變化」。

針對上述質疑，攜程一直保持著沉默，而不少業內人士已經忍不住跳出來指責其「閉著眼睛撒謊」。3月27日，《中國青年報》更是發表題為《大數據時代個人隱私丟哪兒了》的署名文章，譴責企業「在用戶不知情的情況下收集有限的數據，在一定程度上忽略了人的權利」。

3. 案例點評

根據著名危機公關專家、關鍵點傳媒董事長、華中科技大學公共傳播研究所常務副所長遊昌喬先生首創的危機公關5S原則，對案例做如下點評：

（1）承擔責任原則（SHOULDER THE MATTER）

「洩密門」被曝光後，攜程堅稱「網絡支付是安全的」，並表示攜程用戶持卡人的所有支付信息，「均按照國際信用卡支付安全標準要求，經過加密處理」，並將「洩密門」原因歸結於「個別技術開發人員」的疏忽。對於用戶的質疑始終含糊其辭，最後在重重壓力下承認此前的操作流程中確有違規之處，然而此時攜程的品牌形象已經受損。

項目分數：40分/評分：5分

（2）真誠溝通原則（SINCERITY）

危機發生後，攜程不斷通過官方微博對事件進行回應，但並未收到預期的效果，對於用戶的繼續質疑，攜程客服沒有拿出解決問題應有的誠意，而是以「關於您反饋的事宜，攜程非常重視，希望今後提供更好的服務」等官方話語加以回應，其敷衍塞責的態度導致危機更加激烈。

項目分數：20分/評分：5分

（3）速度第一原則（SPEED）

危機發生後，攜程在當天及時給予回應，這一點符合速度第一原則。然而，由於其解決問題的態度缺乏誠意，引發公眾的更多質疑，危機愈演愈烈。

項目分數：20分/評分：5分

（4）系統運行原則（SYSTEM）

危機發生後，攜程僅僅是通過官方微博進行了回應，對於用戶的質疑也沒有更多具體的舉措，不符合系統運行原則。

項目分數：10分/評分：0分

(5) 權威證實原則（STANDARD）

在整個危機處理過程中，攜程始終在自說自話，沒有邀請權威第三方為自己證言，不符合權威證實原則。

項目分數：10 分/評分：0 分

案例評分：總分 100 分，實際總評分 15 分

## 案例分析

### 蘭州自來水苯含量嚴重超標事件

一、案例主角：蘭州市相關政府部門

二、案例回放

2014 年 4 月 11 日，蘭州市城區唯一的供水企業——蘭州威立雅水務集團公司出廠水及自流溝水樣被檢測出苯含量嚴重超標。

針對蘭州自來水苯含量嚴重超標一事，蘭州市政府於 4 月 11 日下午作出回應，16 時 30 分舉行新聞發布會稱，蘭州主城區自來水未受大的影響，但不建議市民 24 小時內飲用，政府將每兩個小時向市民公布一次檢查結果。

4 月 12 日，新華社「中國網事」記者從蘭州市委市政府、環保和相關區縣等部門在西固區政府召開的電視電話會議上瞭解到，此次自來水苯超標的源頭是中國石油天然氣公司蘭州石化分公司一條管道發生泄漏，污染了供水企業的自流溝所致。

蘭州市環保局局長閆子江在會上說，受到苯污染的是蘭州威立雅公司自流溝的 4 號線。他在會後接受採訪時表示，從挖掘出的泥土中發現了原油，目前尚未挖到泄漏的管線，不過泄漏點已經確認，施工人員仍在進行挖掘作業。

然而，在隨後的採訪中，北京師範大學水科學研究院教授、國家環境應急專家組成員王金生又給出了不同的答案。王金生表示，初步判斷，蘭州自來水中的苯來源於蘭州石化 20 世紀 80 年代發生泄漏事故后滲入到地下的污染物。

針對回應前後不一致的情況，4 月 13 日，蘭州市「4·11」局部自來水苯指標超標事件應急處置領導小組向「中國網事」記者表示，初步判斷，此次局部自來水苯指標超標應是周邊油污造成的，根據目前調查排摸的情況，周邊企業生產裝置及環保設施運行正常，對本次事件，調查組正在作更深入的調查分析和研判。

蘭州市「4·11」局部自來水苯指標超標事件應急處置領導小組事故調查組副組長鄭志強表示，根據環保專家現場初步分析判斷，周邊地下含油污水是引起自流溝內水體苯超標的直接原因，下一步調查組將對從探坑中提取的含油廢水進行化驗，進一步從技術層面核實含油污水與自流溝內苯超標水體的關聯性。同時，對自流溝內的具體泄漏點位進行實地勘查核實。

4 月 14 日，甘肅蘭州市政府新聞辦通報稱，經事故應急處置領導小組及專家研判，全市自來水已穩定達到國家標準。截至 14 日上午 7 點，蘭州的城關、七里河、安寧、西固 4 個區全部解除應急措施，全市自來水恢復正常供水。

4 月 22 日下午，蘭州市政府就自來水苯污染事件舉行第六次新聞通報會。蘭州威立雅水務集團公司董事長姚昕首次公開道歉，當姚昕被追問「如何對市民進行賠償」的問題時，他回答說：「最近可能會考慮，但現在具體還沒有研究。」

6月12日，蘭州市政府新聞辦召開新聞發布會，蘭州市「4·11」局部自來水苯超標事件應急處置領導小組事件調查組副組長陳建軍全面通報了事件發生原因。經專家論證、調查組認定，蘭州市「4·11」局部自來水苯超標事件為供水安全責任事件，蘭州威立雅水務公司主體責任不落實是導致局部自來水苯超標的間接原因之一，公開承認存在信息遲報延報。造成此次事件的直接原因是，蘭州威立雅水務公司4號、3號自流溝由於超期服役，溝體伸縮縫防滲材料出現裂痕和縫隙，蘭州石化公司歷史積存的地下含油污水滲入自流溝，對輸水水體造成苯污染，致使局部自來水苯超標。共有20名相關責任人、9個責任單位被問責處理。

　　發布會上，蘭州市還一併公布了「4·11」局部自來水苯超標事件的長遠防範措施。蘭州市將充分吸取「4·11」局部自來水苯超標事件的教訓，以供水安全保障、環境安全保障為重點，及時排查供水衛生安全隱患，確保7月13日前全面完成原4號、3號自流溝球墨鑄鐵管管線敷設工程，全線實現管道輸水；7月中旬完成自流溝所在區域地下水污染場地、蘭州石化公司廠區的污染治理。同時將苯等有機物非常規檢測指標納入日常檢測，定期向社會公布檢測結果。

　　思考討論：
　　針對上述案例，用第二課堂中的「危機公關5S原則」進行分析。

國家圖書館出版品預行編目(CIP)資料

公共關係實務 / 周曉曼 主編.-- 第一版.
-- 臺北市：崧博出版：財經錢線文化發行，2018.10
　面；　公分
ISBN 978-957-735-562-1(平裝)
1.公共關係
541.84　　　107017075

書　　名：公共關係實務
作　　者：周曉曼 主編
發行人：黃振庭
出版者：崧博出版事業有限公司
發行者：財經錢線文化事業有限公司
E-mail：sonbookservice@gmail.com
粉絲頁　　　　　網　址：
地　　址：台北市中正區延平南路六十一號五樓一室
8F.-815, No.61, Sec. 1, Chongqing S. Rd., Zhongzheng Dist., Taipei City 100, Taiwan (R.O.C.)
電　　話：(02)2370-3310　傳　真：(02) 2370-3210

總經銷：紅螞蟻圖書有限公司
地　　址：台北市內湖區舊宗路二段 121 巷 19 號
電　　話：02-2795-3656　傳真：02-2795-4100　網址：
印　　刷：京峯彩色印刷有限公司（京峰數位）

　　本書版權為西南財經大學出版社所有授權崧博出版事業有限公司獨家發行電子書及繁體書繁體版。若有其他相關權利及授權需求請與本公司聯繫。
定價：350 元
發行日期：2018 年 10 月第一版
◎ 本書以POD印製發行